DESAPRENDA

Guga Stocco

DESAPRENDA

Lições de um empreendedor digital sobre
como repensar o futuro do seu negócio

Copyright © 2020 by Guga Stocco

Em depoimento a Atelier de Conteúdo.

A Portfolio-Penguin é uma divisão da Editora Schwarcz s.a.

PORTFOLIO and the pictorial representation of the javelin thrower are trademarks of Penguin Group (USA) Inc. and are used under license. PENGUIN is a trademark of Penguin Books Limited and is used under license.

Grafia atualizada segundo o Acordo Ortográfico da Língua Portuguesa de 1990, que entrou em vigor no Brasil em 2009.

CAPA Roberta Yda Yamamoto / Foresti Design
PREPARAÇÃO Luisa de Mello
REVISÃO Clara Diament e Luciane H. Gomide

Dados Internacionais de Catalogação na Publicação (CIP)
(Câmara Brasileira do Livro, SP, Brasil)

Stocco, Guga
 Desaprenda : lições de um empreendedor digital sobre como repensar o futuro do seu negócio / Guga Stocco. — 1ª ed. — São Paulo : Portfolio-Penguin, 2020.

ISBN 978-85-8285-114-2

1. Empreendedorismo 2. Inovações 3. Internet (Rede de computador) 4. Negócios 5. Sucesso em negócios I. Título.

20-39566   CDD-658.421

Índice para catálogo sistemático:
1. Empreendedorismo : Administração de empresas 658.421

Cibele Maria Dias – Bibliotecária – CRB-8/9427

[2020]
Todos os direitos desta edição reservados à
EDITORA SCHWARCZ S.A.
Rua Bandeira Paulista, 702, cj. 32
04532-002 — São Paulo — SP
Telefone (11) 3707-3500
www.portfolio-penguin.com.br
atendimentoaoleitor@portfoliopenguin.com.br

Aos meus pais

SUMÁRIO

1. Se fizer isso, você vai preso   9
2. É a curiosidade que te faz ter sucesso   22
3. Um erro aqui custa cem anos do seu salário   31
4. Eu topo ser estagiário e em qualquer área   46
5. Antes de vender anúncio on-line, precisávamos vender a internet   57
6. Ou ganha 1 bilhão ou não ganha nada   77
7. Ideia sem execução é alucinação   99
8. Ou acelera ou morre   122
9. Se não fizermos, o chinês vai vir e levar tudo   151
10. *Banking is necessary, banks are not*   170
11. *Business as usual is dead*   191
12. *Unlock the future:* o que levar em conta para estar preparado em 2025   208

Agradecimentos   235
Notas   237

1
Se fizer isso, você vai preso

ERA AGOSTO DE 2014 E EU ANDAVA APRESSADO pelos corredores da sede do Original, um prédio que lembra uma grande caixa de vidro na Marginal Pinheiros, zona sul da capital paulista. Para lá e para cá, tentava convencer técnicos e executivos de que minha ideia era viável e extremamente necessária para a empresa. O banco vivia o início de uma mudança que transformaria sua vocação. Criado em 2011 pelo Grupo J&F para conceder crédito aos grandes fornecedores do agronegócio, a empresa queria, naquele momento, chegar à pessoa física e tornar-se uma instituição financeira cem por cento digital.

Eu havia sido convocado para liderar essa transição, mas não acreditei que enfrentaria tamanha resistência já no primeiro projeto: viabilizar a abertura de conta pelo celular. Ou seja, garantir que novos clientes pudessem fazer todo o seu cadastro sem chegar perto de uma agência bancária. Contava com o apoio de Marcelo Santos, diretor corporativo, e de Flavio Dias, executivo que deixou a presidência do Walmart.com para tocar aquela transformação do Banco Original. Ele chegou disposto a mudar a mentalidade local e abriu portas e novos caminhos para que eu e minha equipe pudéssemos seguir. Mas todo o nosso trabalho não nos protegeu de ouvirmos, a cada passo dado, alguém entoar o mantra: "Em um banco, você não pode fazer isso". Eram profissionais corretos e qualificados, mas com a visão marcada mais pelas regras rígidas do mercado financeiro e menos pela tecnologia. Por essa razão, tinham um olhar divergente sobre o que significa construir um banco digital. O embate parecia inevitável.

Em uma das discussões, ficou óbvio quanto nossas ideias divergiam. "Vamos pegar esse tablet, levar até o cliente, tirar foto dos documentos, colher sua assinatura e, assim, abrir a sua conta." Espera, volta. Aquela era a proposta deles para abrir uma conta on-line? "Não faz sentido", eu disse. "Faz, sim. Nós pegamos o tablet e vamos lá, na casa do cliente. O processo será totalmente digital." Eu não havia escutado errado. "Mas quem leva o tablet?", questionei. "Um gerente", responderam. Um gerente, em pessoa, na sua casa, imagina só essa situação. Se não gostamos nem de atendê-los pelo telefone, quem, em sã consciência, gostaria de receber a visita de um representante de um banco na própria casa?

Apelei para um argumento, digamos, técnico. Perguntei como esse processo ocorreria se o cliente morasse na Amazônia. "Depois vemos isso. Começaremos por São Paulo." Esta era uma ideia que desvirtuava toda a minha concepção sobre criar uma conta on-line. Sem ser rápido e ter escala, um produto ou serviço digital morre rápido. Usar um tablet na abertura de conta apenas automatizaria parte do processo e exigiria um exército de "gerentes". Inovar é justamente o contrário: minimizar a insuficiência operacional e otimizar custos. Nada a ver com deslocar funcionários por São Paulo e, depois, pelo Brasil só para abrir uma conta.

Naquele ano de 2014, porém, a ideia desses ex-colegas era compreensível pelo contexto. Vivíamos um momento anterior ao boom das fintechs, start-ups que trabalham para inovar serviços do sistema financeiro, no Brasil — o Nubank, uma das empresas que mais cresceu ofertando um cartão digital e que em 2018 já valia mais de 2 bilhões de dólares, nem havia nascido. As criptomoedas também estavam longe de chamarem a atenção do grande público. *Blockchain*, a tecnologia que descentraliza a forma como os negócios podem ser feitos, parecia coisa de ficção científica. Era um período em que as pessoas ainda questionavam aos montes se era seguro deixar seu dinheiro com bancos que não tinham agências. Minha mãe era uma delas. Ela me dizia que nunca confiaria suas economias ao Original porque seu dinheiro "estava ali", apontando para uma agência na rua. Ela tinha, inclusive, medo de que roubassem aquela agência em particular e todo o seu dinheiro sumisse, como um grande confisco de bens.

Quando, lá atrás, disse aos colegas que ser digital significava abrir uma conta cem por cento pelo celular, muitos deles deram risada e me olharam com a certeza de quem, então, chega a uma constatação óbvia. "Você não veio mesmo do mercado financeiro, né?" Não, não vinha. Empresas de internet, como Buscapé e Microsoft, haviam sido minha casa nos vinte anos anteriores, depois de uma breve passagem pela Consultoria Deloitte, um fracasso como empreendedor e uma recusa no Banco Garantia, em 1996. "Agora, entendemos sua insistência", um dos colegas do Original me disse. "Existe uma norma que não permite que você abra conta pelo celular. Se fizer isso, você vai preso." Não era possível que tudo cairia abaixo por causa de uma lei que, visivelmente, já estaria anacrônica.

Fiquei com aquilo na cabeça e fui pedir conselho a outros funcionários. "Esquece essa ideia. A norma que regula a abertura de conta prevê a presença de um gerente. É preciso que o gerente esteja presente para atestar a identidade do cliente, confirmar os dados e autorizar a abertura. Todos esses trâmites existem porque o gerente pode ser responsável criminalmente em casos de lavagem de dinheiro ou contas-laranja." Que loucura. Eu nunca tinha visto um gerente ser preso na vida — e muito menos por ter aberto uma conta para um cidadão comum. Por que eu pagaria o pato justamente por dispensar a presença física do gerente?

Insisti com meia dúzia de pessoas, mas o argumento da equipe do jurídico levantou uma barreira ao meu projeto. Preferi não insistir, imaginando que eles conhecessem a regulação. Mas um dos funcionários da minha equipe sugeriu que nós conferíssemos a lei, lêssemos a tal da instrução 2025 do Banco Central.[1] E se fosse uma questão de interpretação jurídica? E se as pessoas tivessem presumido errado e trabalhassem sempre sob falsos pressupostos? Meu time de inovação foi direto à fonte.

* * *

A norma havia sido aprovada em 1993, quando ninguém falava em smartphones, não existia o Netscape (o primeiro navegador da web), tampouco o Yahoo, que dirá o Google. No Brasil, a internet comercial não era regulamentada e estávamos a três anos de ver a ascensão do UOL e dos grandes portais de conteúdo. Eram tempos, portanto, movidos à internet discada.

Quando o meu funcionário me mostrou a instrução do Banco Central impressa, eu dei risada. "Gustavo, pedi que você imprimisse a norma inteira, e não um resumo." "Está tudo aí, Guga." "Só cinco páginas? Pensei que precisaria de um advogado para ler as instruções." Não precisava. A norma não trazia a palavra celular, conforme havíamos previsto. Apresentava a palavra "gerente" uma única vez, confirmando que ele era o responsável pela abertura da conta. Mas não dizia, em nenhuma linha sequer, que era necessária a presença física dele no ato de abertura de uma conta. Ou seja, não havia impedimento jurídico. Aquilo só podia ser uma pegadinha comigo, que até então era o novato que nada entendia de banco. O novato que, veja só, poderia até ser preso por tentar abrir uma conta pelo celular. Colei a norma na parede da nossa sala no banco e disse à minha equipe: "Aqui está a receita de bolo. Vamos fazer exatamente o que está escrito aqui". E assim fizemos.

Passamos dois dias debruçados sobre o computador para construir um aplicativo que não descumprisse a instrução. Precisávamos estar dentro da lei, garantir a segurança dos dados dos clientes e criar uma maneira de certificar a identidade de quem se cadastrava.

Para viabilizar o projeto, eu apostava nas APIS (sigla para Application Programming Interface). Eu já estava familiarizado com essa tecnologia desde o final dos anos 2000, época em que liderava a área de Novos Negócios da Microsoft. Tecnicamente, as APIS são um conjunto de instruções usadas para ativar um programa ou função de um aplicativo. Permitem que empresas e desenvolvedores conectem seus sistemas, compartilhem dados e realizem transações de forma automatizada e segura. A Uber, por exemplo, usa uma API do Google Maps para traçar rotas, outra API para receber o pagamento do cartão de crédito e uma terceira para permitir a conversa entre motorista e usuário. Antigamente, era um trabalho complexo e braçal buscar mapa, digitalizá-lo, construir meio de pagamento, processar a transação e virar adquirente.[2]

Com as tecnologias atuais, a Uber não construiu nenhuma ferramenta do zero. Sua sacada foi "juntar" as peças corretas para criar seu aplicativo e operar com grande eficiência, sem fricção. É essa a lógica que usamos para criar nosso protótipo de abertura de conta no Original. Pesquisamos APIS e conseguimos construir um produto simples, de forma rápida, com baixíssimo orçamento, aproveitando o que estava disponível no mercado. Instalei o aplicativo em meu iPhone. Confiantes, fomos apresentá-lo ao comitê do banco, pensando que, pelo menos, daquela hipotética ameaça de prisão eu havia me livrado. Que ilusão.

Em uma reunião com o conselho do Original, formado principalmente por ex-executivos do BankBoston,[3] apresentamos a nossa demo. Pedi a carteira de motorista de um deles, tirei uma foto no celular e, em seguida, o aplicativo exibiu uma imagem da casa onde ele morava — demonstrando, assim, que era possível saber a identidade de alguém à distância. Começou um burburinho quando o executivo, dono da CNH, viu a foto de sua casa e ameaçou me prender: "Vou te acusar de quebra de sigilo bancário!". Não era possível. Ele achou que eu havia hackeado sistemas bancários, descoberto o endereço dele e colocado ali, só para provar meu ponto? Comecei, então, as explicações técnicas, o caminho elementar que nós havíamos trilhado para construir aquela demo.

No momento em que tiro uma foto da CNH, uma tecnologia de OCR (Optical Character Recognition), que peguei de graça na internet, é carregada. Ativada, lê os dados da carteira e extrai o número do CPF. Com essa informação, é possível obter o endereço da pessoa. É quando entra em ação a API do Google, responsável por direcionar o endereço residencial para o Google Maps. A partir desse ponto, ativa-se a ferramenta do Google Street View, usada no Maps e no Google Earth para catalogar imagens, exibindo, assim, a foto da casa do cidadão.

Resumi para o executivo. "Eu tiro a foto da sua CNH e aparece a imagem da sua casa." Mostrei que poderíamos cumprir cem por cento da norma, garantindo a checagem da identidade do novo cliente à distância, sem a presença física de nenhum ser humano. Bingo! Aquele era só um exemplo para provar que havia tecnologia disponível para criarmos o produto que defendíamos. Ele entendeu, e os conselheiros, enfim, gostaram. Mas a história não acabava ali. Pouco antes de deixarmos a reunião, os diretores nos falaram que nossa ideia era boa e, na teoria, viável. Na teoria porque, para eles, o Banco Central dificilmente aprovaria um aplicativo que faria um serviço não previsto em nenhuma lei. Era hora de ir até Brasília para provar o contrário.

Hoje, é fácil intuir que o Banco Central aprovou nosso produto. Há um movimento favorável da autarquia para descentralizar o mercado financeiro. Essa posição foi se tornando clara ao longo dos anos, por uma conjunção de medidas que, se tomadas de forma diferente, poderiam ter freado a explosão de fintechs que o mercado brasileiro vivenciou. Poderiam, sobretudo, ter regulamentado um mercado que carece de incentivo à inovação para melhorar não só a relação das pessoas com bancos, como também a forma com que os produtos financeiros são vistos. A conta digital do Original incentivou uma mudança na regulação e abriu espaço para uma nova leva de fintechs e bancos digitais.

Em 2014, porém, caminhávamos ainda em uma zona obscura, em que a descentralização do mercado financeiro era novidade. O protótipo que apresentamos a técnicos incluía novas funcionalidades, como biometria facial para o reconhecimento do cliente e checagem mais minuciosa de dados pessoais. Mostramos que a abertura de contas por celular seria apenas o primeiro passo que daríamos. Queríamos construir um banco digital integrado ao celular, à televisão, ao carro das pessoas. Um banco nas redes sociais que estivesse onde o usuário estava e que não exigisse que ele fosse até uma agência. Foi um sucesso. O Banco Central não viu nenhuma possível infração à instrução 2025 — aquela, de cinco páginas. Pelo contrário. Ouvimos deles que nosso produto traria inovação ao mercado, diminuiria a burocracia e reduziria substancialmente o custo necessário para manter uma estrutura física e humana no processo de abertura de conta. Trabalhamos para desenvolver novas aplicações, um design amigável, e trouxemos uma empresa norte-americana, a Jump, para garantir a segurança do processo de identificação do usuário.

Um mês depois de o nosso produto ter sido lançado, marcando o Original como o primeiro banco cem por cento digital brasileiro, o Conselho Monetário Nacional divulgou alterações na lei.[4] Em 25 de abril de 2016, o BC afirmou que a abertura de conta poderia ser feita de forma on-line e que caberia aos bancos criar mecanismos de controle para garantir a segurança da operação.[5] Na ocasião, a chefe do departamento de normas do BC, Silvia Marques, disse que, para evitar fraudes e lavagem de dinheiro, o banco poderia verificar onde estava o cliente por meio de GPS, analisar se ele possuía uma conta de e-mail, fazer reconhecimento facial ou de voz, exigir certificação digital ou solicitar que a pessoa fizesse movimentos específicos para completar as transações.

Nada disso exigia a presença de um gerente. Bastava, a partir de agora, usar a tecnologia. E esse foi justamente o discurso do BC na ocasião. "O objetivo é permitir que exista facilidade maior para abertura e encerramento de contas e que o processo incorpore toda a inovação tecnológica." Dois meses depois desse anúncio, surgiria o Banco Neon, já apoiado pela nova lei. O Banco Inter também se beneficiaria da mudança e cresceria a partir de contas on-line e da oferta de crédito.[6] O Nubank deixou de ser apenas um cartão de crédito e aposta, desde 2018, na NuConta, cem por cento digital.

Os grandes bancos também investiram em novas aplicações, webdesign e facilidade na abertura de contas digitais. Em abril de 2019, o Itaú anunciou, como parte de seu processo de transformação digital, que abre 100 mil contas novas por mês pelo celular[7] e que já ganhou 1 milhão de clientes dessa forma.

No caso do Original, o sucesso foi imediato. Em março de 2016, com direito a propaganda do velocista Usain Bolt, lançamos a abertura digital de conta. Na campanha, Bolt dizia que ninguém acreditava que ele, tão alto, conseguiria ter um arranque tão forte. Seria "aerodinamicamente" impossível. "Eu tive que reinventar o jeito de correr", relatava Bolt no comercial. Ele foi original. Nós também. Em três meses após o lançamento, abrimos 100 mil contas. Uma meta que sonhávamos atingir um ano depois.

Hoje, a maioria das pessoas tem diversas opções de empresa para abrir uma conta bancária sem sair de casa, só fotografando documentos, tirando uma selfie e inserindo alguns dados pessoais. Nem todo mundo é aprovado, é verdade, mas o sistema existe e é uma opção simples e cômoda para os dois lados da transação. Toda vez que conto a história do Original em minhas palestras, meus interlocutores me perguntam por que essa inovação só ocorreu em 2016. Por que não antes, e por qual motivo outra empresa não viu a mesma oportunidade.

Quando você, o novato, chega a uma empresa, a primeira premissa que ouve é como certas coisas funcionam de determinada maneira. Você logo percebe que muitas delas parecem intocáveis, operando de forma idêntica há muitos anos. A lógica é simples: se funciona assim, por que devemos pensar em mudar? Afinal, quem mexe em time que está ganhando? Melhor gastar tempo resolvendo o que não está indo bem. Esse tipo de pensamento é perigoso, pois estabelece uma área de atuação limitada para os funcionários. Eles deixam de questionar processos que se tornaram automáticos, sendo simplesmente replicados e repassados ao novato.

No caso do Original, muita gente partia do pressuposto de uma lei que havia décadas regulava a abertura de conta e não tinha estímulo para relê-la. Funcionava assim e o jogo seguia. Quando a instrução 2025 do BC foi escrita, só seres humanos abriam conta para seres humanos porque não havia ninguém interagindo com celular. A internet chegou, o computador evoluiu, e, hoje, esse pequeno aparelho que carregamos nos bolsos mudou definitivamente a maneira como as pessoas se comunicam e agem. Muitas empresas, porém, continuam a seguir um caminho paralelo, como se essa evolução afetasse apenas parte, e não os fundamentos de seu negócio.

Quando você não acompanha o desenvolvimento da tecnologia, ela parece chegar em ondas gigantes sucessivas que não deixam tempo para respirar. Atropelam. Ou deslumbram os desavisados, como se fosse mágica. Imagina só a história do fax. Quem não viu a maneira como o fax chegou deve ter pensado que aquilo só podia ser bruxaria: o que estava escrito em um papel, inserido em uma máquina, aparecia em outra, instalada a quilômetros de distância da primeira. Essa percepção de que algo mágico ocorreu paralisa as pessoas. Elas não conseguem tomar decisões. Mas há sempre a oportunidade de iniciar um projeto, um novo produto, de se posicionar à frente. Porque outra onda virá e você pode trabalhar hoje para aproveitar a próxima. Sempre é tempo de se antecipar ao que o mercado apresenta.

Na época em que entrei no Original, as pessoas falavam em me ensinar o que era um banco. Era uma atitude compreensível para quem olhava para um executivo que havia feito carreira em empresas de internet e não trazia experiência prática no setor financeiro. Mas eu não precisava entender os meandros de um banco para estar ali. Na minha cabeça, a lógica era simples. Um banco é uma instituição que capta dinheiro, retém uma quantia e empresta o resto, cobrando uma taxa por esse serviço. Além disso, permite fazer transações. Se seguir essa dinâmica, você é um banco.

Um banco não é mais definido por agências, gerentes, caixas eletrônicos, títulos de capitalização ou caderneta de poupança. O que as pessoas não perceberam é que, nos últimos anos, empresas que não oferecem nenhum desses produtos passaram a seguir a dinâmica do captar, emprestar e transacionar dinheiro. A maioria nasceu como empresa de tecnologia. Quando, dentro do Original, um executivo me perguntou se eu me sentia ameaçado pelo Itaú, respondi que não, e citei o "superapp" WeChat. "Competir com esses caras é infinitamente mais difícil."

Considerado o "WhatsApp chinês", o WeChat foi criado pela Tencent, hoje a maior empresa de internet da China. O aplicativo começou como um serviço de mensagens, incorporou jogos, criou um sistema de pagamento e passou a vender "vidas" de personagens. Como os chineses dificilmente perdem uma oportunidade, construíram um império. É possível, sem sair do app, pagar multas de trânsito e contas, alugar uma bicicleta, agendar uma consulta médica e até reservar um restaurante. O WeChat tornou-se símbolo da descrição de "superapp", monopolizando a atenção e a vida dos chineses. A vida de 1 bilhão de chineses, para ser mais preciso.[8] Segundo a Tencent, sessenta por cento dos usuários abrem o aplicativo mais de dez vezes por dia e 21 por cento, mais de cinquenta vezes por dia.[9] Qual é o saldo dessa história?

O WeChat realiza mais transações do que o maior banco da China. Fez tudo isso diante da concorrência feroz e também chinesa do Alibaba. Criada como um e-commerce no fim dos anos 1990, a empresa montou uma máquina de vendas (que inclui o AliExpress) e uma rede de pagamentos própria também já utilizada por 1 bilhão de pessoas.[10] Imagine o que isso significa. Como competir? A lógica deles é completamente diferente da nossa.

Essas duas empresas chinesas montaram ecossistemas que acompanham a vida completa de um usuário, criando produtos bem-feitos e centrados no consumidor — uma estratégia que eu vi e pratiquei dentro da Microsoft e do Buscapé. E também o que encontrei estudando o negócio da Starbucks. A empresa quer vender não só cafés, mas também experiência e facilidade e, por essas razões, criou um cartão pré-pago. Depois, inseriu o sistema de pagamento dentro do aplicativo. Em 2019, parte significativa dos clientes nos Estados Unidos não precisa mais levar cartão para as lojas — e ganham descontos na hora por pagarem diretamente pelo celular.

Continua sendo a rede de cafeterias mais famosa dos Estados Unidos (e do mundo). Talvez essa estratégia possa ter inspirado a Apple a lançar, em abril de 2019, o Apple Card. O cartão sem anuidade, para realizar transações físicas e virtuais, devolverá até três por cento do valor pago em um saldo na conta. E é uma forma de a empresa entender o perfil dos seus clientes na loja da Apple.

Todas essas empresas e produtos vendem a ideia de tornar as frustrações da vida diária do consumidor mais gerenciáveis. É por seguir esse modo de pensar que eu acreditava só ser possível ter um banco digital se as pessoas pudessem abrir as contas pelo celular, na hora que quisessem, sem intermediação de um gerente. Um banco é, no fundo, um produto digital como outro qualquer. O que faz um banco funcionar não difere em nada de um Facebook, um Google ou uma empresa de tecnologia. É verdade que custa caro, porque precisa de todas as garantias para ser um banco de Basileia.[11]

Mas é verdade também que as empresas de tecnologia sabem lidar com uma enorme quantidade de dados de seus usuários e estão mais próximas de saber o que ele deseja — do que o próprio banco. Podem, aliás, se transformar em um ao oferecer carteiras digitais e cartões, aplicando novas tecnologias a um mercado que antes era totalmente centralizado. Era o que eu argumentava nas reuniões do Original quando ouvia: "Não podemos fazer. Isso aqui é um banco!". É, hoje. Mas até quando? Se o WeChat criou sem querer uma fintech e virou banco, qualquer anão de jardim pode se tornar um gigante.

O que aprendi é que a tecnologia, sozinha, não dá o primeiro passo. A maior barreira para melhorar os serviços e os produtos oferecidos aos clientes é cultural. É o que vi no Original, é o que vi em tantas outras empresas, é o que uma pesquisa de 2017 de Harvard mostrou. Os bancos vão falhar por causa de legado e liderança.[12] É difícil renunciar a sistemas e processos legados, porque as pessoas simplesmente não querem mudanças.

As pessoas gostam de se adequar a estruturas que funcionam, a contextos que fazem sentido, a leis, a protocolos, dentro de silos. Não só porque é mais confortável. Sobretudo porque, até hoje, as empresas continuaram faturando alto com a falta de inovação. Um banco não vai abrir mão de sua máquina de processar pagamentos do cartão de crédito e facilitar transações diretas pelo celular porque ganha milhões por ano nessa intermediação. Mas, em um país com mais celular do que gente, nós continuamos a usar o cartão de crédito como principal meio de fazer compras e isso não faz sentido.

O CEO de uma grande corporação, por exemplo, não vai renunciar ao seu bônus bilionário para executar ações que coloquem em risco a margem do negócio no curto prazo. Ele dificilmente vai querer comprometer o orçamento para investir em um projeto que permitirá apenas que seu sucessor colha os louros e os lucros. Grandes corporações dificilmente desistirão da comissão em seus processos de vendas, o "ganha-ganha" que mais funciona no mundo dos negócios. Acontece que tem muita empresa que renuncia a tudo isso e investe na direção contrária. E são essas as empresas consideradas as mais inovadoras do mundo.

A Amazon reinveste todo o lucro na própria empresa há dez anos, uma política que causou arrepios nos acionistas, temerosos de perder seus dividendos. No longo prazo, porém, a valorização da empresa os compensou. Desde 2008, o Walmart pagou 64 bilhões de dólares em imposto de renda, enquanto a Amazon pagou 1,4 bilhão de dólares (já que o lucro final é pequeno).[13] Em 2019, a Amazon vale duas vezes mais que o Walmart, uma corporação centenária.

A Tesla extinguiu a comissão. Veja bem: Elon Musk, o fundador da empresa, tirou a base de qualquer vendedor e virou o jogo. Em sua visão, se um vendedor precisa ganhar comissão para vender um carro é porque o carro não é bom o suficiente. Você também nunca vai ver um saldão de domingo da Tesla. A dificuldade da empresa atualmente não reside na falta de interesse por seu produto — as pessoas passam a noite na fila para garantir um carro que só poderão dirigir em três anos. O desafio está em adaptar fábricas, processos e tecnologias para atender a um interesse gigantesco. Verdadeiros inovadores não criam produtos, geram demandas.

Quando lançamos oficialmente a abertura de conta pelo celular no Original, em março de 2016, nossa meta era atingir 300 mil clientes em um ano. Só foram precisos três meses para conquistar esse número. Geramos demanda por uma conta digital e atraímos um público que dificilmente chegaria até nós pelas vias convencionais. Naquele momento, diante de um mercado financeiro estritamente físico e vinculado às agências, uma pessoa que quisesse abrir uma conta bancária provavelmente confiaria mais em um banco com maior poder de marca e de visibilidade. Não foi o que nossos números mostraram, no entanto.

O Original foi a primeira empresa em que trabalhei, que não nasceu no ambiente da internet, a passar por uma transformação digital completa. Depois de toda a saga da aprovação da conta digital, demoramos um ano para construir o produto. Uma segunda saga, que vou detalhar mais adiante neste livro, e que envolveu mais brigas e enormes divergências. Embates que abriram caminho para uma grande mudança cultural no banco e que diferem do que muitas empresas enfrentam em jornada semelhante. No nosso caso, a grande vitória foi conseguir acompanhar e se posicionar com pioneirismo no movimento crescente de fintechs. Tornamos o Original uma referência internacional.

Colocamos o banco no Facebook, tornamos a consulta de saldo acessível no Stories do Instagram e abrimos APIs para desenvolvedores. Fomos reconhecidos, em outubro de 2016, como o projeto de inovação mais disruptivo pela EFMA,[14] associação sediada em Paris que reúne 3 mil instituições financeiras do mundo inteiro. Em abril de 2019, o banco comemorou a marca de 800 mil contas abertas.

Talvez certas brigas façam mais sentido do que outras. Eu tive várias em minha carreira, com fracassos e perdas, mas também muitas vitórias. Compartilho parte dessa trajetória neste livro. Enfrentei dilemas no início da internet no Brasil que ainda são extremamente semelhantes aos encontrados atualmente quando se fala em transformação digital. Vivi embates que me ensinaram a lidar com desafios e conheci pessoas com as quais faço negócios até hoje. Talvez minha trajetória possa ajudá-lo a descobrir atalhos ou o inspire a ter novas ideias. Nós achamos que os problemas são diferentes, mas, no fundo, não são. Como diz o historiador Yuval Noah Harari em seu livro *Homo Deus: Uma breve história do amanhã*, o bom de estudar a história passada é fazer-se ciente de possibilidades que, talvez antes, não levaríamos em consideração. E sempre existem mais possibilidades diante de nós do que imaginamos.

2
É a curiosidade que te faz ter sucesso

MUITA GENTE ME PERGUNTA o que faz com que alguém, na vida ou na carreira, tenha sucesso. A minha resposta é uma só: curiosidade. Pessoas curiosas, ávidas por entender como o mundo ao nosso redor funciona, abrem portas diferentes. Elas conseguem se posicionar à frente, capturando um futuro que é obscuro para os não curiosos. Como disse uma vez Jeff Bezos, criador da Amazon, é ineficaz correr atrás daquilo que todo mundo já sabe que é bom, que é tendência, que já é real.[1] Precisamos nos posicionar em um espaço (tempo ou lugar) que capture nossa curiosidade, que nos envolva, muitas vezes, sem que nós percebamos. Porque, quando enfim nos damos conta, já estamos criando em cima das descobertas e vamos chegar à frente dos outros.

Foi a curiosidade que me levou a trabalhar em um banco de investimentos, que me atraiu para o universo de fusões e aquisições no estágio na Deloitte em 1997, que me levou à China antes mesmo de o país ser uma potência em meios de pagamento e inteligência artificial. Foi movido por ela que fui parar em Berkeley, que me vi inserido no início da nova história que a web contaria ao mundo. Uma história da qual nunca mais saí.

É A CURIOSIDADE QUE TE FAZ TER SUCESSO

Eu sempre fui uma criança extremamente curiosa. Meus brinquedos não duravam um dia. Era só ganhar um carrinho para começar a desmontá-lo, peça por peça, arquitetando na minha cabeça como aquilo tudo funcionava. Sempre gostei de criar um mundo à parte e segui-lo pelos caminhos aonde a curiosidade me levasse. Gostava da ideia de ser cientista, imaginei quantas coisas eu poderia descobrir, e fui atrás de elementos para criar meus primeiros experimentos. Como quase tudo na vida precisa de um contexto, eu vesti meu coturno, coloquei uma roupa que achava especial e saí à caça de aranhas, em companhia do meu irmão, Leonardo Stocco. "O que você vai fazer com elas?", ele me perguntava, enquanto levava os bichos para um quartinho no fundo do sítio dos meus pais. Coloquei todas as aranhas no liquidificador, adicionei chumbinho e apertei o botão, para girar no máximo. *Bum*! Tudo foi pelos ares.

Quando minha mãe perguntou a razão para tamanha maldade e bagunça desnecessária, disse que tudo fazia parte de um grande plano. Um plano já completo em minha cabeça. Eu estava criando um veneno capaz de "picar" alienígenas. Minha mãe, Ida Stocco, me olhou feio, de certa forma até preocupada com o que eu estava aprontando, mas no fundo sempre me deixou livre para inventar coisas novas, sabia que cabeça de criança não funciona com a lógica dos adultos. Na minha, fazia todo sentido. Naquela época, eu já tinha minha própria estratégia para deter um possível ataque extraterrestre ao planeta Terra. E não estava sozinho. No prédio em que morávamos no bairro de Perdizes, em São Paulo, convoquei um vizinho e amigo, Marcelo Volpe, e, juntos, montamos a Patrulha Ultra. Éramos os marechais de uma trupe que reunia nossos irmãos, os generais, e outros vizinhos, rigorosamente pré-selecionados para serem os soldados da linha de frente. Não bastava ser morador de uma das quatro torres do prédio para participar de nosso pequeno exército. À noite, descíamos vestindo capuzes e carregando espadas para criar armadilhas para os vizinhos mais velhos. Eu sempre fui baixinho e mirrado, mas lutava artes marciais para garantir minha liderança: *"Go, ninja! Go ninja!"*. É assim que meus amigos me incentivam, até hoje.

Enquanto não estava explodindo aranhas ou comandando a Patrulha Ultra, passava horas lendo a Barsa, a principal e mais cobiçada enciclopédia brasileira. Era o meu Google à época. Tudo o que eu queria — ou não sabia que queria — estava lá, ao alcance dos meus dedos. Gostava do trabalho manual de pesquisar os assuntos no índice e correr as páginas daqueles livros, grandes volumes de capa dura azul. Quando me cansava de história, pegava a edição sobre os dinossauros. Notei o quanto gostava de aprender e, de repente, descobri um mundo que não me encantava na escola. Passar quatro horas sentado, ouvindo um professor ditando disciplinas para a prova, nunca fez sentido para mim. Como até hoje não faz.

A engrenagem que move a maioria das escolas é uma herança da Revolução Industrial, quando a educação pública precisou ser eficiente para atender às massas. Era preciso dar o mínimo de instrução à multidão requisitada na fila de produção. E a forma mais rápida de atingir o maior número de pessoas é construindo sistemas padronizados de ensino. Não à toa, o jeito de estudar é muito parecido com uma linha de montagem. Estudamos em séries, entramos às sete horas (para que nossos pais possam ir depois trabalhar), precisamos tirar as notas exatas, com testes iguais, para sermos aprovados. Graduamos cada estudante segundo sua nota média e mensuramos o valor de cada professor de acordo com a média total de seus alunos. Nunca me considerei um gênio, mas com o tempo percebi que até pessoas fora de série viram comuns e são engolidas por esse sistema medíocre.

Lembro das provas sobre livros que fiz na escola, um estímulo quase nulo à curiosidade. Eu queria inventar um universo paralelo para aqueles personagens, mas só me sairia bem na prova se soubesse dizer o que o José fez para Maria no capítulo 3. No jogo de quem decora mais, alguém capaz de criar a partir de histórias dos outros não tem vez. É o futuro de alguém que será excluído por atrapalhar a linha de produção das empresas. Nessa lógica, é melhor ser treinado para fabricar produtos em série do que aprender a conectar novas peças de negócios. Felizmente, hoje essa mentalidade está mudando.

A padronização e o modelo de ensino industrial não dão conta das singularidades de cada indivíduo e contribuem pouco para estimular a capacidade criativa das pessoas. Mas essa reflexão por si só não é suficiente. O maior motor de mudança na educação é a constatação, embora tardia, de que o ensino industrial é inadequado para atender o novo contexto da economia do século XXI.[2]

As tecnologias digitais estão transformando a forma como trabalhamos, brincamos, pensamos, sentimos e nos relacionamos uns com os outros. Há uma nova lógica de mercado que exige profissionais que decorem menos e pensem mais. Pessoas que sejam autênticas em seu modo de ser, que sejam únicas em seu trabalho, que apresentem soluções diferentes. Ter uma empresa em que todo mundo pensa igual nunca fez muito sentido para mim, mas atualmente é atestado de óbito. Acredito que os empregos mais importantes serão os criativos ou os extremamente científicos — o restante vai ser tomado pela inteligência artificial.

Questionamentos como esses só crescem, mas todo mundo ainda espera para ver como a revolução na educação irá se materializar. Nós fomos treinados a evitar riscos, a seguir uma lógica linear e a questionar pouco. O esquema rígido do Colégio Rio Branco,[3] onde estudei, me travou. Eu não conseguia ir bem nas aulas. Lembro do dia em que os diretores convocaram minha mãe para uma reunião, para entender a razão de meu desempenho insatisfatório.

"Fizemos um teste de QI e o Guilherme conquistou o segundo maior resultado do Rio Branco. Por que as notas dele são um horror?" Minha mãe me via lendo enciclopédias e achava que meu interesse e minha curiosidade, de um jeito ou de outro, me ajudariam na escola. Ela não tinha respostas prontas para os diretores, mas falou sobre minhas leituras e sobre minha dedicação aos estudos em casa. Para o colégio, no entanto, esse hábito precisava se traduzir em boas notas. Então, ao final da conversa, os diretores chegaram a um diagnóstico peculiar: provavelmente, minhas notas eram baixas porque eu tinha a língua presa. Bem, eles não estavam tão errados.

Com a personalidade pragmática de um empreendedor, ao meu pai só importava que eu passasse de ano. O resto, ele pensava, a vida me ensinaria na prática. A infância do meu pai foi na roça, levando café para o meu avô, morando em uma casa simples, onde só se dispunha de alimentos básicos. A família não tinha dinheiro, e meu pai só usava roupas ou sapatos que já tivessem sido de seus outros sete irmãos. Aos onze anos, foi convocado para trabalhar na loja de tecidos e roupas do meu tio, em Catanduva, interior de São Paulo. Foi sua primeira experiência vendendo camisas — e ele tinha jeito para o ofício, como a vida provaria anos depois. Quando completou dezoito anos, alistou--se na Aeronáutica. Era 1960, ano da inauguração da capital federal. Precisavam de reforços não só para acelerar as obras, mas também de gente para viver e botar alguma ordem naquela cidade que nascia no meio do nada.

A Brasília que meu pai conheceu, à primeira vista, era povoada por operários, sargentos, cabos e prostitutas. Não havia polícia civil e, frequentemente, os oficiais precisavam apartar as brigas e resolver os desentendimentos nas obras. Meu pai sabia que aquele não era um caminho sustentável. Com seu espírito de vendedor, comprou algumas camisas e começou a negociar dentro dos quartéis. Em pouco tempo, já era amigo de muitos sargentos e fazia seu pé-de-meia. Quando deu baixa, usou o dinheiro que recebeu pelos dois anos servidos, comprou uma mala, encheu de tecidos e foi vender nas casas de conhecidos. Os contatos na Aeronáutica foram úteis.

Um dia, seguindo o endereço que uma cliente lhe havia indicado, bateu à porta da casa de um político. Não sabia de quem se tratava, apenas que precisava ir à noite e falar com a esposa dele. Quem abriu a porta foi um homem que impunha autoridade e ar de respeito. Convidou-o para entrar, ofereceu uísque, e começaram a conversar sobre roupas e tecidos — de política meu pai ainda não entendia nada.

Até que o homem começou a reclamar da falta de interesse da esposa em roupas: "Você não vai conseguir vender nada para ela. Olha, eu até montei uma butique de roupas, mas ela nem quis ir conhecer, está lá, parada. Você não quer comprar?". Meu pai sorriu, um tanto desconfortável com a situação, apontou para sua mala e disse: "Meu patrimônio é isso aqui". O tal do político pegou então a chave da butique e entregou ao meu pai. "Toma aqui, coloca a mercadoria lá e toca a loja. Quando der, você me paga. Se nunca der, não tem problema. Eu gostei de você." E foi assim que meu pai montou a primeira loja de sua vida. E ele só soube muito tempo depois quem fora o seu "padrinho". Era Ranieri Mazzilli, presidente da Câmara dos Deputados.[4]

A butique foi literalmente a casa do meu pai em Brasília naqueles anos. Montou uma cozinha improvisada, convocou uma costureira e, aos poucos, construiu uma carteira de clientes. A vida continuava difícil para ele e, por essa razão, meses depois aceitou um novo convite de seu irmão e retornou a São Paulo. Tentou, sem sucesso, negócios no comércio de tecidos, até comprar um ponto na rua do Arouche, no centro paulistano.

Conseguiu um novo empréstimo e foi, de fábrica em fábrica, negociar tecidos. Os donos não acreditavam que ele tivesse apenas 23 anos e, entusiasmados com aquele jovem confiante, ofertavam descontos. O movimento foi um estouro e meu pai, no início, fez tudo sozinho. Em seguida, convocou um sócio, treinou funcionários e gerenciou a loja que existe até hoje, no mesmo endereço, com o nome de Tecidos Dorella. Aproveitando a rede criada com fornecedores na cadeia de tecelagem, ele foi montando "supermercados de tecidos" em várias cidades do interior, como Ribeirão Preto, Londrina e São José do Rio Preto. Montou uma rede com sete lojas para comércio e outras três focadas em moda.

A história do meu pai, porém, não acaba aí. Ele levantou e caiu repetidamente, uma rotina que, segundo ele, nenhum empresário ou empreendedor está livre de viver. Eu nasci em um de seus momentos de baixa. Quando meus pais voltaram da lua de mel, em 1974, a empresa de tecidos enfrentava momentos difíceis. Meu pai fez muitos negócios na base de confiança, empregando parentes e assinando cheques em branco. Os funcionários designados para tocar o dia a dia do negócio gastaram no que não deviam. Quando percebeu que estava praticamente falido, meu pai caiu de cama. Minha mãe entrou em desespero: estava grávida de mim. Mas foi ela quem assumiu, ao menos até meu pai se recuperar, a reestruturação do negócio.

Descendente de libaneses, minha mãe cresceu estudando. Meu avô, que emigrou para o Brasil nos anos 1960 e sustentava a família com uma loja de sapatos, pagou todos os cursos que ela e meus tios quisessem. Fora da escola tradicional, tiveram aulas de tênis, francês, inglês, piano e violino. O lado artístico cativou inicialmente minha tia, que virou concertista, especializada em piano e violino. Meu tio fez carreira como químico, mas hoje toca o próprio estúdio de quadros decorativos. Minha mãe seguiu outros caminhos, escolheu psicologia e foi estudar na USP de Ribeirão Preto. Foi nessa época que ela e meu pai ficaram noivos. Ela não exerceria a profissão, mas herdou de sua família a importância que dava à educação, e nunca permitiu que nós parássemos de estudar, mesmo nos momentos mais difíceis.

Quando ela assumiu temporariamente a loja, alguns funcionários pediram demissão. Não achavam que haveria futuro, mas ela começou a trabalhar arduamente com meu pai para levantar o negócio. Além de seu esforço, meu pai conseguiu negociar um imóvel comercial a um preço muito abaixo do mercado, que se tornou uma nova fonte de renda.

Com o dinheiro, meus pais conseguiram reerguer o negócio de tecidos, não entraram em concordata, e, quando a loja voltou a ter um bom desempenho, animaram-se com um plano antigo da minha mãe e investiram em uma butique em Higienópolis. Não era uma butique qualquer. Com três andares, sendo o último reservado para desfiles de moda, a Burdines atraiu parte da high society. Minha mãe sabia circular nesse mundo porque havia participado de desfiles como modelo e se destacava não só por sua beleza como também por sua habilidade em cultivar contatos e atrair pessoas para perto de si. Com esse histórico e aptidão, tocou a Burdines por três décadas.

A butique perderia relevância com a ascensão das lojas próprias de cada confecção. Foi algo que eu percebi, quando adolescente, e disse à minha mãe: "Você precisa mudar seu negócio, ter suas próprias marcas, porque os fornecedores vão começar a vender diretamente as deles". Minha mãe não quis mexer em nada, porque a produção era pequena e tudo funcionava perfeitamente bem havia anos. Compreendi à época, mas o tempo acabou cobrando o preço dessa e de outras escolhas.

Foi entre a butique de Higienópolis e a loja da rua do Arouche, em meio a tecidos, fornecedores, desfiles e negócios, que eu e meu irmão crescemos. Meu pai não exigia que nos dedicássemos ativamente aos estudos, mas nos obrigou a trabalhar desde cedo. "Vocês vão ter que aprender na prática", ele nos disse tantas e tantas vezes. Aos treze anos, passei a dar expediente em sua loja. A ideia de passar horas dobrando tecidos me deixava aterrorizado. Eu só acabei me animando a ir porque, à época, já havia convencido meus pais a comprarem um computador para mim.

Perguntei se poderia levar a máquina para a loja, onde precisaria agora passar horas e horas. Ele olhou desconfiado, prestes a articular um discurso que repete até hoje: "Vocês não sabem o que é uma vida dura". Mas meu pai é pragmático e, claro, também teve uma ideia. "Se você não quer dobrar tecido, então vai ter que descobrir como usar o TK85 para administrar as lojas e controlar o estoque." Quando o computador chegou, eu não queria mais sair da loja. Parecia um brinquedo — e daqueles que pouca gente tinha. Um prato cheio para minha curiosidade foi desvendar como funcionava aquela máquina.

O TK85 foi um dos primeiros microcomputadores vendidos no Brasil, e minha mãe adquiriu um no saudoso Mappin.[5] A loja de departamentos, que vendia de tudo, já tinha um TK85, porque começava a se formar nos anos 1980 a "cultura do computador".[6] Os modelos eram capazes de executar cálculos matemáticos e estatísticas, montar gráficos, fazer controle de estoque, de clientes, do orçamento, e, claro, já tinham joguinhos animados. O que os diferenciava era a velocidade de execução e a capacidade de armazenamento. Havia, porém, um esforço das fabricantes nacionais, como Microcomputador e Microdigital, para "desmistificar os computadores", incentivando que as pessoas perdessem "o medo e ganhassem confiança" na capacidade dessas máquinas.[7]

Mexer nelas não era tão intuitivo quanto é hoje. Não se pareciam com os micros mais atuais, não tinham tela, nem mouse, tampouco entradas USB. Eram basicamente um enorme teclado preto e robusto, que precisava ser conectado a um televisor. Os dados eram armazenados em uma fita cassete. Procure por uma foto do TK85 e verá que seu design lembra mais o do Atari, famoso video game lançado em 1972, do que o de um PC ou um notebook. Lembro do momento em que vi o meu, ao vivo — e sem cores — pela primeira vez. Era tão criança que olhei para o teclado, li "SPACE" na tecla inferior à direita, e pensei que ao apertá-la eu veria o Espaço (o Universo e suas galáxias). A realidade, porém, era muito menos lunática.

Meu pai precisou encontrar alguém que entendesse o "mínimo de programação" (linguagem Basic) para utilizá-lo. Era preciso digitar uma combinação de códigos para acionar os comandos — e havia uma codificação específica para cada função. Diante de um deles é mais ou menos como estar hoje assistindo ao filme inspirado na série *Black Mirror*: são vários finais, dependendo da escolha de cada espectador. Eu queria descobrir todos os caminhos e comandos possíveis no TK85 e comprava nas bancas revistas especializadas em jogos para microcomputadores. Comecei a interagir com as novas tecnologias desde cedo, buscando resolver problemas a partir dessas novidades. É um pouco como Jeff Bezos falou. Tive oportunidade — e aproveitei — para me posicionar em espaços onde pudesse cultivar essa curiosidade e criar a partir dela. Essa habilidade me motivou a desviar da rota sempre que achei necessário. Foram dezenas de vezes, seguindo caminhos imprevisíveis, que nenhuma empresa havia traçado para mim.

3
Um erro aqui custa cem anos do seu salário

EU JÁ QUIS SER MUITAS COISAS NA VIDA. Mas até catorze anos, cultivava a obsessão de me tornar cientista. Uma tarde, durante um almoço com meus pais, comentei, em tom despretensioso, que gostaria de construir um banco. Surpresos com o pedido, eles deram risada, mas não desprezaram minha vontade. Minha mãe me olhou e perguntou: "Legal. Mas do que você precisa para ter um banco?". E eu respondi na hora: "Pesquisei e preciso de uma licença de 1 milhão de reais".

Meu pai me disse que eu poderia ter o que quisesse. Dependeria do meu esforço e de estudo. "É ter um foco na vida e ir pra cima dele." Fiquei animado — pensei que se conseguisse estudar, meus pais dariam um jeito com a licença e fariam os trâmites burocráticos necessários. E foi por essa razão que comecei a percorrer as ruas do centro de São Paulo para conhecer a sede dos grandes bancos e o pregão da Bolsa de Valores. Eu tinha dezessete anos.

Queria tocar o sino,[1] entrar naquele mundo que via em filmes, vender, vender, ganhar e ganhar. Fui até a Bolsa de Valores de São Paulo (Bovespa)[2] me inscrever em um curso. Queria entender os fundamentos básicos do mercado financeiro, mas as regras mostraram que era cedo demais para ter essa ambição. Eu precisava estar matriculado em uma faculdade.

Insisti com funcionários da Bovespa, expliquei o que buscava e, talvez para se livrar logo de mim, um deles me deu as apostilas do curso. "Fica sentado aí estudando, lendo, e vai embora quando acabar", disse. Quatro anos depois, eu estava sentado em uma grande mesa de operações, como estagiário do banco Fonte, um banco de investimentos em São Paulo. No meu primeiro dia, entendi onde é que eu havia me enfiado, ao ouvir de um dos chefes: "Substitui o cara nessa mesa, mas toma cuidado. Um erro aqui custa cem anos do seu salário". Imagina só, uma ligação, um escorregão e uma vida inteira pagando por isso. Aguentei firme. Era 1996 e, aos vinte anos, aquela seria a minha única experiência no setor financeiro antes do Original.

Em 1996, o Fonte era o banco com maior participação em volume de negócios da Bolsa Mercantil e de Futuros (BMF) e o décimo primeiro na Bovespa.[3] Ou seja, era uma empresa relevante nesse mercado. Suas operações estavam concentradas em renda fixa, mas sua força vinha mesmo da corretora, que já funcionava há doze anos. O banco atuava como dealer do BC.[4] E eu, um jovem que cursava administração na Faap (Fundação Armando Álvares Penteado), era um dos operadores da mesa de derivativos.[5] Não comprava ação, comprava taxa de juros futura. A lógica era invertida.[6] E para entender tudo aquilo?

O clima era selvagem, com uma rotina que seguia a cartilha e o roteiro dos famosos filmes de Wall Street. Também era um mundo barulhento, com pouca automação, onde muita ordem de compra vinha mesmo do grito das pessoas. Hoje, o sino que marca o início do pregão é apenas uma lembrança do barulho que já foi negociar no mercado financeiro. Com a automação e a chegada de computadores velozes, esse mundo ficou mais silencioso.

Naquela época, eu chegava às oito da manhã, participava de uma reunião de economia e esperava a abertura do pregão. As mãos tremiam, o coração acelerava. Às nove, os telefones disparavam. "Compra para mim dez quilos para o Itaú." Registra na planilha do computador. Telefone toca. Ordem de comando. Gritaria. Não escutei! Compra, compra. "Mais dez quilos." Registra. Telefone. Ordem. De repente, eu estava movimentando milhões.

Certa tarde, recebi um telefonema de um cliente. Entendi que ele queria que eu fizesse uma compra de ações. Era um volume grande de dinheiro. Dei a ordem. Logo em seguida, ele me liga de novo, gritando: "Eu não dei essa ordem". Mas eu já havia disparado. E então o sistema de negociações saiu do ar. O supervisor começou a me xingar, culpando-me pelo dinheiro perdido. Fiquei pensando se havia errado, me veio à mente a história do erro de cem anos. Mas eu não tinha tempo para hesitações. Eu me mantive firme, comecei a gritar também, pedindo para ouvir a gravação. Estava lá, o cliente dera a ordem! Naquele momento, aprendi que não dava para ser só eficiente, era sempre preciso reagir rápido.

A grande lição, durante os seis meses que trabalhei no Fonte, porém, não veio da mesa de derivativos. Durante uma das reuniões de análise que antecediam a abertura do pregão, ouvi um analista sugerindo a compra de ações porque o "papelão estava subindo três por cento". Aquilo não fazia sentido. Na lógica do mercado, porém, era algo que importava. "Se as ações das fabricantes de papelão estão subindo, é porque as empresas de varejo estão encomendando mais embalagem e, portanto, vão vender mais. Essas empresas vão crescer. E nós vamos ganhar com elas." Então, eu entendi.

A fonte daquele negócio estava em deduzir pressupostos, em compreender as relações implícitas entre empresas. Foi a minha escola do mercado financeiro. Foi o gatilho que me fez buscar a lógica que está por trás de todas as coisas. Trabalhando posteriormente no UOL, na Microsoft, no Buscapé e depois em minha própria empresa, percebi que minha carreira girou em torno do mesmo trabalho: conectar pontos e pessoas e, assim, gerar negócios.

Porém, conectar pontos não era assim tão fácil nos meus tempos de Fonte. Era difícil prever quais ações iriam subir, vender um "mercado futuro", porque as informações eram centralizadas. Eram acessíveis aos caras que possuíam uma ampla rede de contatos. E eu era um iniciante, em um mercado de pouca tecnologia, em um mundo ainda sem o protagonismo da internet.

Naquele ano de 1996, não havia smartphones e o Google não existia nem como ideia — o Yahoo! já, com status grande, mas ainda de uma grande promessa. No Brasil, o buscador era o Cadê — não havia o UOL e o uso da internet começava a ser explorado comercialmente. Nos Estados Unidos, Jeff Bezos lutava para alavancar uma livraria on-line (e pouca gente acreditava que ele faria alguém comprar livros — ou qualquer coisa — pela internet).[7] O Netscape reinava como a empresa que criou o primeiro navegador e aquela que fez muita gente acreditar que a web seria acessível a qualquer indivíduo. Mesmo que, naquela década, a rede fosse discada, lenta, barulhenta. Pouca gente estava disposta a se jogar nesse mundo então recém-criado e largar seus postos em consultorias, multinacionais ou outros empregos estáveis.

Eu, que a princípio sonhava em ser bancário, tomei decisões que me permitiram acompanhar de perto a evolução do protagonismo da web em nossas vidas. Alguns acontecimentos me levaram a seguir os passos dessas novas tecnologias. Um deles foi a minha saída do mercado financeiro. Em 1996, deixei o Fonte e sua Wall Street particular após o banco se fundir com o Cindam.

Como estagiário, já havia feito até mesmo análise de risco e apresentado para o Banco Central, um trabalho só delegado a altos executivos. Eu havia entendido o jogo, conquistado contatos preciosos, feito as conexões certas. Mas a fusão implicava uma mudança para o Rio de Janeiro, o que me exigiria abandonar a faculdade e São Paulo. Não valia a pena naquele momento. O que, afinal, um jovem paulista pouco experiente poderia aprender no Rio de Janeiro? Nada, do meu ponto de vista. Então, fui fazer o programa de trainee da Consultoria Deloitte por dez meses até conseguir uma oportunidade de estudar nos Estados Unidos. Quando o Vale do Silício ainda estava longe de entrar na moda, fui conhecer os negócios daquela tal "nova economia". Sim, o termo não é tão novo quanto você pensa.

Mas, afinal, o que era essa tal de internet? O que fez muita gente empreender naquele momento? Vamos aos principais fatos que contribuíram para formar o cenário que encontrei nos Estados Unidos na segunda metade da década de 1990. Ao final, você vai ver que tudo é uma questão de saber conectar pontos. Os pontos certos.

Por quase duas décadas, apenas pesquisadores, cientistas e alguns geeks curiosos tiveram acesso à construção da arquitetura que gerou a web. Oficialmente, a internet foi criada no final dos anos 1960, nos Estados Unidos. O mundo vivia o auge da Guerra Fria e o Departamento de Defesa norte-americano buscava uma forma de conexão à prova de bombardeios. Eles achavam que a solução seria utilizar computadores ou transistores, cujo uso crescia exponencialmente.

Eram computadores enormes, com aplicações específicas, como executar cálculos complexos e armazenamento de dados.[8] Era possível também trocar mensagens, se os aparelhos estivessem conectados a um mesmo terminal.[9] Mas, naquele momento, cada uma dessas pequenas comunidades era uma ilha isolada das outras.

O grande passo para mudar esse cenário veio em 1969, quando dois programadores norte-americanos fizeram as vezes de Neil Armstrong e Buzz Aldrin da história da comunicação. Charley Kline e Bill Duvall conseguiram se comunicar por terminais de computadores, estando a quatrocentos quilômetros de distância. A rede criada, que conectou a Universidade da Califórnia, em Los Angeles, ao Stanford Research Institute, em Menlo Park, foi chamada de Arpanet. Em 1972, foi estendida e passou a interligar quatro universidades da Costa Oeste norte-americana. Tudo isso feito com cabos subterrâneos, aproveitando a infraestrutura usada para telecomunicações. Fibra ótica? Ia demorar.

A Arpanet ganhou escala no mundo acadêmico e a concepção da rede viajou para muitos países, como Holanda, Dinamarca e Suécia. Em 1987, a internet foi liberada para uso comercial nos Estados Unidos. Um ano depois, o Brasil realizou seu primeiro contato com a internet, quando a Fapesp (Fundação de Amparo à Pesquisa do Estado de São Paulo) se conectou à rede através de uma parceria com o Fermilab (Fermi National Accelerator Laboratory), centro de pesquisa científica norte-americano. O projeto foi idealizado por Oscar Sala, presidente da Fapesp à época, em um momento em que várias universidades brasileiras buscavam, de forma separada, conexões com redes acadêmicas nacionais. Sala convocou o cientista Demi Getschko para liderar a iniciativa. As instituições criaram redes próprias para se ligar à da Fapesp e dividiam a conexão internacional sem custo.[10] Esse mundo virtual, porém, não ficaria restrito ao meio acadêmico por mais muito tempo. Logo, logo seria descentralizado. E a maior virada nesse sentido veio há exatos trinta anos, da cabeça de um cientista inglês que foi quem, no final, ganhou a alcunha de "o pai da internet".

Em março de 1989, Tim Berners-Lee apresentou a porta de entrada da rede para o grande público. Trabalhando no Laboratório Europeu de Partículas Físicas (Cern), na Suíça, Berners-Lee escreveu um protocolo que permitiu a programas de computadores (os navegadores) acessar informações organizadas em páginas.

Na prática, Berners-Lee criou o www — um acrônimo para World Wide Web. A tecnologia permitia a ligação de diversos textos e arquivos — daí a palavra link — tornando-os disponíveis para qualquer computador conectado à internet. Cada documento recebia um endereço, denominado URL (Uniform Resource Locator), composto por um identificador — o http, de Hypertext Transfer Protocol, e o sinal de www (querendo dizer, assim, que ele estava disponível na web).[11]

Com o www, o mundo virtual ganhou uma interface gráfica que possibilitou às pessoas compartilharem de forma mais rápida e intuitiva textos, imagens e outros conteúdos. Até aquele momento, só havia uma interface de texto, para ler e trocar mensagens. É dentro do www que se encontra hoje grande parte da informação difundida pela rede mundial de computadores. Foi essa invenção que possibilitou a criação das grandes empresas de internet da atualidade, como Amazon, Google, Facebook e Netflix. Esse é o mundo que antecedeu o dos celulares comuns e dos smartphones, que usam outra arquitetura de web.

Em 1991, Tim Berners-Lee lançou o software www,[12] que incluía um navegador pioneiro (Nexus) que podia rodar em qualquer sistema. Foi o precursor dos navegadores, abrindo o caminho para Netscape, Internet Explorer, Mozilla e Google Chrome.

Trinta anos depois da criação de Tim Berners-Lee, metade do mundo (3,5 bilhões de pessoas) está conectada. O criador, porém, não carrega muito entusiasmo com as consequências de sua criatura e hoje é um defensor de uma internet que polarize menos as pessoas, use um design mais transparente (e menos "enganador") e funcione sob normas mais claras, a fim de evitar intenções maliciosas, ataques cibernéticos e roubo de dados. Mas essa é uma outra discussão, que faz parte da evolução da internet nestas duas décadas. Nos anos 1990, o debate era mais incipiente e o mundo virtual estava longe de ser acessível, rápido e barato ao grande público.

O Brasil acompanhava esse novo mundo que estava sendo construído e já contava com a Rede Nacional de Pesquisas (RNP). Instituída pelo Ministério da Ciência e Tecnologia, a rede conectava todas as iniciativas de internet no país, montando seu primeiro backbone (espinha dorsal). A essa altura, o grupo de pesquisadores de Demi Getschko já havia solicitado o domínio ".br" para o Brasil, iniciando o processo de sistematização que iria, nos anos seguintes, organizar, catalogar e protocolar todos os endereços de sites no país. Naquele começo, era tudo de graça — ninguém pagava para registrar nada. Cada computador também ganhou um "nome" (em formato de número, o IP). E se você reclama de internet disponível hoje, imagine naquela época, quando a conexão mais rápida existente no backbone do país era de 4,8 mil bits por segundo. Sim, era quase 6 mil vezes menor do que a velocidade do 4G disponível hoje aqui[13] e quase 20 mil vezes mais lenta do que prometem rodar o 5G em 2022 no Brasil.[14] Eram tempos nos quais as imagens, literalmente, valiam mais do que mil palavras.

Quando o correio eletrônico passou a ser uma ferramenta usada em maior escala e as pessoas começaram a gostar dessa brincadeira, já existiam as BBS. Sigla em inglês para Bulletim Board System, eram um sistema informático, um software, que permitia que "duas máquinas conversassem". Criado em 1978 nos Estados Unidos, chegou ao Brasil nos anos 1980, conectou pessoas fora das universidades e antecedeu a internet que conheceríamos com a www.

Para acessá-lo, era preciso ter um computador, um modem e uma linha telefônica. Depois, discar para o telefone do BBS (normalmente o número de telefone da casa de um sujeito que você conhecia e que havia montado esse sistema).[15] Se a linha não estivesse ocupada, você conseguia se conectar.

Conectados, o que nós víamos era uma espécie de quadro de aviso eletrônico, com fundo preto e letras coloridas. Sem imagens ou vídeos, era um mundo de linhas. Mas já dava para se divertir.[16] Conseguíamos baixar programas de computador, atualizar sistema operacional, buscar informações sobre produtos, fazer relatórios e, o melhor, participar de fóruns, uma espécie de primórdio das salas de bate-papo.[17] As BBS antecederam os sistemas de comunicação social, como ICQ, MSN e WhatsApp. Era sucesso entre os nerds — e eu conhecia um deles.

João era meu vizinho, alguém que sempre admirei por sua extrema inteligência e curiosidade de fuçar tudo o que surgia de novo no mundo eletrônico. Éramos adolescentes quando ele apareceu em casa com um disquete. Se você nasceu nos anos 2000, provavelmente não sabe o que é um. Mas o disquete, que hoje virou peça de museu de computador, é uma espécie de precursor do CD-ROM.[18] Começaram a ser vendidos pela IBM no início dos anos 1970 para inserir dados em computadores e foram a principal forma física de transmissão de arquivos por quase duas décadas.[19] O disquete que João me mostrou, porém, fora trazido dos Estados Unidos. Tinha a chave para a conexão da BBS da AOL, à época o maior provedor de internet do país.[20] Mas não foi exatamente assim que ele me explicou à época. "Com esse disquete nós conseguimos entrar, aqui do Brasil, no mundo que está sendo criado agora nos Estados Unidos."

Eu não sabia muito bem qual seria esse mundo, mas me animei na hora. Para dar certo, porém, precisaríamos de uma linha telefônica internacional. Era caríssimo conseguir uma — naquela época, você precisava pegar uma concessão estatal, entrar em uma fila de espera e pagar 4 mil dólares.[21] Fomos até a caixa das linhas telefônicas no prédio, cortamos alguns fios, emendamos outro e puxamos o cabo até a casa do João. Deu certo. Foi a primeira vez que hackeei um sistema — e não sei até hoje qual morador pagou a conta, que não deve ter sido muito barata. Mas nós conseguimos nos conectar e trocar mensagens com outros computadores conectados à BBS. Foi quando tive a experiência de me conectar com alguém à distância, sem ser pelo telefone.

UM ERRO AQUI CUSTA CEM ANOS DO SEU SALÁRIO

* * *

Aqui no Brasil, quem ficou mais conhecido por conectar brasileiros às BBS foram a STI Internet[22] e a Mandic, fundada por Aleksandar Mandic, um dos primeiros profissionais a explorar comercialmente a web no país. Em 1989, quando conheceu esse novo mundo, ele propôs à sua empresa, a Siemens, montar uma operação que conectasse vários engenheiros em lugares diferentes do país.

Não conseguiu o investimento que seria necessário e resolveu usar a linha telefônica de sua mulher para começar uma operação no quarto de hóspedes da sua casa. Assim, as pessoas poderiam ligar para um número, que fazia a conexão com o computador, e, a partir daí, se conectarem entre si.

Os usuários conectados à BBS de Mandic cresceram, e, em 1992, ele largou a Siemens para empreender nesse negócio, que lhe parecia promissor. Resolveu cobrar pelo acesso, algo que ninguém fazia à época. Sua estratégia para convencer os outros a pagarem por um serviço que sempre foi gratuito foi "tratar os usuários como clientes", oferecendo muito além da conexão. Mandic diz que se esforçou para conseguir fornecer "um bom atendimento", "serviço" e "carinho". O cliente, ele diz até hoje, é a melhor consultoria grátis que há.[23]

Quando, em 1995, o ministro das Comunicações do Brasil, Sérgio Motta, decidiu que o acesso à internet não seria monopólio da Embratel, as BBS foram instadas a se tornarem provedores de acesso comercial à rede, ligando-se às redes de internet.[24] Foram os primeiros provedores, antes da chegada de UOL, BOL, Terra e IG. Um BBS ligado à internet permitia que seus usuários trocassem mensagens de uma forma relativamente rápida. Naquele ano, a Mandic BBS transformou-se em Mandic Internet, tinha 10 mil usuários, e Aleksandar se tornou uma referência da web brasileira. Foi nesse período também que computadores começaram a ser mais frequentes na casa das pessoas. Eram ainda máquinas caras, mas algumas marcas começaram a lançar modelos mais acessíveis, como CCE, Gradiente e Positivo.[25]

As BBS perderiam espaço para o mundo www, de Tim Berners--Lee, à medida que melhores navegadores e provedores com sistemas de conexão mais velozes foram surgindo. No Brasil, a partir de 1996, apareceram UOL e ZAZ, e as pessoas começaram a se conectar diretamente com eles. Era mais fácil e elas não precisavam ficar restritas a uma tela preta com linhas coloridas.

Hoje, essa migração é vista como inevitável. Mas foi em sistemas simples, profissionalizados por empreendedores como Mandic,[26] que muita gente soube o que era estar conectado por computador. Ninguém, aliás, tinha um Google para dizer como fazer essa conexão. A BBS criou um senso de comunidade, fomentada em seus fóruns e salas de bate-papo, que as redes sociais demorariam a conseguir criar. Se é que, até hoje, conseguiram.

Eu tinha 21 anos em 1995, o ano considerado o marco da internet no Brasil e no mundo. Por aqui, foi quando começou a exploração comercial da web, após a quebra de monopólio da Embratel, e foi criado o Comitê Gestor Nacional da Internet. Lá fora, foi o ano em que surgiu o Yahoo!, computadores apareceram pela primeira vez no desenho dos Simpsons, o DVD chegou ao mercado, a Sun Microsystems introduziu a primeira versão do Java e, claro, foi quando a Microsoft lançou o Windows 95. Mas o maior acontecimento daquele ano não foi nenhum desses.

Falo de uma iniciativa, em particular, que sinalizou para Wall Street que algo totalmente novo e transformador estava entrando em cena. Uma revolução que não parou até os dias de hoje. Falo da abertura de capital da Netscape. Avaliada em mais de 2 bilhões de dólares, a empresa foi o primeiro unicórnio da internet, vinte anos antes de o mercado cunhar o termo.* O IPO também é considerado o marco da difusão da web, revelando publicamente um mundo que era invisível para além dos convertidos (no caso, geeks e cientistas). Meio sem querer, participei desse momento. Na prática, o Netscape introduziu a internet para milhões de pessoas, sendo o navegador de noventa por cento do

---

* Nome dado às start-ups avaliadas por investidores em mais de 1 bilhão de dólares.

mercado.[27] Como disse certa vez Kevin Kelly, da revista *Wired*: depois do Netscape, até os nossos pais ficaram on-line.[28]

Com seu IPO, a empresa também quebrou padrões do mercado financeiro. Até meados dos anos 1990, para abrir capital era preciso ter um histórico, normalmente de dois a três anos de existência, e mostrar lucro ou capacidade de chegar logo a esse resultado. A Netscape foi a público sem ter lucro, com um produto, e com apenas quinze meses de vida. E, mesmo assim, convenceu investidores. Hoje, é praticamente norma esperar que uma empresa de tecnologia, apoiada por capital de risco, permaneça não lucrativa no momento de seu IPO. Veja só a história da Tesla, do Twitter, da Pandora, do Spotify.[29] Por outro lado, também não é exagero afirmar que a abertura de capital da Netscape deu início à bolha especulativa da web que estourou em 2000. Muita gente, afinal, apostou alto demais em produtos que não vingaram.

A Netscape foi fundada oficialmente em 1994, quando Jim Clark, um dos executivos mais respeitados do Vale do Silício, se uniu ao jovem programador Marc Andreessen. A união ocorreu porque Marc, ao lado de outros estudantes, havia criado um produto considerado inovador na Universidade de Illinois. O produto foi chamado inicialmente de Mosaic e foi o primeiro navegador (ou browser) da internet. O software permitiu que a web finalmente abandonasse aquele mundo das letrinhas verdes e começasse a se parecer com o que conhecemos hoje.

O novo design permitiu que as pessoas compartilhassem, além de textos e arquivos, imagens, sons e gráficos em locais de atualização dinâmica, os chamados sites. O Mosaic, que passaria a se chamar Netscape Navigator, também foi o responsável por trazer tecnologias que influenciaram a evolução da web, como cookies de navegação,[30] a linguagem de programação JavaScript e o Secure Sockets Layer (SSL), um protocolo para transmitir dados entre servidores da web e navegadores de forma privada.[31]

Sua influência não foi só tecnológica, também foi cultural. Com um ar de irreverência e ousadia, a Netscape ajudou a moldar a cultura do Vale do Silício. Fazia barulho e vendia a ideia de ser um lugar onde as pessoas podiam ser o que quisessem — principalmente se isso significasse ir na direção contrária aos valores das grandes corporações. Não precisava nem ter "código de vestimenta" para trabalhar lá. "É como se você estivesse quase de volta à escola — mas você está sendo pago", diz um funcionário em um vídeo de recrutamento que a empresa lançou e está disponível no YouTube.[32]

Em determinado momento desse vídeo, aliás, Marc Andreessen surge na tela e, com um sorriso discreto, fala em derrubar "uma pequena empresa iniciante chamada Microsoft". Era uma cutucada em uma gigante com dez anos de história, comandada por Bill Gates. Temendo o avanço da Netscape, Gates empreendeu uma verdadeira guerra, acelerando o desenvolvimento de um navegador próprio e lançando no mercado o Internet Explorer. O IE foi fatal para o negócio da Netscape, por ser gratuito (ao contrário do Navigator) e vir embutido no sistema operacional Windows 95. Nenhum usuário precisava instalá-lo.

A guerra foi grande, Marc e Jim resistiram, mas acabaram perdendo — a Microsoft dominava noventa por cento dos sistemas operacionais de computadores à época. Em 1998, a Netscape foi vendida para a AOL. Em retrospecto, é fácil pensar que um navegador da web amigável e acessível era "o óbvio" a ser construído na época. Mas sem o trabalho de Marc, é provável que vivêssemos em um mundo muito diferente. Para Ben Horowitz, empresário, parceiro de Andreesen e ex-funcionário da Netscape, o Mosaic [e depois Netscape] ajudou a quebrar a concepção da internet como um "local misterioso, inseguro e lento" para atender às necessidades reais dos negócios.[33] Aposto que quem usou o Netscape como primeiro navegador, como eu, lembra com nostalgia daqueles tempos e sentiu o impacto das mudanças que se seguiram.

Vivíamos uma época em que dividíamos os negócios em dois lados: os pertencentes à "nova" economia, ávidos por estabelecer novos paradigmas, e os integrantes da "velha" economia, aqueles que faziam (muito) dinheiro com o preestabelecido. Eu sabia de que lado gostaria de estar, e foi para conhecer de perto esse novo agitado ecossistema que se formava ao redor da internet que decidi ir estudar em Berkeley, na Califórnia.

UM ERRO AQUI CUSTA CEM ANOS DO SEU SALÁRIO

* * *

"Universidade com vista para a baía de São Francisco, localizada em um campus rodeado por árvores e obras de arte." Essa é a descrição que o Google Maps traz hoje sobre a Universidade da Califórnia, em Berkeley (EUA). Em 1997, quando conheci aquela vista, São Francisco estava começando a se transformar. Como já mencionei, ainda não existia o que hoje vem à nossa mente quando falamos de Vale do Silício. A Berkeley que conheci era uma cidadezinha um tanto hipster, que abrigava estudantes curiosos como eu, e também outros estrangeiros que queriam estudar ciências.

Um dos meus amigos, que viajara do Brasil aos Estados Unidos para estudar inglês e nas horas livres entregava pizza, havia escolhido astronomia — e não tecnologia — como motivo para frequentar o campus. Essa era uma época de sonhadores. As pessoas que tinham condições viajavam até a região sonhando em construir uma nova profissão — e não em sobreviver. Era uma época na qual os executivos que fundaram as primeiras empresas da "nova economia", os investidores e os caras "fodões" eram acessíveis. Andar por Berkeley ou atravessar a ponte de São Francisco podia valer muito a pena. Era possível, de repente, encontrar em uma sala ou em um café alguém que fizesse toda a diferença. Ainda mais para um brasileiro.

Em um Vale sem tours institucionalizados e abertos a todos, conheci pessoas que me contaram sobre as evoluções da internet, sobre ciência, sobre negócios, sobre administração. Hoje, existe uma casta no Vale do Silício que só conversa e faz negócios entre si, uma bolha que dificilmente alguém consegue furar. Bata na porta do Facebook e, se não tiver uma indicação contumaz, é bem provável que um estagiário te receba para "um tour".

Naquela época, os caras fodões ainda não eram fodões. E eles te recebiam. Lembro de ter conhecido um grande galpão, que não tinha nada de mais, a não ser pelo fato de ser a primeira sede da *Wired*. Ali estavam não só jornalistas, mas executivos de *venture capital*, empreendedores, profissionais que refletiam sobre o novo mundo que estava sendo criado. Fiquei maluco. A *Wired* é a revista de tecnologia mais famosa do mundo, mas estava nascendo naquele momento em que estive no país. Foi um subproduto desse novo contexto, já criada com o intuito de traduzi-lo.

Em uma capa de 1997, em que discutia a "nova economia", a *Wired* defendeu que a grande novidade da época não era a transmissão de informação em rápida e larga escala. A disrupção, segundo a revista, era maior: a tecnologia havia permitido que computadores falassem entre si — gerando não só mais cálculos, planilhas e processamentos, mas conexões humanas em uma escala inédita. E isso tinha enormes implicações. Falava-se, pela primeira vez, em "economia de rede":

> A tecnologia que inventamos para processar planilhas foi sequestrada para conectar nossos eus isolados. Estamos agora engajados em um grande projeto para ampliar as relações e comunicações entre todos os seres e todos os objetos. É por isso que a economia de rede é um grande negócio.[34]

As novas regras que iriam reger a "reestruturação global" giravam em torno de vários eixos. O primeiro é que a nova riqueza gerada iria fluir diretamente da inovação, e não da otimização de processos — obtida pela "captura do desconhecido". E, para isso, era preciso ser rápido, cultivar a agilidade, abandonar o conhecido bem-sucedido. Esses eixos formariam a nova "economia em rede", em que o ciclo de "encontrar, criar e destruir" acontece mais rápido do que nunca. Não acabava por aí. A revista previu que precisaríamos nos adaptar para viver em um mundo no qual as regras do jogo seriam reescritas de forma cada vez mais rápida. Um mundo que contaria, em breve, com novos participantes: bots, objetos, máquinas e bilhões de seres humanos conectados.

Quem lesse o texto da revista hoje, sem atentar à data de publicação, poderia achar que tratava do presente, de dilemas de negócios atuais. Mas o artigo foi escrito há mais de vinte anos. A internet, como vivenciei na minha história, trouxe, desde o início, questionamentos que sobrevivem dentro das empresas e na cabeça dos profissionais. A diferença é que, atualmente, temos muito mais conhecimento e tecnologia do que duas décadas atrás. A informação, ao contrário dos meus tempos de banco Fonte, virou commodity. Está disponível a um clique, nos nossos bolsos, acessível por um comando de voz (hey, Google). A discussão que precisamos ter, nos próximos vinte anos, não envolve mais qual tecnologia será melhor — mas como lidamos com todo esse mundo com que a internet nos conectou.

4
Eu topo ser estagiário e em qualquer área

TEVE APENAS UMA EMPRESA ONDE EU QUIS TRABALHAR e não consegui. Tinha muita curiosidade de conhecer de perto a cultura do Banco Garantia. Fundado em 1971, após Jorge Paulo Lemann comprar a carteira da corretora homônima, o Garantia viveu seu auge nos anos 1990. Na época, já era dono da Cervejaria Brahma e das Lojas Americanas. Transformou-se no mais eficiente e invejado banco de investimentos do Brasil. Em 1993, abriu o braço financeiro GP (Garantia Partners) Investimentos e arrematou participações em várias empresas. Em 1994, atingiu lucro recorde de 1 bilhão de dólares.[1]

Em meados de 1998, eu estava sentado em uma ampla sala de reuniões da sede do banco em São Paulo. Lembro de estar excepcionalmente confiante. Havia voltado de Berkeley, experimentado de perto todo aquele espírito da nova economia que estava surgindo e já tinha experiência em estágios importantes, como no Fonte e na Deloitte. Outro fator também pesava: até hoje gosto de situações nas quais as pessoas são colocadas à prova. É quando consigo mostrar meu diferencial. Senti que aquele seria meu dia.

Éramos quatro concorrentes para uma única vaga. À minha frente, estava um jovem com perfil pragmático e financista formado pela Fundação Getulio Vargas. Havia um segundo jovem com experiência em corretoras e uma menina que se destacava por ser poliglota e por ter estudado na Sorbonne. Eu já havia puxado assunto com ela antes de entrarmos na sala. Não tive nenhuma reserva em contar toda a minha trajetória, selecionando inclusive momentos que não eram exatamente "experiências profissionais". Futilidades, deslizes, brincadeiras, momentos de festas e alegrias, aventuras nada convencionais. Falei de tudo. Senti confiança, senti que era recíproco. Lembro de ela ter rido bastante e perguntado sobre vários detalhes, o que me fez pensar: "Pronto, vou sair daqui com o emprego e casado". Era perfeito demais.

A entrevista que fizemos juntos começou com os diretores do banco nos perguntando sobre economia, Tigres Asiáticos, China e Estados Unidos. Levei no papo. Contei o que vi em minhas viagens e senti ter ficado à frente na disputa. Até que chegou o momento decisivo, nas palavras de um diretor: "Vocês vão escolher um candidato para contratar e outro para dispensarmos. Expliquem os motivos em ambas as situações". De supetão, ainda pediu que eu começasse. Escolhi dispensar o jovem da corretora, argumentando sua falta de experiência em outras áreas, o que o tornaria pouco relevante para o banco. Como indicação de contratação, não tive dúvidas. Indiquei a menina da Sorbonne, descrevendo seu conhecimento em cinco línguas, sua firme postura profissional, sua destreza em ser como era. Nunca tinha elogiado tanto alguém na vida. Os outros concorrentes falaram e, então, chegou a vez dela.

"A minha opinião é um tanto diferente da dele, porque eu tenho certeza de quem eu não contrataria", disse, apontando diretamente para mim. De forma sagaz e com bastante frieza, ela utilizou todas as informações que eu havia contado durante a conversa informal que tivemos, narrando passagens pessoais que são jogadas em roda de amigos e não em entrevistas de emprego. Fechou com chave de ouro: "Você acha que ele vai dar atenção de verdade ao banco? Ele vai pensar, antes de tudo, nos próprios interesses". Diante do esforço dela em me desqualificar, minha confiança desabou, fiquei paralisado. Eu não conseguia mais conversar. Perdi, perdi, perdi tudo por excesso de confiança nos outros, certa arrogância de achar que o jogo já estava ganho e por não saber reagir diante de uma jogada inesperada.

Saí correndo do prédio do banco, sem ficar para saber se ela havia ganhado a disputa. Percebi que não conseguia lidar com ambientes em que as pessoas são jogadas umas contra as outras e sobrevive quem ataca mais. Se eu tivesse sido aprovado, precisaria aprender essas artimanhas, treinar para brigar como tubarão (do Brasil ou da Sorbonne). De cabeça quente, aos 23 anos, decidi: não vou trabalhar nunca mais no mercado financeiro. Sem emprego ou perspectiva no curto prazo, decidi empreender. A experiência de meus pais me havia mostrado que era difícil, mas possível. Quem sabe dava certo dessa vez.

Meu primeiro negócio como empreendedor foi um projeto que reunia várias tendências de comércio e varejo — e que eu estava curioso para testar, na prática, em um espaço único. Contratei uma arquiteta e dividimos um imóvel em vários ambientes. Quando um cliente chegasse, ele poderia escolher entre vários serviços: musculação, restaurante de sushi, açaí, agência de turismo de aventuras, bar e até parede de escalada. Eu já cultivava a ideia de que um negócio, para sobreviver no longo prazo, precisaria funcionar em ecossistema.

O cliente da academia poderia sair da aula e tomar um açaí ou, quem sabe, ir ao restaurante. Os alunos poderiam se interessar por turismo de aventuras e já fechar um pacote para o próximo final de semana. À medida que aumentasse a circulação de pessoas no imóvel, todos os negócios ganhariam mais visibilidade e eu, uma comissão de cada um deles. O aluguel do espaço seria por minha conta. Era o melhor ganha-ganha que eu poderia imaginar. Porém, só funcionou na minha cabeça. Foi meu primeiro grande fracasso como empreendedor. Foi quando aprendi que, por mais inovadoras que sejam nossas intenções, precisamos saber executá-las nos detalhes mais elementares. Eu quis criar um grande ecossistema, mas falhei logo no primeiro round.

Para começar, não fechei contrato com a academia e, no meio do projeto, os sócios brigaram e pularam fora. Era o negócio-âncora do meu minishopping. Meu plano B foi ocupar o espaço vago com aulas de dança, o que atraiu um número baixo de alunos, fazendo com que a circulação total de pessoas despencasse. Acionei o plano C e busquei um novo negócio-âncora, que gerasse publicidade a todos os outros. Montei uma academia de krav maga, a primeira de São Paulo. Não foi suficiente. O segundo nocaute veio após reclamações de vizinhos sobre o barulho. Obrigados, passamos a fechar tudo antes das 22 horas, o que prejudicava tanto o restaurante quanto a academia. O que matou tudo de vez, porém, foi a burocracia.

Eu não conseguia obter todas as licenças da prefeitura para operar. Toda vez que um fiscal ia recolher o dinheiro exigido pelo alvará, o preço duplicava. Anos depois, aquela prática iria parar na Justiça, em um escândalo conhecido como "máfia dos fiscais".[2] Naquele momento, porém, fiquei de mãos atadas. Sem contar com a perspectiva de o negócio poder funcionar legalmente, sem uma boa entrada de dinheiro, resolvi fechar antes que as dívidas ficassem insustentáveis. Já havia vendido o meu carro para abrir o negócio e, então, utilizei minha reserva para quitar o que devia aos outros sócios. Estava no zero a zero de novo.

Em menos de dois anos, havia sido reprovado na empresa que sempre quis trabalhar e não consegui levantar um negócio, que, na minha cabeça, era praticamente impossível de fracassar. E por que deu errado, então? Porque eu não coloquei os possíveis problemas no meu *business plan*, só tudo que estaria ao meu alcance para fazer o negócio dar certo. Montar uma empresa dessa forma é insuficiente porque, em todo e qualquer empreendimento, vão surgir fatores que estarão fora do nosso controle, e nós precisamos estar preparados para contorná-los.

A maior lição dessa história, porém, não me ocorreu por conta própria. Quando parecia que todas as portas que eu havia aberto, movido pela curiosidade e pelas minhas condições, estavam fechadas, fui falar com meu pai. "Você está triste por quê? Você acabou de fazer um curso na Califórnia, tem três estágios em empresas enormes, já empreendeu e viu como o jogo funciona na prática. Com 24 anos, quem tem essa experiência toda? Eu não tive nada disso e estou aqui." Aguenta firme e segue o jogo, foi seu conselho. Hoje eu penso em quantas decisões erradas eu poderia ter tomado se, naquele exato momento, meu pai tivesse falado: "Realmente, Guga, você é um merda".

Enquanto eu me via às voltas com fiscais, sushis e açaí, a internet brasileira ganhava escala, mais provedores, portais de conteúdo e se preparava para criar os primeiros empreendedores milionários. Com o início da exploração comercial, a rede começou a se expandir de modo veloz. É até difícil acompanhar os acontecimentos ocorridos naquele ano de 1998.

A web já havia conquistado um batalhão de seguidores. No Brasil, estava perto de alcançar 1 milhão de usuários; nos Estados Unidos, tinha superado a casa dos 55 milhões e, no mundo, 100 milhões de pessoas já estavam conectadas.[3] O Brasil era o décimo terceiro país com maior número de usuários, acima da Itália e da Suíça, e a adoção da web ocorria não somente em escritórios e residências, mas também em escolas.[4] As pessoas já até reclamavam dos spams, que invadiam seus e-mails e misturavam mensagens importantes com publicidade.

No Brasil, o buscador oficial respondia pelo nome de Cadê. O Google ainda dava seus primeiros passos nos Estados Unidos. O UOL tinha dois anos de existência, já havia adquirido seu concorrente, BOL, e caminhava para ser o maior portal de conteúdo da América Latina. Inovava ao fornecer ao mesmo tempo conexão, conteúdo de jornais e revistas, o bate-papo UOL (que ganhou fama na web brasileira) e, a partir de 1998, um sistema de e-commerce que sustentava shopping e leilão on-line. Concorria diretamente com o ZAZ, um portal de conteúdo que fazia sucesso no Sul do país, produto direto das inovações de mais de uma década do executivo e empreendedor Marcelo Lacerda. Com a venda do ZAZ para a Telefônica em 1999, Lacerda se tornaria um dos primeiros bilionários da web brasileira.

Ter acesso a esses portais e buscadores, porém, só com internet discada. Ainda estávamos longe do mundo com banda larga mais acessível e barata. É por isso que quem viveu essa época da internet praticamente dava plantão para se conectar, aguardando até meia-noite, quando a cobrança ficava mais barata. Quando chegava a hora, era impossível escapar do barulhinho clássico do modem estabelecendo a conexão. Uma vez concluída, a linha telefônica ficava ocupada. Hoje, é legal ter nostalgia daqueles tempos, mas é muito mais animador — e menos sofrido — trabalhar e viver com a banda larga atual.

Vivíamos um momento-chave para o desenvolvimento dos negócios. As operadoras de telecomunicações estudavam como mudar seu modelo de cobrança. Estavam perdendo receita com a diminuição das chamadas internacionais (era mais fácil falar à distância pelo computador), mas tinham agora uma ampla gama de serviços potenciais ao prover acesso (e-mail, hospedagem, e-commerce e intranets). Os bancos, que já contavam com sistemas internos ligados à rede da internet desde os anos 1980, agora queriam descobrir como "capturar o cliente final no digital".[5] Duas décadas antes do boom das fintechs, Itaú, Bradesco e Unibanco investiam em redes privadas para diminuir o custo das transações.

Vendiam a ideia de que os clientes poderiam se livrar das filas e de ter que ir pessoalmente às agências para fazer pagamentos ou abrir uma conta. Do ponto de vista deles, poderiam diminuir uma transação que custava um dólar e cinquenta na agência para dez centavos, se realizada pela internet. Minha história no Original mostra que esse foi um processo longo e dolorido. O Brasil também foi pioneiro na declaração de imposto de renda on-line, abrindo essa possibilidade em 1997, quando 468 mil declarações foram entregues dessa forma.[6] Já pensou em ter que ir hoje até a Receita para calcular sua restituição? No Brasil e no mundo, a despeito de tudo o que criaria, a internet já começava a viver seus dilemas.

Nos Estados Unidos, a maior briga da web ocorria no mundo físico, dentro dos tribunais de justiça. Envolvia uma discussão sobre o monopólio da Microsoft na indústria de softwares, após o lançamento do Internet Explorer. O Departamento de Justiça a acusou de violação das leis de defesa da concorrência. A briga entre a empresa fundada por Bill Gates cresceu, ganhou ares de Hollywood e se tornou o maior processo antitruste movido desde o desmembramento da AT&T em 1984.[7]

Na ocasião, Gates defendeu-se afirmando que sua carreira começou quando a IBM parecia deter o monopólio do setor, mas que, graças à criatividade e à capacidade de inovar de diversas indústrias, a situação mudou. À época, a Microsoft lançou uma campanha nos principais jornais dos Estados Unidos: "Dar aos usuários o que eles pedem. Não é assim que o livre mercado funciona?", questionava o anúncio.

Em 2000, um juiz federal chegou a ordenar uma divisão da Microsoft em duas companhias, mas o tribunal de apelações reverteu a decisão um ano mais tarde e o Departamento de Justiça acabou chegando a um acordo com a empresa. A Microsoft precisou abandonar retaliações contra fabricantes de computadores que usassem software de outras companhias, além de acatar outras leis antitruste. Enquanto a briga ocorria, o Google e a Apple cresceram e surgiram como rivais ainda mais fortes que a Netscape.[8]

Especialistas analisam hoje que, se a decisão da Justiça tivesse sido outra, a Microsoft poderia ter controlado o futuro da web. Com a quebra do monopólio dos navegadores, o mundo passou a depender dos muitos aplicativos, empresas e ideias que surgiram depois.[9]

Imagine um mundo em que a Microsoft tivesse permissão para monopolizar o negócio de navegadores (sistema operacional, grandes aplicativos e o navegador). O Google, a pequena start-up, teria enfrentado uma luta injusta contra o Bing. O Microsoft-Myspace poderia ter se tornado a rede social padrão em vez do Facebook. E quem sabe se o Netflix ou qualquer outro serviço de vídeo on-line teria conseguido surgir? Pode parecer uma cruel ironia que os beneficiários imediatos do caso antitruste da Microsoft — ou seja, Google, Facebook e Amazon — tenham se tornado heróis. Mas é assim que funciona o ciclo da inovação: cria espaço para que as novas se transformem em gigantes, mas impede que os novos gigantes esmaguem a próxima geração de empresas. A própria Microsoft, no início dos anos 1980, era beneficiária de outro caso antitruste, contra a IBM, o colosso da computação de sua época.[10]

Outras discussões nos Estados Unidos à época, para lembrar que nenhum problema é cem por cento novo, também envolviam privacidade e uso de dados. Usuários e a mídia já questionavam se o mundo criado pela www cobrava um "preço caro pela liberdade", ao recolher informações sem consentimento das pessoas. Já se falava sobre a "mineração de dados" a que especialistas em marketing poderiam ter acesso para induzir um consumo específico e discutia-se se a informação na web precisava ser paga (olha aí, o que acabou acontecendo com o jornalismo).

Em um mundo anterior ao do protagonismo das redes sociais, especialistas como o britânico ph.D. em psicologia Mark Griffiths já iam a público alertar que o "vício da internet" afetava dez por cento dos usuários conectados.[11] "As pessoas se sentem muito mais desinibidas na internet porque não se veem e não se escutam. Chamo isso de conversa em realidade virtual. Essa mudança de ânimo pode causar dependência. A internet é um escape que elas têm para se sentirem melhor consigo mesmas." Lembrando que ainda nem existiam os smartphones (só aqueles celulares "tijolões") e a conexão era discada e feita através de lentos computadores. Estávamos a mais de uma década de começar a ter discussões sobre viver um mundo pela ótica das telas de nossos celulares, em que somos inundados por notificações de aplicativos e as redes sociais e novas plataformas ganharam um protagonismo inédito.

Em meados de 1998, a internet era, como é até hoje, uma incógnita para muitas empresas. A rede inspirava desconfiança de muitas pessoas, que até navegavam e se comunicavam, mas se sentiam inseguras para comprar produtos e serviços. A tecnologia também não ajudava. Era preciso ser praticamente desbravador para conseguir montar shoppings on-line, plataformas de e-commerce amigáveis e eficazes, além de sistemas de pagamento seguros. E, no final, convencer o consumidor a apertar "comprar". Mas são os cenários aparentemente incertos que sempre me fascinaram. E eu estava curioso para desbravá-los.

Sem emprego, nem negócio para chamar de meu, resolvi estudar e aprender algo novo. Precisava entender os detalhes técnicos por trás dos novos negócios digitais e me matriculei no primeiro curso de pós-graduação em e-commerce das Faculdades Associadas de São Paulo (Fasp). Como tinha vendido meu carro para montar meu negócio, pegava carona com meu pai. Ele me deixava na avenida Paulista e eu ia andando até o campus, localizado perto da IBM, na rua Tutoia. Gosto de caminhar por prazer, mas também para pensar. Longe de me achar um filósofo grego, porque definitivamente não sou, o ato de caminhar me permite organizar fluxos de pensamentos, conectar peças e me desconectar de problemas. Em meados de 1999, eu criava caminhos para recomeçar.

Dentro da sala de aula, porém, enfrentei o mesmo desgosto que sofria nos tempos de colégio. Não era capaz de absorver, decorar os novos conteúdos para as provas. A educação em série me atacava mais uma vez. Minha visão e minha experiência em negócios, contudo, encantaram o meu orientador. Fui convidado a dar aulas, enquanto ainda era aluno da pós-graduação. Sem experiência como professor, fazia das aulas uma experiência de trocas. Compartilhava tudo o que vivi no campus de Berkeley, no Banco Fonte e como empreendedor. Os alunos gostavam da minha disposição em dividir conhecimento, e, sem me enxergar como um perito, eu também queria aprender com eles. Éramos todos mais ou menos da mesma idade, tentando traçar oportunidades e planejar um futuro na web.

Uma das minhas colegas de faculdade era programadora de uma empresa norte-americana, Open Dimensions, e estava com um grande projeto no Brasil. Conversando com ela, perguntei se havia uma vaga em aberto, para a qual pudesse me indicar. Perguntar, afinal, não ofende, e ela prometeu ajudar. Ao apresentar meu currículo a uma das sócias, ouviu que não existia posição compatível com a minha experiência profissional. "Ela me disse que só tem uma vaga de estágio em marketing e ganha muito pouco. Sinto muito, Guga."

Eu não sentia nada, aquela era a oportunidade! Já bastava. Eu só precisava de uma porta de entrada, um primeiro passo, para construir o próximo movimento. "Eu topo ser estagiário e em qualquer área. Só quero trabalhar em uma empresa de internet", respondi. Lembro de ela dizer que eu estava insistindo em uma vaga muito inferior à que eu merecia e, por oitocentos reais de salário, não valia a tentativa. "Eu tenho certeza de que é isso que quero neste momento." Diante da minha insistência, ela convenceu as sócias e eu pulei para dentro. Foi assim que, aos 25 anos, com três experiências profissionais, já formado e com um certificado em marketing de Berkeley, eu voltei a ser estagiário.

Estava animado com tudo o que poderia aprender, mesmo que para isso precisasse usar terno e gravata todos os dias. As empresas de internet por aqui ainda não se inspiravam na cultura irreverente da Netscape, que dispensava código de vestimenta e persistia em quebrar padrões. Nenhuma delas tinha escorregador, parede colorida, ou RH falando em "criatividade" e "descompressão". Não que eu me importasse com isso, mas pelo menos hoje, com as novas culturas e a flexibilização do dress code, eu consegui me livrar do terno e da gravata.

Eu havia conquistado uma vaga em uma área diferente e tinha a missão, como estagiário de um projeto da Open Dimensions no Brasil, de desenvolver uma ferramenta que construía shoppings virtuais. Nosso maior projeto envolvia a construção de um shopping da ZipNet, uma empresa em ascensão na época. Fundada em 1996 pelo empresário Marcos Moraes, começou a fazer dinheiro explorando o mercado de acesso à web em parceria com as empresas telefônicas. Sua grande sacada, porém, viria naquele ano de 1998.[12]

Pensando em conhecer melhor o perfil do usuário da web brasileira, Moraes formatou um serviço de e-mail grátis. Era uma forma de coletar dados de usuários para depois sugerir potenciais consumidores para empresas. O ZipMail foi um sucesso desde o primeiro dia. Em doze meses, 1 milhão de pessoas já tinha uma conta @zipmail.com. Moraes investiu em sistemas que aguentassem o tráfego de usuários, em um portal de conteúdo e um site de agência de turismo.

Ele também pensava em vender produtos e havia encomendado o shopping virtual à empresa em que eu era estagiário. Até que a estratégia mudou. Moraes recebeu uma proposta da Portugal Telecom (PT), daquelas irrecusáveis, para vender o ZipMail. Irrecusável porque ele precisava de investimento para escalar negócio, mas mais irrecusável ainda porque estamos falando de um cheque de 365 milhões de dólares. Ele aceitou.[13] A aquisição ficou marcada como o primeiro grande negócio da web brasileira e criou até lenda no mercado. Muita gente à época brincou que Moraes aceitou sem saber que o tal do cheque de 365 milhões era em dólar e que somente no ato da assinatura descobriu que o valor seria três vezes maior. Mas era, claro, só brincadeira.

A venda para a PT encerrou o projeto do shopping virtual que nós estávamos construindo. Mas o negócio inesperado também mudaria meu destino. Em abril de 1999, recebi o convite para integrar o primeiro time de e-commerce do portal líder absoluto de audiência no Brasil, o UOL. Meu nome foi indicado por um funcionário que me conhecera em negociações da ZipNet. Contaram a meu favor o fato de falar inglês e a experiência profissional que havia construído. Como disse meu pai: quem tinha essa experiência toda aos 25 anos? Aceitei a proposta. A diferença é que, daquela vez, eu não ia como estagiário. Menos de um ano após empreender e falir, assumia um cargo como executivo com um salário quatro vezes maior.

5
Antes de vender anúncio on-line, precisávamos vender a internet

O AMBIENTE QUE ENCONTREI ao chegar para trabalhar no UOL, em abril de 1999, também não exalava uma atmosfera moderninha importada do Vale do Silício. Não era um escritório com poltronas coloridas, post-its na parede, escorregadores ou mesa de pingue-pongue. Não tinha luxo, ou melhor, não tinha um capricho sequer. Era uma completa gambiarra. Encontrei meus novos chefes e colegas apertados em uma sala de poucas janelas, localizada ao lado da sede do jornal *Folha de S.Paulo*, na alameda Barão de Limeira, em São Paulo. Como o anexo e o prédio não tinham a mesma altura, era preciso descer uma escada improvisada, com degraus desalinhados, para alcançar a salinha.

Uma vez ali dentro, sem ar-condicionado, era dureza aguentar o calor. O fato de a turma de executivos do jornal nos exigir trabalhar de terno e gravata, o código de vestimenta deles à época, piorava a situação. Diante do nosso incômodo, os diretores disseram que dariam um jeito. De fato, deram. Instalaram um aquário de vidro no meio da sala, onde seria possível trabalhar com ventilação e resfriamento. O problema? Só cabiam os diretores na sala. Todo o resto ficou para fora, esperando que a salvação viesse de um dos ventiladores de metal. Essas máquinas enormes, porém, só sabiam mesmo fazer barulho.

Era comum avistarmos baratas andando pelas nossas mesas e era difícil encontrar papel higiênico no banheiro. Como dividíamos o espaço com os funcionários da gráfica da *Folha*, o normal era contar apenas com jornais velhos à nossa disposição. Gosto de contar esses detalhes para mostrar o quanto o estereótipo que criamos sobre escritórios de empresas digitais pouco tem a ver com o que encontrávamos nos primórdios da internet no Brasil. Embora tenha me marcado muito, não é essa a principal memória que cultivo daqueles tempos. Mesmo porque, a verdade é que nenhum de nós se importava muito com aquele ambiente improvisado. Importava o motivo de estarmos reunidos. Foi naquela salinha que surgiu a primeira equipe de comércio eletrônico da América Latina.

Havia três tipos de pessoas dispostas a trabalhar naquele momento, naquele lugar e naquela empresa. Um cidadão farto de um cargo em uma consultoria ou em um banco de investimento e esgotado com a exigência de trabalhar mais de sessenta horas por semana; um ser humano que antes estava desempregado ou uma pessoa que estivesse desiludida (para não dizer perdida) com a carreira escolhida. O único pré-requisito era ter entusiasmo com as novas tecnologias da internet e vontade de construir essa história no exato momento em que ela estava acontecendo. No portal líder de audiência do Brasil.

Digo isso porque a equipe reunia gente com todo tipo de experiência profissional: recém-formado em administração, ex-bancário, oceanógrafo e até um dentista. Ninguém era especialista sobre o futuro da web ou "estrategista de marketing digital" — era tudo novo demais para as pessoas validarem sua expertise em internet. O que os chefes buscaram, e encontraram, foi um grupo que combinava experiência em negócios com o mínimo de conhecimento técnico demandado para construir novos projetos digitais. Era preciso, acima de tudo, ter cabeça aberta, resiliência e paciência extrema.

Embora ninguém tivesse a menor ideia de como executá-la, nossa missão era clara. Precisávamos montar a operação de e-commerce do UOL e criar produtos e serviços que garantissem receita além do que a mera publicidade, com os banners, já gerava. O problema: tínhamos pouca tecnologia à disposição no mercado, não podíamos misturar a

ANTES DE VENDER ANÚNCIO ON-LINE, PRECISÁVAMOS VENDER A INTERNET

oferta de produtos com o conteúdo jornalístico e precisávamos convencer usuários brasileiros e anunciantes a desembolsarem dinheiro no negócio. Um trabalho que meu chefe à época, Alexandre de Freitas, líder de vendas e estratégia, define hoje muito bem. "Antes de vender anúncio on-line, precisávamos vender a internet."

O UOL nasceu da cabeça e da insistência de Luiz Frias, filho mais novo de Otavio Frias Filho, fundador do jornal. O herdeiro e presidente da empresa da família buscava uma forma de explorar comercialmente as novas tecnologias on-line. Reuniu uma equipe de profissionais que atuavam no jornal e os enviou aos Estados Unidos com a missão de identificar em que as empresas digitais norte-americanas estavam apostando.[1] O tour, liderado pelo jornalista Caio Túlio Costa, incluiu visitas a sedes das empresas em evidência à época: Microsoft, Netscape, Sun Microsystems. Frias, o filho, só não sabia no que investir: um provedor de acesso ou um serviço de notícias que pudesse gerar renda adicional, para além dos anúncios impressos nas páginas da *Folha*.

Apostou na segunda opção e, reunindo ideias trazidas pelos seus enviados, colocou no ar, no dia 28 de abril de 1996, a primeira versão do UOL. Exibia notícias dos jornais do grupo (*Folha de S.Paulo, Folha da Tarde, Notícias Populares*), traduções de artigos do *New York Times* e um serviço de bate-papo. O que o usuário visualizava na home page, porém, era bem diferente do design ao qual nos acostumamos a navegar acessando o portal no século XXI. Era uma visão de conteúdo sem imagens, praticamente uma lista de links para textos, sites e notícias. As fotos demorariam a ganhar espaço relevante na home page.

Quando entrei naquela salinha anexa à *Folha*, o portal já tinha potencial de negócio grande e definia-se como um "provedor de conteúdo e acesso". O UOL havia feito uma fusão com o BOL, criado pelo Grupo Abril, e 350 mil pessoas já assinavam seu serviço. O segundo maior provedor do país era o ZAZ, com 170 mil assinantes, e o terceiro, o Mandic, com 90 mil.[2] Aos assinantes, que pagavam uma mensalidade, o UOL fornecia um disquete — e depois um CD — para instalação do programa que conectaria o computador ao modem e, assim, à internet. Os assinantes ganhavam um e-mail @uol.com.br e, de brinde, navegação irrestrita ao conteúdo de todo o portal. A home page era acessada por oitenta por cento dos usuários de internet do país, ou seja, 3,2 milhões de pessoas. Era um percentual maior do que o portal da AOL e do Yahoo atraíam (sessenta por cento), dois dos mais populares sites norte-americanos à época.[3]

Para continuar crescendo e competindo, porém, o UOL precisava levantar capital. Em setembro de 1999, vendeu 12,5 por cento da participação acionária para investidores institucionais liderados pela divisão de *private equity* do Morgan Stanley.[4] Com 100 milhões de dólares levantados, o UOL buscava sustentar seu crescimento, lançar operações internacionais com um portal em espanhol e participar, como pioneiro, do potencial de crescimento da internet na América Latina.[5] Nosso desafio, com o e-commerce, caminhava junto a esses objetivos.

Ganhar dinheiro com a internet não era um desafio exclusivo nosso. Era o que todos os negócios novos, mecanismos de busca, portais e provedores no Brasil trabalhavam para conseguir. Vivíamos a primeira onda de exploração comercial da rede, e, apesar do otimismo diante das novas possibilidades de interação, não tínhamos tecnologia abundante, meios de pagamento digitais bem estruturados e sistemas robustos e automatizados. Isso porque nem podíamos reclamar de falta de máquinas. Servidores eram o que não faltava no UOL.

Tínhamos o maior parque Sun da América Latina.[6] Mas não era suficiente. Com o aumento diário do tráfego, os sistemas caíam toda hora e era preciso reiniciá-los na mão, apertando botão mesmo. Colegas eram convocados às pressas, muitas vezes de madrugada, para reiniciar o sistema. Todo o conteúdo, seja notícia, banner ou link, precisava ser milimetricamente pensado para ser o mais leve possível — do contrário o sistema não daria conta.

Além da mensalidade das assinaturas, o UOL ganhava dinheiro com três banners,[7] links para sites de anunciantes (Livraria Saraiva, por exemplo) e uma página on-line de classificados. Perceba que a configuração da publicidade na web (banners) lembra muito a publicidade impressa em uma página de jornal. Por que toda forma nova de mídia insiste em reativar as formas do passado? Era — e continua sendo — um desperdício pensar assim. Na internet, o céu é o limite, mas no portal o potencial de vendas estava limitado a caixinhas que lembravam os anúncios de jornal. Tampouco adiantava encher tudo de anúncio, pop-ups, oferta de shopping e leilão, ferindo o conteúdo, o usuário e a credibilidade do negócio, algo que ocorreu com muitos portais ao longo da história da internet brasileira. Que produtos poderiam ser criados nesse meio-termo?

Eu não tinha a menor ideia. Ninguém tinha. Nem os chefes. Eles se sentavam conosco, definiam uma estratégia inicial, "vamos para cima", e amanhã mudavam o rumo, "agora é para cá". Completamente compreensível. Ninguém era especialista em internet. Todo mundo aprendia junto em um cenário completamente dinâmico. No que os chefes insistiam, com razão, é que precisávamos ser extremamente rápidos. "Se você demorar um dia, perderá espaço para seus concorrentes."

Naquele jogo, valia quem conseguisse sair na frente, do jeito que fosse.[8] As inovações não residiam em criar soluções complexas, a nova Netflix ou uma Uber da web. O problema era muito mais na base. Sem tecnologia à disposição, precisávamos aprender o que criar — e aprender como executar. As referências eram escassas, e mesmo a tecnologia mais usada no mercado para criar plataformas de e-commerce (WebSphere, da IBM), exigia adaptações. Nada vinha "pronto". Não existiam APIs para conectar peças. Ninguém falava em UX (*user experience*).

A nossa primeira estratégia no UOL foi desenvolver verticais de negócios — imóvel, carro, leilão, turismo — para construir nosso shopping virtual. Era uma forma temática de criarmos páginas internas de ofertas e indicar para o usuário onde, na home page, ele encontraria essa publicidade dirigida. Do outro lado, era também uma forma de atrair o anunciante, mostrando onde ele poderia investir, estar e ter contato direto com as pessoas que acessavam o UOL.

Na página principal, como nosso espaço era limitado, destacávamos as "superofertas" do Shopping UOL, em uma barra nova, posicionada na lateral direita. O anúncio, exibido em texto, vinha "mascarado", como se fosse uma notícia. "Livro que inspirou novo filme do Tom Hanks"; "Você monta sua camisa personalizada na Closet"; "Mac e Pentium 3 a preços imbatíveis".[9]

O e-commerce no UOL começou com a gente montando loja por loja do shopping, construindo, na mão, uma página dedicada para cada categoria. O negócio cresceu e sobreviveu. Quem acessa o shopping encontra cerca de cinquenta categorias e milhares de produtos e serviços à disposição. Naquela época, porém, tínhamos que convencer os anunciantes a venderem lá. Era praticamente um trabalho de evangelização.

Lembro que todos nós saímos às ruas para visitar empresas, agências de publicidade e lojistas. Precisávamos, em muitos casos, explicar por que valia a pena estar presente na internet como empresa e não só como usuário. Explicar onde seu produto ou serviço iria aparecer e a qual preço. Era uma venda consultiva, um processo de educação de um novo mercado. E, aqui, não valia apenas atrair os âncoras, vinte por cento dos clientes que garantiam oitenta por cento da receita do shopping. O cliente seu Chimbinha, vendedor de pano de prato, não merecia ser desprezado perante a empresa multinacional norte-americana. É claro que não gastávamos a mesma quantidade de horas com o Chimbinha que com a empresa-âncora, mas havia uma demanda da chefia para que atendêssemos a todos com atenção.

O que faz, afinal, um shopping ser bom é justamente sua mistura de ofertas. Nenhum centro comercial tem sucesso com seis lojas gigantes, mas semelhantes entre si. É preciso ter variedade para mostrar ao consumidor que lá ele pode encontrar o que deseja, seja o que for. Dava um trabalhão cuidar de todos os clientes, e, quando o shopping começou a vingar, já em 1999, cada um de nós cuidava diretamente de dezenas de negócios. Era insano porque nosso trabalho não acabava no contrato.

Fechávamos com a empresa e depois tínhamos só pepino para resolver: conquistar um lugar na home, subir os conteúdos, muitas vezes até escanear o anúncio deles (muitos mandavam um motoboy entregar o material impresso ou enviavam via fax) e garantir descrições que os fizessem vender bem. Era nosso trabalho se certificar de que cada uma das lojas, fosse grande ou pequena, estivesse satisfeita com o investimento.

ANTES DE VENDER ANÚNCIO ON-LINE, PRECISÁVAMOS VENDER A INTERNET

Feito isso, precisávamos muitas vezes atender a ligações de usuários com alguma reclamação ou dúvida sobre o produto. Era comum o cara ligar e dizer que comprou no UOL, mas na verdade havia sido no Submarino. E para sair daquele rolo? Não tínhamos ainda o e-bit, Reclame Aqui e leis que definiam até onde iria a responsabilidade de cada empresa no comércio eletrônico brasileiro.[10] Não era fácil — e havia quem se aproveitasse disso para praticar fraudes, o que abalava a confiança de muitos usuários.

No final de 1999, o Shopping UOL já tinha 81 lojas e abocanhava parcela significativa do investimento geral em publicidade on-line e no comércio eletrônico. Esse mercado faturou, naquele ano, 80 milhões de reais —[11] quatro vezes mais do que em 1998. O UOL já era a principal porta de entrada na internet no Brasil, mas sabia que precisava ser agressivo em publicidade e em estratégia.

O comércio eletrônico crescia vertiginosamente, porque outras marcas também investiam, surgiam novos players no Brasil, como o comparador de preços Buscapé e o Mercado Livre. Entre os concorrentes diretos do UOL estavam a Starmedia, que conquistou contratos de lojas virtuais grandes como a World Tennis e as livrarias Siciliano e Cultura; o ZAZ, que já era um provedor ligado à Telefônica e que apostava na criação de shoppings virtuais regionais, e a AOL, a gigante de internet norte-americana que havia desembarcado no Brasil um ano antes.[12] Todo mundo queria estar pronto para 2000, o ano que o mercado pensava que o e-commerce atingiria seu boom, antes de a bolha estourar.

Trabalhávamos no maior portal de audiência da América Latina, mas vivíamos uma rotina de start-up. Da mesma forma que nossos vizinhos jornalistas corriam para conseguir um furo, fechar a matéria do dia e fazer um jornal inteiro, nosso dia começava às nove da manhã e dificilmente alguém ia para casa antes das dez da noite. Íamos vender contratos em todos os cantos da cidade e, quando voltávamos com um dos grandes assinados, subíamos na mesa e gritávamos: "Nós vamos construir a maior empresa da internet do Brasil!". Lembro também que, diariamente, abríamos os braços, estendíamos para o alto e, fazendo um semicírculo imaginário, dizíamos: "Vamos ser o maaaaaior do mundo". Passada a euforia, era hora de entender como é que conseguiríamos colocar no ar, tecnicamente, tudo aquilo que havíamos vendido aos clientes.

Os chefes insistiam em marcar conversas às nove horas da noite, e nossa diversão era montar estratégia para fugir delas — ou deixar alguém lá, sozinho, pagando o pato. Gastávamos, ainda, horas que poderiam ser mais úteis, se não ficássemos jogando Delta Force* no computador ou pregando peças nos companheiros dentro das salas de bate-papo do UOL. Um dia, vimos um colega entrando no bate-papo e pedimos que nossa assistente, a Cíntia, puxasse conversa. *Cíntia entra na sala.*** Nosso colega se anima — pensa que pode marcar um encontro.

Eram tempos pré-Tinder, pré-Instagram, e o bate-papo UOL reinava como forma de comunicação on-line. Avisamos aos chefes o que estava acontecendo. Alexandre de Freitas entra na sala. Alon Feuerwerker entra na sala. Caio Túlio Costa entra na sala. Até nosso colega perceber que tudo não passava de uma grande conspiração e que não sairia encontro algum, os chefes já estavam com a expressão seriíssima. No bate-papo. Também gastávamos muitas horas discutindo ideias que, aparentemente, não faziam qualquer sentido. Mas poderiam se tornar inovações significativas. "Nós vamos fazer isso mesmo? Vai acabar com o mercado!", dizia um. "E se o mercado acabar, o que acontece?", complementava outro.

Uma dessas ideias foi a criação de um leilão que poderia vender calcinha, vinho ou computador, mas que tinha um objetivo bem claro: era uma estratégia para atrair e reter usuários no UOL, estimulando-os a confiar e comprar na web. Em agosto de 1999, o Brasil já tinha 8 milhões de pessoas conectadas à internet, volume maior que toda a população do Rio de Janeiro à época.[13] O leilão poderia atraí-los e era uma forma, para nós, de vender produtos e serviços multimarcas, sem precisar montar uma loja para cada um deles. Colocamos no ar a partir de um sistema de leilão já existente, o Local, e o adaptamos.

---

* Jogo de computador com elementos de estratégia, guerra e tiro.
** "Entra na sala" é a expressão que o bate-papo do UOL mostra quando um novo usuário se conecta.

ANTES DE VENDER ANÚNCIO ON-LINE, PRECISÁVAMOS VENDER A INTERNET

O leilão, porém, exigia mais velocidade do que o trabalho com o shopping. Era preciso garantir que o sistema funcionasse, subir novos produtos a toda hora, encontrar itens que chamassem atenção e gerassem marketing. E, nesse aspecto, valia de calcinha assinada pela Luma de Oliveira a moto elétrica da Yamaha. As dificuldades aumentaram quando começamos a fechar contratos de grandes volumes de produtos. Um dia, o gerente de negócios, Mirko Mayeroff, chegou à salinha, subiu na mesa e começou a gritar. Ele havia conseguido o contrato com a maior importadora de vinhos à época, a Expand. Todo mundo começou a comemorar, até que a ficha caiu. "Legal, mas quantos vinhos são?" "Centenas", respondeu o Mirko. Olhamos para o pessoal de tecnologia. "Não tenho a mínima ideia de como subir tudo isso de uma vez." O.k., nem nós. Fomos do jeito mais óbvio — e mais trabalhoso então. Ligamos para a secretária da Expand, pedimos as descrições de todos os rótulos, fomos lá tirar fotos, catalogar preços e passamos horas e horas de madrugada subindo na plataforma cada garrafa. Depois, era a hora de acompanhar os lances. Quando o sistema indicava que alguém havia aceitado o preço e adquirido o vinho, comemorávamos muito. Se o cara compra vinho pela internet, ele vai comprar outras coisas! Quem pareceu não ficar muito feliz foi o dono da Expand.

Não demorou muito para que ele nos ligasse pedindo para tirar tudo do ar. Como assim? Nós passamos madrugada adentro catalogando tudo. Ele ficara irritado porque recebia um e-mail a cada lance efetuado e sua secretária imprimia todos, colocando-os em cima da mesa. Em poucos dias, uma pilha gigantesca de papéis tomara conta do móvel e era uma pilha inútil, porque fazer um lance não significa efetuar uma venda. Pode parecer estranho hoje, mas na cabeça dele aquela história só estava dando trabalho — ele não "visualizava" que as vendas viriam no médio prazo.

Tivemos que mudar todo o sistema e aprender rapidamente a sermos mais assertivos nos preços mínimos. Não é preciso, afinal, centenas de lances (e e-mails) para vender um único vinho. Foi uma lição sobre como negociar em leilões da web. Com o tempo, a tecnologia evoluiria e o trabalho de catálogo, por exemplo, seria automatizado. Mas boas descrições de produto, no marketplace, são um problema enfrentado ainda hoje por muitas empresas. Muito vendedor continua a perder vendas significativas por não ser capaz de mostrar ao potencial consumidor as qualidades (e os defeitos, se for o caso) daquilo que quer vender.

Grande parte do sucesso que tivemos foi por praticar uma venda por pacotes. Cultivávamos o mantra de que precisávamos entregar valor aos varejistas — sem necessariamente cobrar a mais por isso, e era dessa forma que garantiríamos sua fidelidade. Muito do que oferecíamos como "extra" no pacote de contratação era gratuito. O cliente podia comprar um banner na home e receber um anúncio no shopping, por exemplo. Criamos várias combinações de contrato.

Muito do que fazíamos, porém, era executado de forma amadora. Não existiam ferramentas de marketing tão personalizadas como hoje, ou capazes de gerar relatórios rápidos, como faz o Google Analytics.[14] Cada clique era medido "na mão". A equipe de TI precisava pegar os logs dos servidores[15] e processar, de forma manual, os acessos que cada um deles gravava. Ao recolher todos, montava um banco de dados e, a partir daí, era possível criar relatórios. Usualmente, esse processo demorava horas e, claro, não escapou de virar brincadeira.

Um dia, um dos chefes do UOL veio solicitar um relatório. Ouviu que seria impossível, já que um dos servidores estava com problema no processamento de dados. "Não interessa, se virem aí, eu preciso de números para fechar uma grande negociação. Inventem uma solução." E aí, bem, o pessoal teve que inventar. Literalmente. A equipe criou um relatório com números falsos e o nomeou de "CagaLog". Pronto. Virou o script básico enviado a qualquer pessoa que solicitasse, de forma urgente, um novo relatório. Foi algo pontual, que não gerou problemas para clientes, mas espelha o que ficou na nossa memória daqueles tempos: tudo era no "olhômetro" e dificilmente alguém era capaz de processar os dados em massa de forma tão rápida.

Chegou uma hora em que vendíamos tudo o que era possível dentro do UOL. A área de e-commerce acabou ganhando vida própria e criou, com o shopping e leilão, formas de gerar dinheiro adicional aos banners e pop-ups (que faziam parte do trabalho da equipe da publicidade). Nem o reloginho, que mostrava o tempo real para milhões de usuários todos os dias, escapou ileso. Custava caríssimo conseguir colocar uma marca naquele espaço — e nós fazíamos uma festa toda vez que uma empresa aceitava pagar mais.

O problema interno surgiu quando, à medida que começávamos a vender mais, passamos a reivindicar mais espaço na home. A barra do Shopping UOL, que inicialmente tinha seis links, passou a ter dez. Ganhamos um espaço de banner só nosso. Começamos a colocar fotos nas ofertas de produtos — o que fazia a home carregar de forma mais lenta, prejudicando a experiência do usuário. A fronteira de oferta e conteúdo ia sendo quebrada e os jornalistas ficavam malucos.

O UOL nasceu como portal de notícias e investia muito dinheiro na qualidade do jornalismo publicado. O conteúdo lá, portanto, era o rei. Os fundadores viam esse pilar como fundamental para atrair e reter a assinatura das pessoas. E batiam firme o pé. Eu me sentia muitas vezes como no filme do Super-Homem, diante de um editor de jornal severo e bravo, que lutava para fazer prevalecer seu ponto de vista diante da equipe.

As brigas com o "pessoal de conteúdo" eram homéricas e incluíam até arremesso de monitor de computador na parede. Ganhamos muitas vezes, mas também perdemos contratos milionários. Uma vez, o Alexandre de Freitas fechou com a L'Oréal um patrocínio para a vertical de mulheres do Shopping UOL. A negociação foi feita diretamente com a sede, em Paris. Era uma bolada.

Antes de o patrocínio ir ao ar, contudo, a equipe de conteúdo publicou uma notícia sobre um produto da marca que estava causando queda de cabelo. Era relevante e de interesse público.

O jornalista que a publicou não sabia — e nem deveria saber — do nosso contrato. Era apenas uma infeliz coincidência. Não podíamos pedir para tirar o conteúdo do ar. Se quebrássemos essa barreira, para onde iria a credibilidade do UOL? A partir do momento em que os anunciantes passassem a influenciar no conteúdo jornalístico do portal, por que as pessoas continuariam a acreditar que o que liam era verdade, e não manipulação? Perdemos o contrato de milhões por causa de uma única matéria. Mas não dava para fazer diferente. Até hoje, penso que o UOL deu certo porque nasceu como jornal, valorizando desde o começo o conteúdo, com extremo zelo, curadoria e editoria.

O UOL foi a minha primeira transformação digital — uma empresa que, veja só, já nasceu on-line. Mas que foi capaz de ganhar dinheiro sem perder uma audiência gigante, depender de prover acesso ou focar apenas em publicidade de mídia. Soube ser relevante e única, executar novas possibilidades de forma rápida e ágil. Em um período de dois anos, montamos uma estrutura de e-commerce que incluiu um shopping virtual, um leilão, venda em pacotes de publicidade e novos formatos de anúncios. Construímos um negócio que absorveu grande parte do investimento publicitário que existia no mercado. Fomos de uma área que passou a faturar de zero a 35 milhões de reais em 2000.

Talvez não seja presunção dizer que a estrutura de comércio eletrônico que criamos a duras penas, com pouca tecnologia, montou as bases para a empresa lançar, em 2004, a ferramenta para sites PagSeguro. O UOL conseguiu ganhar expertise — e reunir informações de crédito e transações — para ver que era preciso melhorar a experiência do usuário em relação ao shopping e criar uma forma de pagamento mais amigável, simples e direta. Quando as pessoas finalmente se sentiram mais confortáveis em comprar pela web e o comércio eletrônico, de fato, decolou, o UOL estava preparado.

O PagSeguro também se reinventou e, em um movimento do digital para o físico, lançou em 2017 suas próprias máquinas de cartão de crédito. A Minizinha surgiu sem aluguel ou taxa de adesão e a um preço acessível. A partir dela, o UOL colocou nas mãos de pequenos lojistas a possibilidade de fazer transações virtuais, com a ajuda de um celular, em qualquer lugar. Algo que, até pouco tempo atrás, só os bancos seriam capazes de fazer. O IPO do PagSeguro levantou cerca de 2,27 bilhões de dólares na Bolsa de Nova York em 2018 e transformou a empresa de pagamentos em unicórnio. Em 2019, 4,1 milhões de clientes usavam seus serviços de "forma ativa"[16] (realizaram ao menos uma transação nos últimos doze meses).

ANTES DE VENDER ANÚNCIO ON-LINE, PRECISÁVAMOS VENDER A INTERNET

* * *

O UOL ganhou uma nova sede espaçosa na avenida Faria Lima, centro financeiro de São Paulo, no início dos anos 2000, onde boa parte da equipe com quem trabalhei passou a dar expediente. Eu não segui com eles. Estava de olho em um novo produto para vender, descoberto enquanto eu negociava com os clientes internacionais do UOL: os domínios, espécie de assinatura (pessoal ou corporativa) na internet. O surgimento dos domínios genéricos deu origem a um mercado milionário, no qual empreendedores passaram a comprar endereços para vendê-los a preços mais altos — e lucrar muito nessa transação. Eu estaria entre eles.

Os primeiros domínios surgiram nos anos 1980, para facilitar a memorização dos endereços de computadores na internet. O domínio é formado por um nome e extensão (.com;.br;.org). Sem esse "nome" para site e e-mails, teríamos que memorizar uma sequência grande de números (IP) de cada computador. Entre os cem primeiros domínios da história, estão nomes conhecidos do mundo da tecnologia, como Xerox.com, HP.com, Siemens.com, Adobe.com e Apple.com — todos registrados, de forma gratuita, entre 1985 a 1987.[17]

O governo dos EUA controlava o registro de muitas extensões de domínios, como .net, .org e .com — e o fez de graça por vários anos. Até que resolveu passar a cobrar cinquenta dólares por domínio em 1995 e, três anos depois, privatizou essa atividade. O mercado foi aberto para empresas habilitadas para intermediar esse registro — a consultoria Network Solutions foi a primeira com autorização para cobrar pelos registros. Desde então, não é preciso ser norte-americano para ter um domínio .com; .net ou mesmo .org — eles viraram "genéricos". Basta registrar um nome que ninguém tenha e pagar por isso. A primeira lei dos domínios sempre privilegiou, nos EUA ou no Brasil, quem chegasse antes.

O Brasil seguiu o mercado dos Estados Unidos e o Comitê Gestor da Internet passou a cobrar inicialmente cinquenta reais pelo registro de endereços .br em 1997.[18] Aqui, as empresas não podem lucrar em cima do registro.br — mas podem oferecê-lo como uma forma de ganhar com serviços subsequentes, como hospedagem do site. Qualquer usuário por aqui até pode registrar seu domínio diretamente, sem a necessidade de empresas intermediárias. Mas isso não significava que era fácil.

O brasileiro precisava ter CNPJ — ou seja, para ter um domínio era necessário abrir uma empresa. Por essas razões, naquele ano de 2000 eu estava olhando para fora, para os domínios genéricos. Seria uma forma de simplificar o processo para muitos brasileiros — e de ganhar em cima do registro do domínio. Ao tentar contatar uma empresa estrangeira para disponibilizar esse serviço dentro da home page do UOL, conheci Kieron James.

Britânico com formação em economia, Kieron também é um entusiasta das oportunidades que a internet pode gerar a usuários e a empreendedores. Em 1997, estava trabalhando com web design, investindo na arquitetura de sites para empresas. Foi quando seu caminho cruzou pela primeira vez com o de Gerard Callahan, CEO da Domain Names, e eles passaram a trabalhar juntos. A empresa, fundada naquele ano, tinha autorização para intermediar a venda de domínios genéricos,[19] mas também vendia soluções de comércio eletrônico e hospedagem na web para empresas e pessoas físicas.

Uma parceria em particular a fez decolar. Ao colocar domínios à venda no Free Serve, provavelmente o primeiro provedor de internet gratuito, a Domain Names tornou-se visível para uma multidão que acessava diariamente o provedor. Essas pessoas passaram a ver e a entender que poderiam registrar domínios — e a demanda foi tanta que, em determinado momento, domínio só não "vendia" mais do que CD. Foi quando Callahan e Kieron aprenderam que precisavam de um "eyeball"* — um portal ou provedor que conectava usuários à web, aumentando as chances de essas pessoas usarem também a Domain Names.

Daqueles tempos, Kieron gosta de contar uma história divertida. A empresa teve a ideia de imprimir certificados para enviar a todo usuário que registrasse um domínio através de seu serviço. Era uma autenticação "física" para um produto inteiramente digital, uma forma de o

---

* O termo "eyeballs" é uma referência ao número de pessoas que veem ou "passam os olhos por" determinado anúncio.

usuário "sentir o serviço que comprou". O documento era impresso no próprio escritório e enviado às pessoas. Os funcionários passaram a sentir que a Domain Names estava, de fato, decolando quando havia seis ou sete impressoras Dell no escritório imprimindo, sem parar, vários certificados. Cada um que saía da impressora significava não só mais um cliente. Significava mais um domínio. Significava mais cem dólares ganhos. Era praticamente uma máquina de fazer dinheiro.

Com a operação crescendo, Callahan convocou Kieron para unir as duas empresas e para que ele passasse a trabalhar dentro da Domain Names, na venda de domínios. Ele achou a proposta interessante, mas antes de aceitar fez um pedido inusitado: "Parece muito interessante, mas a única razão para eu aceitar essa proposta é se puder ir morar na América do Sul, porque minha mulher é hispânica e fala espanhol". E, assim, esse britânico simpático, que seria meu novo chefe, veio parar em Buenos Aires em 2000 para abrir uma subsidiária local.

A despeito de sua motivação pessoal, Kieron olhava com atenção para o mercado de internet latino. Naquele ano, oitenta por cento dos usuários da internet da América Latina estavam concentrados na Argentina, no Brasil e no México. Analistas também diziam que "a América Latina se parecia muito com os Estados Unidos em 1994-98, um período que criou tremendo valor para os investidores".[20] Eu concordava.

Dentro do UOL, havia visto essa oportunidade e costurado o acordo milionário com a Domain Names. Colocamos nossa caixinha para registro de domínios em sua home page, por um período diário de quatro horas, por quinze dólares por ano para os 50 mil primeiros clientes. Àquela altura, o UOL já tinha 1,4 milhão de assinantes.[21] Era uma exposição enorme. Quando nosso serviço foi ao ar, porém, Kieron já havia me recrutado. Criei uma oportunidade de negócio, como funcionário, que me rendeu um novo emprego. E eu nem sabia que seria um baita emprego. O meu novo chefe britânico me convocou para ser o seu "country manager". É engraçado porque na época eu nem sabia o que era ser um *country manager* (espécie de diretor-geral da região) e, rapidamente, já estava liderando uma equipe de nove pessoas.

Nossa missão era replicar o modelo de venda da Domain Names do Reino Unido por aqui, exibindo nosso serviço em grandes portais, mas fazendo adaptações para as particularidades locais. Quando Kieron chegou e tentou negociar sozinho com portais, enfrentou dificuldades não só pela barreira linguística, mas pelo que ele define como "location". A forma de vender, comercializar e passar a mensagem do produto ou serviço para os consumidores precisava ser completamente diferente da maneira como ele fazia no Reino Unido. Até hoje, ele diz que essa foi a sua maior lição de negócios ao empreender na Argentina e no Brasil.

Você não pode simplesmente copiar a exibição do serviço criado em um site do Reino Unido, traduzir as palavras para o espanhol e pensar que isso vai funcionar. É preciso ter gente local, que entende os costumes e a cultura. E, para fazer esse papel, Kieron me convocou. Eu tinha todos os contatos — e eu mandava proposta para todos os portais.

A grande sacada da Domain Names, à época, foi formatar um produto B2C (gerando um canal para usuários registrarem domínios) com um produto B2B (a Domain Names apenas intermediava o serviço).[22] Colocamos uma caixinha pequena e de fácil entendimento nos portais para os usuários inserirem nome, endereço e forma de pagamento. Em cinco minutos, poderiam registrar o que quisessem, e, caso o nome não estivesse disponível, o sistema avisava na hora.

Na época, o Flash era a plataforma que bombava nas empresas para construir anúncios e páginas interativas na web. Mas nós não tínhamos a licença do programa. Para resolver o problema, eu comecei a pesquisar soluções alternativas e baratas e encontrei uma plataforma com a mesma função. Na Índia. Negociei com o indiano e foi com ela que customizamos o site da Domain Names para intermediar o registro de forma local — sem depender exclusivamente da equipe que estava no Reino Unido. Não seria uma barreira tecnológica que iria me impedir de viabilizar os contratos vendidos. E havia mais uma no nosso caminho.

Para implementar esse serviço, diferentemente de outros países, precisávamos lidar com um problema que todo o e-commerce na região enfrentava naquele momento: a baixa penetração de crédito na sociedade. As pessoas ainda confiavam pouco em seus cartões e preferiam pagar tudo com dinheiro e cheques. Estudamos uma parceria com a Western Union, com uma plataforma do Banco Santos e com as empresas E-Financial e Smart Pag. Conseguimos construir uma solução

ANTES DE VENDER ANÚNCIO ON-LINE, PRECISÁVAMOS VENDER A INTERNET

que não era a ideal, mas funcionava para recebermos pagamento dos usuários. Emitíamos um boleto e enviávamos aos clientes. No escritório, montamos um pequeno call center onde nós mesmos atendíamos e resolvíamos os problemas. O que vingou também naquele início foi vender diretamente para empresas que, por serem negócios, já utilizavam em maior escala o cartão de crédito.

No final de 2001, eu havia conseguido vender nosso serviço para vários portais além do UOL. Entre os grandes, estavam IG, Zip.Net e MSN, da Microsoft, que à época já contava com 6 milhões de usuários no Brasil. As pessoas podiam comprar um domínio por 78 reais e conectá-lo ao serviço de e-mail da empresa, o Hotmail, ou ao MSN Sites. No comunicado de divulgação à imprensa sobre o acordo, eu explicava a importância desse negócio para o usuário. Ler meu argumento vinte anos depois soa óbvio — mas, à época, eu precisava explicar a importância do que vendia. "Atualmente é fundamental para as pessoas terem suas identidades digitais. Com esse sistema, é possível ter um endereço único pelo resto da vida — o que significa que uma pessoa pode ser encontrada independente do lugar em que mora ou trabalha."

Vendemos muito. Era um ótimo negócio não só pela demanda, mas também pela recorrência de receita gerada pela renovação anual do domínio. O interesse era tamanho, mas muitos domínios registrados à época nunca devem ter ganhado um website. Havia muitas pessoas — não só no Brasil, mas no mundo — correndo para garantir o registro de suas marcas. No fundo, o negócio de domínio sempre girou sob uma única premissa: "Ninguém pode usar isso, só eu, só minha empresa". Essa premissa acabou motivando também compras com segundas e maliciosas intenções. Uma postura que a legislação norte-americana, por exemplo, demorou a alcançar e no inglês é chamada de *cybersquatting*.

Muitas pessoas ganharam dinheiro comprando domínios disponíveis e que tinham nomes de empresas, prédios, instituições ou lugares famosos. A ideia era adquiri-los para vendê-los, posteriormente, a preços muito maiores. Tem gente que faz isso até hoje — em 2016, por exemplo, um usuário descobriu que o Google não tinha renovado seu domínio Google.com e o comprou, rapidamente, por doze dólares.

A empresa precisou desembolsar mil vezes mais para recuperá-lo. No Brasil, por exemplo, a AOL demorou meses para conseguir o domínio AOL.com.br.[23]

O Kieron costuma dizer hoje, vinte anos depois, que um domínio com poucas letras, na extensão .com, e que representa exatamente o que o site exibe, significa duas coisas: ou a empresa chegou há muitos anos na internet ou pagou muito caro para garantir esse registro. Quer um exemplo? Digite ww.com e descubra que você será direcionado para a página do programa Weight Watchers ou dos Vigilantes do Peso, se estiver acessando do Brasil.

Em dezoito meses de operação, a Domain Names chamou atenção da Verisign. A empresa norte-americana havia criado uma operação global aproveitando a valorização de ações de empresas de soluções para web para comprar várias delas. Fez uma varredura no mercado antes que a bolha da internet estourasse e a valorização de tantas empresas fosse por água abaixo. Em dezembro de 2000, a empresa faturava 460 por cento a mais do que apenas um ano antes.[24]

Foi uma estratégia que me fez perceber, naquele momento, como é necessário ser agressivo e rápido para se tornar, de fato, grande nos negócios. A aposta mais bem-sucedida da Verisign naqueles anos foi a aquisição da Networking Solutions, o que lhe garantiu o monopólio dos registros de domínios .com. O negócio em si foi gigantesco — a Networking Solutions foi vendida pela enorme quantia de 21 bilhões de dólares[25] em 2000. A Verisign já tinha mapeado o futuro que queria construir na internet e ele incluía sua atuação em várias pontas: da construção de site ao registro de domínio até chegar à venda de certificado digital.

A empresa já definia um mundo "antigo" que queria deixar para trás e o "novo", que queria ajudar a construir. No tradicional, você tinha "um nome". Na internet, você tem "um domínio". No primeiro, você carrega um número; no segundo, um endereço de IP. Antes, você precisava de uma forma para estabelecer confiança. Na internet, é a vez do "certificado digital". No antigo, você precisa descobrir como vão te pagar.

No novo, há soluções digitais de pagamento. Resumindo, segundo o documento que ela enviava aos funcionários: "No mundo dos negócios tradicionais, essas soluções e serviços eram oferecidos por instituições, como governos, bancos e operadoras de telefonia. No mundo dos cliques e dos negócios on-line, esses serviços são fornecidos pela Verisign. Convidamos você a se conectar à nossa história". Ela queria o monopólio de tudo — e, de fato, havia muita gente achando que a Verisign iria conquistar o mundo.[26]

O Brasil entrou em seu radar a partir de 2000, com direito a visita do presidente global. Na ocasião, a Verisign fechou um acordo com o Banco do Brasil para criar a primeira assinatura digital autenticada do setor bancário brasileiro. Nosso caminho se cruzaria com o deles um ano depois, quando a empresa negociou com a sede no Reino Unido a compra da Domain Names. Com a aquisição, a gigante norte-americana queria ganhar rota e acesso a vários novos mercados na Europa e também no Brasil. Era mais fácil adquirir uma empresa que já havia aprendido a operar localmente, diante das singularidades de cada um desses mercados, do que construir uma operação do zero. E foi o que aconteceu.

Kieron foi convocado para voltar à Europa e vender, agora pela Verisign, domínios e certificados. Com o acordo, a Verisign incorporou a Domain Names, fechou a operação na Argentina e manteve, por alguns meses, o negócio de domínios focado no mercado brasileiro. Sob meu comando. Nesse período, conseguimos renovar nosso acordo com a UOL, em março de 2011, e colocamos nossa caixinha de registro na home page da empresa no Brasil, Argentina, Chile, Colômbia, México e Venezuela. Os usuários desses países poderiam registrar domínios .com, .net, .org, mas também .com .br, .com.ar, .com.mx.

Foram anos agitados. Domínio vendia como água e era um produto de alta demanda. Até hoje é, aliás. A premissa de não deixar ninguém pegar um domínio que pode lembrar sua identidade, nome ou empresa, ainda movimenta milhões e é fonte de briga entre gigantes. O Google venceu em 2015 um leilão com a Amazon para ganhar todos os domínios da extensão .app, pagando 25 milhões de dólares para ter esse direito.[27] No final de 2018, a Verisign divulgou que os domínios TLDS (que incluem .com e .net) cresceram 4,9 por cento em comparação a 2017. No total, já ultrapassam 345 milhões de registros.[28]

Permaneci na Verisign até 2002, quando a empresa decidiu se retirar do país e focar apenas nos negócios da Europa.[29] Foi também o momento em que recebi um convite para um novo desafio. Daqueles tempos agitados, porém, a imagem que mais guardo na memória é a de quando saí do UOL e virei country manager. Foi quando a minha ficha caiu. De uma cena em particular eu nunca vou esquecer:

> *The world is not enough*
> *But it is such a perfect place to start*
> *And if you're strong enough*
> *Together we can take the world apart*[30]

O mundo não é igual aos filmes do James Bond, mas pode ser emocionante e recompensador. Era noite em São Paulo e eu estava de pé, olhando através da ampla janela de vidro de um dos andares do prédio comercial mais nobre de São Paulo: o World Trade Center. Olhei para o lado e vi meu amigo, colega de UOL e agora de Verisign, Rodrigo Prior, colocando para tocar no computador um CD com a música-tema da franquia de 007: "The World Is Not Enough". Éramos apenas nós. *Olhe só, Guga, aonde é que você conseguiu chegar. Você negociou com todas as grandes empresas da internet. Criou uma solução de pagamentos. Aprendeu a montar um contrato agressivo. Participou de um negócio que faturava milhões naquele começo de internet. A sorte existe, é claro, mas eu costumo dizer que nós precisamos criar condições para que ela nos ajude. Você não tem ideia de como a sua sorte aumenta quando começa a experimentar, a testar suas hipóteses, a conhecer a pessoas, a criar sem esperar que ninguém te peça absolutamente nada.*

6
Ou ganha 1 bilhão ou não ganha nada

A HISTÓRIA ESTÁ REPLETA DE IDEIAS que todo mundo conhece, mas que ninguém sabe quem inventou. No mundo da tecnologia, onde diversas pessoas são capazes de ter a mesma ideia ao mesmo tempo, é comum atribuirmos invenções a quem ganhou, de fato, determinado mercado. Mas conhecer os verdadeiros inventores nos ajuda a descobrir como aquele mercado foi criado e o que fez uma inovação ter sucesso.

Permitam-me uma leve digressão para relembrar um desses momentos e um sujeito em particular chamado Bill Gross. Engenheiro e empresário, Gross abriu, em 1996, a Idealab, uma incubadora de negócios no mundo que a internet havia acabado de criar. A Idealab ajudou a criar 150 empresas, mas sua ideia mais famosa saiu justamente da cabeça de Gross.[1] Em 1998, ele percebeu que a web atraía um número crescente de usuários, mas estava longe de gerar dinheiro na mesma proporção.

A solução estaria em explorar os resultados de busca, transformando em anúncios parte dos links exibidos aos internautas. Para executar essa ideia em larga escala, ele criou um sistema de leilão que define qual anunciante ganha o direito de aparecer primeiro. Na prática, Gross foi o inventor dos links patrocinados, sem imaginar que o Google, e não a sua empresa, a Go.To, seria protagonista desse negócio.[2] Naquela época, ele pensava que sua ideia valia muito. E valia mesmo. Vinte anos depois, o Google fatura 134 bilhões de dólares com seu sistema de marketing on-line, o AdWords.[3]

Como todo empreendedor à frente de seu tempo, Gross enfrentou resistência para colocar os links no ar. Os tecnólogos dos mecanismos de busca afirmaram que resultados pagos não condiziam com os ideais de liberdade que pautaram a fundação da web. Em 1996, eles criticaram uma proposta semelhante da empresa de pesquisa Open Text Corporation.[4] Mas Gross bateu o pé. Defendeu que a internet já estava comprometida pela publicidade, com a profusão de banners, pop-ups e spams. Sua estratégia inverteria o lado da monetização.

"Os portais [Yahoo!, Lycos, Infoseek e Excite] querem ganhar dinheiro quando as pessoas ficam. Eu quero ganhar dinheiro quando elas saem."[5] Foi seguindo esses pressupostos que ele criou a Go.To, um buscador que exibiria apenas resultados pagos. A empresa conseguiu implementar não somente o que a Open Text idealizou, mas também o leilão em tempo real para gerenciar as palavras mais buscadas pelos usuários. O Google só nasceria seis meses depois.

A Go.To levantou 55 milhões de dólares em sua abertura de capital em 1999.[6] Por pressão dos investidores, contudo, eles precisariam mudar o modelo de negócio. Era mais rentável atuar como intermediário entre anunciantes e portais de busca mais famosos (como Yahoo! à época), do que investir em um mecanismo próprio de buscas com links patrocinados.

Gross e boa parte da equipe da Go.To não concordavam. Eles queriam ver seu buscador se tornar um destino por si só, queriam se tornar o Google de hoje. Não deu certo, a história foi diferente, porém longe de ser fracassada. Diante da pressão, Gross mudou o nome da empresa e o modelo de negócios. A Go.To, que virou Overture, tornou-se referência no mercado de links patrocinados nos anos 2000. Até o Yahoo! perceber que mais de vinte por cento de sua receita se originava da parceria de links patrocinados com a empresa de Gross.[7] Em 2003, comprou a Overture por mais de 1 bilhão de dólares.[8]

Enquanto Gross batalhava por sua ideia nos Estados Unidos, dois colombianos acompanhavam seus movimentos de perto: a criação da

Overture, o início do Google e a tentativa dos buscadores de convencerem as pessoas a comprarem produtos de outras empresas na web (um movimento que ganharia o nome de Search Engine Marketing, SEM).[9] Inspirados no modelo de pagamento por clique e leilões, criaram seu próprio negócio para alcançar os novos usuários da América Latina.

Eu os conhecia e fui convocado para criar a TeRespondo no Brasil. Compramos o topo da busca dos maiores portais da época por aqui. Em dois anos de operação, em 2003, dominávamos setenta por cento do mercado de links patrocinados. Reinamos incontestes até a chegada do Google ao Brasil, e nós também fomos vendidos para o Yahoo!. Assim como Bill Gross, que criou posteriormente um mecanismo de busca para redes sociais, nós também seguimos em frente. E temos muita história para contar.

Gosto de contar essa história hoje, quinze anos depois, porque essa é a narrativa de empreendedores, grandes ou pequenos, promissores ou de improvável sucesso, loucos ou conservadores, que navegavam o mesmo barco, entre altos e baixos. E que lutaram contra dois gigantes da web: Google e Yahoo!. Nossa batalha acontecia no agitado e auspicioso mundo da publicidade on-line da América Latina, onde queríamos ganhar o jogo dos links patrocinados. A busca paga foi o primeiro produto do Search Engine Marketing, uma indústria que nos Estados Unidos já movimentava 300 milhões de dólares. Diversas empresas apostavam nessa nova tecnologia — não só nos EUA, mas na Europa e na Ásia. Nenhuma, porém, havia focado em desenvolvê-la no mercado latino.

Os dados dos Estados Unidos mostravam que patrocinar palavras-chave na busca exigia o mesmo investimento anual dos anúncios em banner e e-mail marketing, até então as formas que reinavam no início da publicidade web. O que faltava, naquele início, era convencer o mercado latino-americano da eficácia do novo produto. E precisávamos fazer isso antes que Yahoo! e Google, que já investiam nessa ferramenta, convencessem portais e clientes por aqui e dominassem um mercado pioneiro.

O movimento exigia nova tecnologia, uma liderança inovadora e ousada, expertise de relacionamento para negociar contratos milionários e dedicação para conseguir atrair o maior número de anunciantes possível. Minha meta em 2003, por exemplo, era convencer sessenta por cento das maiores empresas de e-commerce a anunciarem na TeRespondo. Não era só uma questão de sair na frente — nossa sobrevivência e relevância dependiam de garantir a maior vantagem possível.

Tivemos sucesso como pioneiros até 2004, quando esse mercado não só se mostrou viável, mas aguçou o apetite de várias empresas. Naquele ano, os links patrocinados representavam dez por cento dos 223 milhões de reais gerados pela publicidade web no país. Também naquele ano, o Yahoo! ganhara espaço ao usar a expertise da Overture, a empresa de Bill Gross, e o Google estudava a abertura de seu escritório por aqui (considerando, inclusive, comprar a TeRespondo). Cada um abocanhava cerca de um terço das buscas geradas no país, e, à medida que o mercado crescia, nós íamos perdendo nossa margem. Foi aí que começou a encrencar.

Há muitos personagens nesse drama da TeRespondo, começando pelos empreendedores colombianos: Juan Diego Calle e Daniel Echavarria. Nascidos nos anos 1970, eles vinham de duas das famílias mais tradicionais da Colômbia. Quando os rumos do país enveredaram para a guerra contra o traficante Pablo Escobar, Juan, ainda adolescente, mudou-se para os Estados Unidos. Em Miami recomeçou a vida, os estudos, e, mais tarde, conheceu Daniel.

Danny, como é chamado, nasceu em Los Angeles, mas tem cidadania colombiana. É membro da quarta geração dos Echavarria[10] e, por muitos anos, atuou ativamente nos negócios da família, as Organizações Corona, profissionalizando a empresa de produtos para construção e o seu braço filantrópico. Juan também se envolveu nos negócios da família ao trabalhar, ainda na faculdade, na Representaciones Continental, um dos maiores distribuidores de bebidas alcoólicas da Colômbia. Lá, foi o responsável por implementar os procedimentos de gestão de relacionamento para clientes para a área de vendas.

Poderiam ter continuado por esse caminho — onde já tinham sucesso e muitas conquistas. Mas Juan e Danny eram jovens e espertos demais para aceitar um destino previsível. Logo descobriram que a web estava cheia de possibilidades. Formado em finanças pela Universidade do Colorado, Danny envolveu-se no mercado de tecnologia em 2001 como investidor, ao aliar-se a um banco de investimentos de Nova York (Violy, Byorum and Partners) especializado em América Latina.[11] Já Juan estudava na Universidade de Miami quando resolveu viajar para a França e foi justamente lá que, no final dos anos 1990, conheceu os primeiros buscadores da web, como o Yahoo!, o Excite.com e o Altavista.

Voltou com vontade de empreender e, inspirado no modelo da Go.To e da AskJeeves, site de perguntas e respostas que daria origem ao Ask.com, montou dentro da faculdade um projeto para vender links patrocinados na América Latina. Juan acreditava tanto nessa oportunidade que, além de sonhar com a Ferrari que compraria, esperava levantar milhões em investimentos. O plano de execução, porém, foi um fiasco. Ele mal havia começado a montar o negócio quando a bolha da internet explodiu e, desconfiados do verdadeiro potencial das empresas pontocom, investidores mantiveram-se na retaguarda.[12] Sem condições favoráveis para desenvolver o negócio, Juan voltou a estudar, deixando apenas os servidores rodando. Talvez fosse uma questão de timing, talvez de sorte. Fato é que, em 2001, Juan se surpreendeu ao notar o aumento de tráfego no agregador de buscadores que havia construído.

Quando o conheci, em um saguão de hotel em São Paulo, em meados de 2002, ele não só dera uma segunda chance a sua empresa como também tinha largado faculdade e família nos Estados Unidos. Convocou Danny para ser sócio e CFO dessa empreitada, encarregado de abrir o escritório em Miami e viajar para fechar contratos em países como México e Argentina. Juntos, investiram 1 milhão de dólares no negócio. Juan me convidou para uma reunião porque tentava conquistar contratos com portais para alavancar a TeRespondo no Brasil, justamente o meu trabalho nos últimos três anos no UOL, Domain Names e Verisign.

Por aqui, testemunhávamos um crescimento acima da média mundial no número de usuários e uma explosão de novos portais. Era um mercado que o Yahoo! começava a olhar com mais afinco e, ainda sem a Overture, dava os primeiros passos no jogo do link patrocinado. O meu negócio, na Verisign, corria em paralelo, vendendo domínios para quem quisesse garantir seu lugar na internet. Sugeri ao Juan que fizéssemos um teste juntos e passamos a inserir, na caixinha de domínios que eu vendia para os portais, alguns links patrocinados. Deu certo. Eu e Juan percebemos que as pessoas clicavam nos links, mas poderiam clicar ainda mais se o anúncio fosse inserido diretamente nas buscas. Até aquele momento, a TeRespondo havia conseguido fazer isso com o BOL e tinha alguns links pagos dentro do UOL. Era pouco para ganhar escala e atrair mais clientes. Foi aí que eu virei o jogo: "Juan, do que você precisa? Botar os links no Brasil inteiro, na América Latina toda, correto?". Ele concordou.

"Então, ao invés de vendermos a caixinha de domínio, vamos comprar a busca de todo mundo." Juan sorriu, concordou e deu sinal verde. Era o que ele queria — e aí nós negociamos o meu salário e bônus na TeRespondo. A minha mudança de carreira coincidiu com um momento de virada na Verisign. A empresa não sabia se queria continuar investindo no Brasil, o que ameaçava diretamente meu emprego. Mas não meu trabalho. Eu já tinha negociado a venda de domínios para os maiores portais da América Latina — agora, era só uma questão de mudar o produto. Um produto que tinha tudo para faturar muito mais.

Quando assumi a operação da TeRespondo no Brasil, em meados de 2002, nós nem tínhamos um escritório. Trabalhamos por três meses do saguão do hotel onde o Juan estava hospedado. Não posso dizer que tenha sido confortável, mas foram tempos divertidos, estressantes e contagiantes também. E o mais importante: bem-sucedidos. Em pouco menos de um ano, em maio de 2003, havíamos comprado as buscas do UOL, BOL, IG, MSN (Brasil, México e Argentina) e cuidávamos da busca paga de dezessete sites afiliados.[13] Éramos uma equipe de trinta pessoas, uma start-up na terceira rodada de investimento e uma empresa, ufa, com escritório. Antes de entender como chegamos lá, vamos analisar a dinâmica por trás do nosso negócio.

Os internautas, como fazem com tudo o que lhes é inconveniente, já demonstravam uma tendência a ignorar as peças publicitárias em formato de banner. Não significava, contudo, que havia menos pessoas navegando. O tráfego em portais como Cadê, Google e Yahoo! crescia intensamente à medida que a web ganhava escala. Cresceu também a nossa oportunidade de acompanhar ação e reação dos usuários. De estar presente naquele momento, às vezes tão efêmero, quando os usuários vão até o buscador e digitam: "iPhone x", "detetive particular", "como fazer guacamole", "por que não podemos comer carne na Sexta-feira Santa" etc. As pessoas começaram a falar com a internet e a exigir respostas para suas dúvidas, seus desejos e questionamentos e até suas possíveis doenças.

Os resultados mostram links de conteúdo, como também de anúncios, e nós nem imaginamos que, durante os milésimos de segundo enquanto a busca é carregada, há uma máquina de algoritmos gerando um leilão de palavras-chave. Cada palavra-chave pode ser comprada por uma empresa ou pessoa interessada em influenciar a busca e nos mostrar o anúncio ou a notícia que buscamos — ou que achamos que buscávamos.

Vamos supor que a pessoa digitasse "hotel" em algum dos portais com que a TeRespondo tinha parceria, como UOL, Terra e MSN. Se um hotel em Campos do Jordão tivesse comprado a palavra-chave "hotel", nós apresentaríamos o link de seu site entre os cinco primeiros exibidos na busca. Colocaríamos um título "Hotel Chris Park — Campos do Jordão" e uma descrição atraente, que ajudaria a reverter a busca em clique: "Local privilegiado em Campos do Jordão. Vista inigualável, no alto do Morro do Elefante".

Em vez de pagar pelo número de aparições de um banner — custo por impressão, modelo dominante na web até então — os anunciantes pagariam apenas quando as pessoas clicassem em seus anúncios. O posicionamento deles na página de resultados seria determinado por meio de um leilão. As palavras-chave mais digitadas pelas pessoas custariam mais caro para os anunciantes, enquanto palavras-chave menos buscadas poderiam ser obtidas por apenas um centavo por clique. Foi assim que surgiu o que os marqueteiros, agências e mídias sociais chamam hoje de PPC — *pay-per-click*, ou custo por clique.

Quando a TeRespondo implementou esse modelo, de forma pioneira no Brasil, o anunciante nos pagava por cada acesso a seu link patrocinado. Voltando ao exemplo do hotel em Campos do Jordão, cada vez que um usuário clicasse nesse link, nós ganhávamos o valor referente àquela palavra-chave. Nenhuma custava menos de dez centavos por clique. No caso de "hospedagem", por exemplo, a palavra custava 2,65 reais por clique em maio de 2003. Como havíamos comprado as cinco primeiras posições da busca dos portais, negociação que detalho mais adiante, só podíamos permitir que cinco empresas comprassem uma palavra-chave. É por essa razão que o custo por clique variava, caso um sexto concorrente quisesse desbancar alguém e ficar entre os cinco escolhidos.

A arbitragem dessa dinâmica ocorria em tempo real, como um mercado de ações. À medida que as palavras ganhavam ou perdiam relevância nas buscas, seus valores mudavam. As mais concorridas eram as mais genéricas, pois abarcavam desejos, respostas e vontades de muitos internautas. Quanto mais específica a palavra-chave, como "passagem aérea United Airlines", maior o retorno em vendas, porque mais próxima está aquela palavra do que a pessoa deseja comprar. Uma boa campanha da TeRespondo incluía, além da palavra-chave, um título objetivo, uma descrição detalhada do produto ou serviço e um link que levasse direto ao produto referenciado no título.

Na TeRespondo, nós tínhamos uma equipe de funcionários com formação em letras. Ela garantia títulos sem erros de português, superlativos ou mal escritos, descrições "claras, concisas e objetivas" e definição de palavras-chave que nos trariam um tráfego mais qualificado. Se a empresa vendia DVDs, a palavra-chave "venda de DVD" iria gerar provavelmente um tráfego mais qualificado do que a palavra genérica "DVD". Todas as palavras-chave escolhidas e cadastradas precisavam refletir exatamente o seu site, produto ou serviço, e nós tínhamos uma ferramenta (Caça-palavras) para descobrir as variações possíveis de cada palavra e como o número de buscas delas havia se alterado durante um período de trinta dias. Era preciso acompanhar a mudança do comportamento dos usuários em tempo real. Era preciso garantir que o anúncio exibido chamasse a atenção e as pessoas clicassem nele. Só assim é que ganhávamos. Afinal, é o custo por clique.

Nós acreditamos nesse modelo de publicidade on-line porque, já naquele início de internet, a taxa de cliques em links patrocinados nos resultados de busca variava de oito a dez por cento — um retorno mais alto do que os banners e pop-ups e a um custo inferior. Com cinquenta reais, era possível promover um link patrocinado. Além disso, diferentemente do modelo de banner e pop-up, que literalmente salta aos olhos de qualquer usuário em qualquer site aleatório, o link patrocinado foi o ponto de partida da segmentação no marketing. O anunciante que quisesse divulgar um "hotel barato na avenida Paulista em São Paulo" poderia encontrar um potencial cliente que buscasse por "hotel", "hotel em São Paulo", "hotel barato em São Paulo", "hotel barato na Paulista em São Paulo". Bastava que ele comprasse todas essas palavras, bastava ter grana, rapidez e vontade para bancar essa brincadeira.

No início de 2000, embora não tivéssemos ferramentas do nível tecnológico do marketing atual, as empresas ganhavam dinheiro tentando se antecipar ao desejo de consumo das pessoas. Era um mundo em que os limites da publicidade on-line eram pouco definidos. Éramos, de certa forma, livres para trabalhar esse novo contexto com pouquíssimas regulações. Um mundo em que nossos erros e acertos vinham antes das regras que precisávamos seguir.

Algo atualmente impensável, nesse começo da TeRespondo, era o fato de que nenhum usuário conseguia distinguir, pelo design da página, se os links eram pagos ou não. Não tinham cor diferente, tampouco sinalização de #publi. Para os anunciantes, era um verdadeiro paraíso — e nós fazíamos a festa. Mas logo os internautas começaram a reclamar, e os portais foram obrigados a mostrar quando as pessoas estavam sendo induzidas a clicar em uma busca paga. A cor dos links patrocinados ficou diferente, a intensidade e formato da fonte do link também. Parecidos a como são até hoje.[14]

Perceba, portanto, que um link patrocinado, no fundo, é muito mais do que um link inocente. Por trás deles, estão vendedores (virtuais ou físicos) influenciando a sua decisão, oferecendo um produto ou serviço que pode atender a questão que você digitou no buscador. Foi isso que Bill Gross enxergou. Foi isso que a Overture estimulou. Foi isso que buscamos criar na América Latina. É isso que o Google, hoje, sabe fazer como ninguém.

A montanha de dinheiro que o Google ganha atualmente não se origina apenas da inteligência de seu algoritmo ou da sofisticação de suas ferramentas de marketing de performance. A internet permitiu que a humanidade tivesse um mundo de respostas à sua disposição com apenas um clique, e o Google soube tornar-se referência no exato momento em que as pessoas fazem essas perguntas. Tornou-se a melhor ferramenta de busca porque criou critérios de relevância para exibir resultados — o Google não exibia, como nós, a Overture e o Yahoo, só o link de quem pagasse mais.

O algoritmo desenvolvido por eles consegue prever os links mais clicados, os com melhor conteúdo e os que geram os resultados mais próximos do que o usuário quer descobrir. E links que levam a resultados que não são necessariamente aqueles que as empresas querem que sejam. Afinal, dificilmente encontramos o que desejamos no primeiro anúncio que vemos. Sendo direto: o Google construiu um mecanismo capaz de gerar as melhores respostas para as buscas — sejam quais forem — dos usuários. E soube vender aquilo que as pessoas clicavam mais para as empresas. Antes dele, porém, existiram inovadores, como a Overture, e empreendedores ousados que construíram mercado e foram pioneiros nesse setor. Na América Latina, a TeRespondo foi o maior deles na época.

Do saguão daquele hotel, naquele fim de 2002, eu, Juan e mais nove funcionários trabalhávamos para colocar essa engenhoca de vocábulos no ar. Ao contrário da estratégia inicial de Bill Gross na Go.To, nós não lançamos um site próprio para a TeRespondo porque desde o começo não queríamos ser um buscador. A nossa sacada foi outra. Descobrimos que noventa por cento das pessoas não passavam da primeira página e, mais importante, só clicavam nos cinco primeiros links de uma busca. Elas só olhavam para o topo do navegador, desprezando milhões de possíveis resultados de busca. Era ali que deveríamos vender.

Foi então que começamos a negociar com os portais contratos que nos permitissem revender apenas os cinco primeiros links exibidos em quaisquer buscas. Sem um buscador próprio, era fundamental fazer parceria com mais portais de relevância. Do contrário, nosso negócio não teria escala. Havia chegado a hora de rever meus amigos e contatos; e o primeiro portal com que consegui fechar foi o IG, que, naquele ano, era um dos maiores da América Latina, com 8 milhões de assinantes.[15] Foi uma baita vitória. Com milhões de usuários à nossa frente, poderíamos trazer milhares de novos anunciantes. E eu também fui atrás deles.

Quem me via nas ruas naquele ano devia achar que eu estava procurando emprego. Todos os dias, eu escolhia uma empresa, pesquisava sobre seu negócio, listava quais palavras-chave poderiam lhe render cliques e montava uma planilha. Então saía às ruas, de roupa casual, com a pastinha embaixo do braço e o nome do diretor com quem iria falar. Não tinha reunião marcada e dificilmente o executivo com quem iria me reunir me conhecia. Eu só precisava que ele me atendesse. De certo modo, estava fazendo aquilo que aprendi no UOL e na Verisign (e faço até hoje): convencer executivos a investir em um novo mercado aberto pela internet. Atualmente, vejo muitos profissionais se escondendo atrás de seus computadores, mas, naquela época, eu não conseguiria fechar um contrato sem estar cara a cara com meu interlocutor. Era preciso me expor, explicar o mercado, convencer. Foi em uma dessas tentativas que, em 2002, bati à porta da Tecnisa e conheci Romeo Busarello.

Cheguei à recepção do prédio da construtora e me apresentei dizendo que havia marcado uma reunião com um gerente de vendas. Era mentira. Mas o Romeo, na época diretor de marketing, ficou curioso com a descrição sobre um jovem sem referências que dizia ter uma proposta inovadora sobre links patrocinados. Consegui que ele me atendesse. Sempre tive a estratégia de vender em parceria: *Eu só ganho se você ganhar*. É assim que geramos confiança para alguém acreditar que os dois lados vão se esforçar em um negócio.

Anunciar pela internet daquela forma era algo tão distante para a maioria das empresas que ninguém entendia de primeira nada do que eu estava falando, da dinâmica das palavras-chave, de como induzir compras na web. Mas a minha cabeça era simples, então eu conseguia explicar a oportunidade para as pessoas que ainda não estavam familiarizadas com esse tipo de anúncio, como Romeo: se alguém busca por "apartamentos em São Paulo" ou por "imóveis Moema" ou ainda por "venda apartamentos", é porque está disposto ou tendendo a comprar ou alugar um imóvel. Por que não garantir que a Tecnisa aparecesse exatamente nesse momento na frente do cliente? Nos dias atuais, isso pode parecer algo de simples compreensão, mas imagine uma época na qual esse comportamento de compra estava começando a aparecer. Um mundo onde as pessoas desconfiavam até de compra de livro pela internet, imagina apartamento.

O Romeo disse que havia gostado de mim e do meu discurso, embora não tivesse entendido como garantiríamos o retorno à Tecnisa. Pediu que voltasse dali a duas semanas. Voltei três vezes — ainda assim foi insuficiente para que me entendessem. Muitos anos depois, o Romeo admitiu que só fechou a proposta porque havia gostado de mim. Mas eu também sei que ele fechou porque o custo era inferior ao de um banner, e infinitamente menor que o de um anúncio feito em mídia impressa ou televisiva. Custava pouco arriscar, e era assim que eu fechava muitos contratos.

Duas semanas depois de eu vender as posições de 38 palavras correlatas ao mercado imobiliário para a Tecnisa, Romeo começou a receber ligações. Os funcionários da empresa passaram a encontrar links diretos para o site da construtora em quaisquer buscas que realizavam sobre imóveis na web, e achavam que era coincidência que a Tecnisa estivesse por toda parte. Coincidência paga, só se for. Dois meses depois, o presidente e fundador da empresa, Meyer Nigri, recebeu elogios de amigos que navegavam pelo UOL, BOL, IG e, adivinhem, esbarravam nos anúncios da Tecnisa. A audiência no site da construtora aumentou, os cliques em anúncios também, e, em pouco tempo, eles subiram seu escopo para trezentas palavras-chave.

A construtora foi uma das primeiras empresas do Brasil a trabalhar com links patrocinados, e em 2005, quando a TeRespondo foi vendida, passou a negociar as compras de palavras diretamente com o Google, que, sem escritório no país, só recebia o pagamento no exterior. O presidente da Tecnisa não teve dúvidas: queria manter a verba para os links patrocinados, e emprestou a Romeo o cartão de crédito internacional da esposa. Anos depois, a empresa seria premiada por seu gerenciamento de links patrocinados no segmento imobiliário. Do meu lado, nunca deixei de fazer negócios com o Romeo quando passei pela Microsoft, pelo Buscapé ou, mais recentemente, no Banco Original. Gosto muito de uma analogia que ele faz sobre conhecimento em rede: muitos executivos são alimentados por "egossistemas": *"eu* seguro", *"eu* faço tudo", *"eu* dou conta", *"eu* estudei fora", portanto, *"eu* é que sei". Egos, porém, não criam ecossistemas e parcerias de longo prazo.

No início de 2003, a TeRespondo contava com 1,5 mil clientes, entre eles o Banco Real, a Listel, a Farmácia em Casa e o Buscapé, além de contar com o UOL e com o IG como portais parceiros. No total, negociávamos a compra e venda de 200 mil palavras. É engraçado relembrar as palavras que criamos, naquela época de TeRespondo, para as empresas atingirem potenciais clientes, porque isso reflete não só o comportamento das pessoas como a mudança radical de muitos negócios ao longo dos anos.

Por exemplo, na proposta que fiz para a Amazon, em 2003, havia "books", "bookstores", "books for sale". Mas também "DVDs", "computer dictionary" e dezenas de palavras referentes ao universo musical dos CDs, DVDs, filmes de show. Em um mundo sem YouTube e streaming, as pessoas compravam muito mais as mídias físicas de seus filmes e artistas preferidos. A proposta de campanha, que teria a duração de três meses e seria focada no mercado brasileiro, listava a venda de 758 palavras-chave ao custo de 22 288 reais. Comparado à mídia gasta hoje em redes sociais e posicionamento no Google, investir em palavras-chave não era caro naquela época. E, pela primeira vez, o anunciante poderia ver o retorno, em tempo real.

Em maio de 2003, apenas dez por cento dos 2 mil clientes da TeRespondo eram grandes corporações — setenta por cento eram pequenas e médias empresas e vinte por cento eram profissionais liberais. Como já contei aqui, logo cedo na publicidade on-line percebi que não podemos despender noventa por cento da nossa energia para conquistar apenas os peixes grandes. De acordo com o que aprendi com meu chefe do UOL, o Alexandre Freitas, é preciso cultivar os negócios menores, nos quais reside a maior lealdade que podemos ter. Ninguém esquece de quem transformou sua vida ou sua empresa, e, na TeRespondo, recebíamos diversas mensagens de clientes afirmando que os links pagos haviam mudado seus negócios de maneira definitiva. Conhecíamos casos como o de uma comerciante que tinha uma loja de máquinas para a indústria alimentícia. Ela pagava 720 reais por mês por palavras como "triturador", "ralador" e "misturador". Estamos falando de um tempo no qual o microempreendedor não tinha a opção de criar uma página no Facebook ou no Instagram para divulgar seu negócio — porque essas redes sociais não existiam. Esse era o lado construtivo do nosso trabalho.

Mas a verdade também é que nosso dia a dia exigia alguns malabarismos. Por trás de seus computadores, as pessoas guerreavam entre si para serem donas e monopolizarem as buscas e palavras com direito a truques e pegadinhas. Uma das brigas homéricas que presenciamos foi entre detetives particulares. Não era preciso ser nenhum Sherlock Holmes para perceber que os mecanismos de busca eram um ótimo negócio para esses profissionais. As pessoas normalmente têm vergonha de se expor na hora de contratar esse serviço e quase nunca se sabe — ainda bem — o que estão querendo descobrir.

A gente nem sabia da crescente demanda por detetives no Brasil. Mas eles, sim, e ficaram preocupados com a possível concorrência na internet. Durante uma reunião em que estávamos discutindo tendências com alguns clientes, um deles, sentado na plateia, levantou-se, indignado, ao notar a presença de seu concorrente. Ele percebeu naquele momento o motivo para os preços das palavras-chave compradas terem subido: o tal do colega detetive clicava nas palavras que ele havia comprado para aumentar o custo por clique e, assim, o investimento gasto. Era antiético fazer aquilo, bradou o detetive ofendido.

Precisamos acalmar os ânimos, nos reunir com todos eles, e prometer que não deixaríamos que ninguém roubasse ninguém. Se o clique aumentava, seria por demanda, e não por falcatruas. Mais tarde, começaríamos a descontar os cliques oriundos do mesmo endereço de computador (IP) e que houvessem sido gerados em um intervalo muito curto de tempo. Hoje, se você digita "detetive particular" no Google, há dezenas de páginas relacionadas, com mais de 160 mil resultados.

No dia a dia da TeRespondo, também éramos um pouco detetives. Tínhamos a irritante mania de investigar qualquer padrão que nos soasse estranho — afinal, poderia existir uma mina de ouro por trás desta ou daquela palavra-chave. Em 2003, nos intrigava o motivo de a palavra "flores" ser tão disputada no dia 30 de setembro. Não é Dia dos Namorados, tampouco Dia das Mães e já passou o início da primavera. O que acontece nesse dia?

Pedi para a minha equipe pesquisar sobre a data e eis que eles descobriram que nesse dia nasceu, no ano de 1850, Lilian Sholes, a primeira mulher a datilografar em público. Em plena Revolução Industrial, Lilian testava o invento de seu pai, Christopher Sholes. O dia 30 de setembro virou estratégia de marketing: várias fabricantes de máquinas de escrever passaram a fazer concursos de datilografia. Com o passar dos anos, a data ficou conhecida como o Dia da Secretária.

Foi seguindo essa linha de raciocínio que nós tentávamos nos antecipar ao comportamento dos usuários. Construímos gráficos a partir de resultados de busca que aparentemente nada diziam, mas que sempre continham uma mensagem por trás: o que os usuários estavam olhando, perguntando e fazendo na web. Se as empresas estivessem ligadas nesse movimento, poderiam aproveitar o alarde para tentar vender seus produtos. Iriam encontrar possíveis clientes no exato momento que eles estavam procurando. Era uma forma de antecipação inédita: da televisão para a internet em tempo real. Nosso trabalho na TeRespondo, portanto, ia muito além de montar um leilão de palavras-chave. A gente mostrava às empresas onde elas poderiam dar um passo à frente para capturar o cliente em um instante rápido, preciso e que muita gente achava que era imprevisível.

A TeRespondo, como a maioria das start-ups, era uma montanha-russa selvagem, estressante, divertida, caótica e excitante. Todas essas emoções misturadas formavam nossa rotina e experiência. Um dia, estávamos no alto. Outro, lá embaixo. Em uma semana, era um sobe e desce danado. Foram anos que exigiram de nós velocidade, agilidade, confiança mútua para escrever um livro de gestão e rasgá-lo pouco tempo depois.

Por sermos jovens — quase todos tinham menos de 35 anos — éramos menos experientes, mais ingênuos e, talvez por isso, mais abertos a apostar em caminhos diferentes. Dentro de uma start-up pequena, com processos menos burocráticos e com uma liderança inovadora, tínhamos liberdade para trabalhar e arriscar. Na luta contra dois inimigos tão fortes, porém, as responsabilidades eram da mesma medida.

Quando a briga com o Yahoo! esquentou, com a compra da Overture, e o Google começou a crescer em números de usuários, nossos contratos com os portais ganharam um peso ainda maior. Eu sabia que não podia deixar de conseguir atraí-los para nós. O portal que perdesse para a concorrência diminuiria drasticamente nossa vantagem, a presença dos nossos links pagos nas buscas e o tamanho da visibilidade que vendíamos aos anunciantes. Nesse contexto, como em tantos outros da minha vida de executivo ou de empreendedor, valia a máxima: "Ou ganha 1 bilhão ou não ganha nada". Se saísse da reunião sem o contrato, não tinha negócio para vender aos anunciantes. De que adiantaria oferecer um serviço que não aparece em lugar algum? Fiz inúmeras reuniões, viajei a vários países, revi amigos, intensifiquei contatos. Nossa peça publicitária na época já dizia: "Para fisgar clientes na internet, não adianta esperar milagre".

Em dezembro de 2003, nós conseguimos não só estender o contrato gigantesco que tínhamos com o UOL como também renovar com o IG e lançar a busca paga no Terra da Argentina, do Brasil e do México. De quebra, construímos e patrocinamos a busca de dois dos maiores jornais do país (*Folha de S.Paulo* e o *Estado de S. Paulo*). Também fizemos negócios pela primeira vez com o Buscapé, o comparador de preços surgido em 1998 e que ganhava destaque e espaço na web brasileira.

Parte da nossa vantagem competitiva residia no fato de tomarmos as decisões no Brasil e conseguirmos estar frente a frente com potenciais clientes, como aconteceu com o Romeo, da Tecnisa. Enquanto isso, nossos concorrentes precisavam decidir na Califórnia. Nos Estados Unidos, as regras que regem o mercado de marketing são completamente diferentes — e é por essa razão que os norte-americanos acham tão estranho, até hoje, nós vivermos de comissões ou bonificações por volume. Eles simplesmente não entendem como um contrato não pode ser negociado sem intermediários. Naqueles anos, qualquer decisão que o Yahoo! tomasse por aqui precisava ser previamente aceita por algum diretor em Sunnyvale.

Nós tomávamos decisões no elevador e, cinco minutos depois, já podíamos implementá-las. Com essa rapidez, conseguíamos mostrar aos nossos parceiros no Brasil e no México que éramos a "solução local" e não o concorrente gringo que um dia, quem sabe, poderia comprá-los. Vendíamos isso como proposta de valor. Era assim que conseguíamos vantagem perante concorrentes tão fortes quanto o Google viria a ser em 2004 e quanto o Yahoo! se tornaria principalmente após a compra da Overture, em julho 2003.

Aliás, quem conta a história do Yahoo! a partir da perspectiva atual inclina-se a marcá-la pela sucessão de oportunidades perdidas: a recusa em comprar o Google no final dos anos 1990 por míseros 1 milhão de dólares, de ser adquirido pela Microsoft, e uma série de decisões comerciais mal tomadas que o levaram a produtos errados em momentos errados. Mas não se deixe contaminar pela visão atual: na virada do milênio, o Yahoo! havia sofrido altos e baixos, mas tinha um enorme poder e acesso a capital.

A empresa, afinal, era considerada a primeira de sucesso da internet mundial. Nasceu na hora certa, em 1994, resolvendo um problema real dos pioneiros usuários da internet. Nessa época, o navegador Mosaic (que viria a se tornar o Netscape) começava a ganhar popularidade. Quem quisesse navegar precisava saber o endereço exato do site, ou seja, ipsis litteris da URL — mais ou menos como o ICQ, no qual ninguém conseguia adicionar você se não digitasse a sequência correta de números.

Inconformados com esse problema, dois estudantes de Stanford (Jerry Yang e David Filo) começaram a catalogar todas as URLs de que fossem capazes. Depois, adicionariam tópicos e seções. A ideia era criar um guia de navegação, aberto a qualquer pessoa. Uma espécie de oráculo naqueles primórdios virtuais — esta, aliás, é a brincadeira com o nome. Yahoo!, segundo seus fundadores, pode ser uma sigla para *Yet Another Hiearchical Officious Oracle!* [Mais um oráculo hierárquico intrometido!]. A empresa saiu de Stanford, ganhou investimento do Sequoia Capital, fundo do Vale do Silício, e abriu capital em 1996, quando foi avaliada em 848 milhões de dólares. Em dezembro de 2000, o Yahoo! tinha 180 milhões de usuários únicos no mês, faturando 1,1 bilhão de dólares. Ao adquirir empresas, criou serviços de games (a partir da ClassicGames.com), de e-mail (a partir da Rocketmail), grupos na internet (a partir da eGroups) e se monetizava com aquisições de provedores de hospedagem (GeoCities) e de empresas de marketing (Yoyodvne).

Jerry e David ficaram, ainda jovens, bilionários. A compra da Overture, contudo, inseria-se em momentos menos glamorosos. A companhia havia perdido dinheiro durante a bolha, quando viu suas ações despencarem, e a concorrência na internet também estava muito maior. O Google crescia, a AOL ameaçava, e seu sistema de busca já não era o grande diferencial. Começou a tentar melhorá-lo com novas aquisições — Altavista, AlltheWeb, o brasileiro Cadê. Com a Overture, queria ser capaz de oferecer uma solução integrada de marketing na web. Buscava também dobrar a receita de links patrocinados, de dez para vinte por cento do faturamento. Começou a brincadeira.

O Google, naquela época, não tinha escritório no Brasil, mas acabava de lançar uma rede social para nenhum brasileiro botar defeito. Lembram do Orkut? A rede social que conectava pessoas em comunidades (sérias, inusitadas e algumas inesquecíveis) explodiu por aqui — em 2005, 74 por cento dos 5 milhões de membros dessa rede estavam no Brasil. Mas o Google estudava maneiras de fazer dinheiro com publicidade on-line no país, enquanto nós precisávamos lidar com o tamanho do nosso crescimento.

À medida que a TeRespondo foi crescendo em números de clientes, começamos a ter problemas para administrar o pós-venda. Os desenvolvedores passaram a fazer malabarismos para dar conta do aumento do tráfego de usuários e os programadores, do nosso leilão em tempo real. Como garantir o melhor resultado sem ter recursos milionários para comprar novos servidores e contratar dezenas de pessoas? Bem, na TeRespondo (quase) sempre havia um jeito. Nosso programador norte-americano, Tom, que o Juan havia contratado para montar a primeira plataforma de links patrocinados da empresa, percebeu que nós poderíamos trabalhar, digamos, dentro de uma pequena margem de erro.

Quando um usuário digitava uma palavra-chave, o sistema da TeRespondo tinha 150 milissegundos para exibir os resultados das cinco empresas dispostas a pagar mais pela palavra. O sistema identificava, conferia o saldo da empresa no sistema, selecionava o anúncio e exibia. Era quase impossível, com nossa estrutura limitada, ser cem por cento preciso em todas as buscas de todos os segundos. O Tom programou o sistema para garantir uma altíssima taxa de precisão dos resultados (mais de noventa por cento) — todo o resto que errássemos, nós daríamos o "free click" (o "clique de graça") ao possível anunciante prejudicado. Esse e outros truques nos permitiram ganhar milissegundos preciosos na exibição da busca diante do que Yahoo!, Overture e, no início, o Google conseguiam gerar. Foram ideias que usaram as nossas limitações tecnológicas a nosso favor, já que contávamos com a premissa de que não conseguiríamos processar tudo.

Chegou uma hora, porém, que esses truques tecnológicos já não funcionavam tão bem. Em 2004, a TeRespondo tinha 5 mil anunciantes e vendia 2 milhões de palavras-chave. Em seu início, a TeRespondo havia sido financiada diretamente pelos fundos familiares do Juan e do Danny. Agora já não bastava, e precisávamos nos capitalizar para investir em mais tecnologia de marketing e busca. Enquanto eu lutava para garantir novos grandes contratos, Juan e Danny foram à caça dos investidores. Tinham uma rede de contatos em Miami desde que suas famílias escolheram os Estados Unidos como nova casa. Durante essa busca, acabamos conversando diretamente com o Google. Eles nos procuraram, um ano e meio antes de abrir oficialmente o escritório no Brasil.

Nas primeiras conversas que tivemos com eles, ganhamos diversos elogios. Enalteceram a forma rápida como conquistamos o mercado brasileiro e presença significativa na América Latina. O discurso inicial dava alguns sinais de que a conversa acabaria em pré-proposta de compra. Na ocasião, diretores da companhia pediram para olhar nossos números mais detalhadamente e avaliar os documentos financeiros da empresa. Na prática, era uma *due diligence*, uma espécie de auditoria realizada no período pré-aquisição. Funcionários do Google passaram a frequentar nossa empresa, ligaram para vários de nossos clientes confirmando nossa parceria, e, ao final de uma semana, nós, diretores, tiramos fotos nossas para o futuro crachá. Lembro de ter estourado um champanhe com o Daniel e Juan no topo do Hotel Unique, um dos marcos arquitetônicos de São Paulo. O momento parecia perfeito para nós. O Google estava prestes a abrir capital.

Durante todo o período que antecedeu o IPO, porém, não recebemos nenhuma notificação do Google. Ficamos em compasso de espera. Em 2004, após eles levantarem 1,9 bilhão de dólares, tentamos contatá-los. Sem sucesso. Em razão da abertura de capital, houve uma reestruturação interna e diversos diretores mudaram de área ou de função na empresa. Nós nem sabíamos mais com quem falar.

Passamos a desconfiar que o negócio iria azedar quando alguns portais, nossos clientes, afirmaram que haviam sido contatados pelo Google. Pela nossa cláusula de *right of first refusal*, inserida nos contratos de nossos maiores clientes (portais), nós teríamos direito de cobrir a proposta que o Google fizesse. E foi aí que nosso maior trunfo virou também nossa dificuldade. Quando a TeRespondo começou, no final de 2001, o mercado de links patrocinados era incipiente. Dizer a um portal do tamanho do UOL que gostaríamos de comprar as cinco primeiras posições de sua busca era, no mínimo, loucura.

Para convencê-lo, bem como outros portais, não fizemos contratos muito agressivos porque não podíamos garantir totalmente que traríamos o tráfego e a receita previstos. Nossa multa, caso o UOL quisesse nos deixar, era baixa, e, caso a TeRespondo quisesse deixar o UOL, altíssima. Quando o Yahoo! começou a ir para cima e o Google surgiu, querendo entender as nossas parcerias, os portais não precisavam colocar uma quantia significativa na mesa para nos tirar da jogada.

Veja só a sinuca de bico a que chegamos. Nosso contrato com o UOL previa que pagássemos 1 milhão de reais para eles pela compra das posições de busca. Se eles cancelassem o contrato, pagavam 1 milhão de reais de multa. No final do dia, pouco importava para o UOL quem seria o parceiro contanto que o dinheiro estivesse entrando em caixa. Nós até tentamos segurá-los, mas, nos meses seguintes, o Google jogaria bastante dinheiro na mesa e compraria a busca.

Enquanto isso, nos bastidores, o Google aproximou-se da Akwan, a empresa que havia criado uma tecnologia própria de buscas e que era nossa parceira. Fundada por professores do Departamento de Ciência da Computação da UFMG em 2000, a empresa mineira desenvolveu um buscador próprio, o Todobr.com, e o sistema de buscas que colocávamos dentro de portais que não tinham tecnologia para criar um, como o *Estadão*. Em um segundo momento, a Akwan também nos ajudou a categorizar de forma mais refinada os resultados das buscas. Nós havíamos tentado comprá-la, mas o montante pedido por eles era alto demais para nós, que nem investimento de fundo tínhamos.

Em julho de 2005, a Akwan, que era liderada pelo cientista da computação Berthier Ribeiro-Neto, anunciou publicamente que aceitara a proposta do Google. Mais do que a tecnologia e seu buscador, que não atraía muito tráfego, a Akwan vivenciou um salto de crescimento com os contratos que a TeRespondo havia fechado. Foram sessenta, no total, entre eles UOL, IG e portal Ibest. Comprar a tecnologia deles e conquistar nossos contratos com os portais era um caminho mais rápido para o Google do que construir a operação do zero no Brasil. É por causa dessa aquisição que o centro de pesquisa e desenvolvimento do Google na América Latina fica em Belo Horizonte (Minas Gerais).

Em outubro de 2005, a direção da subsidiária brasileira do Google, liderada por Alexandre Hohagen, concedeu sua primeira entrevista pública. O executivo disse que os negócios da companhia não estavam em capitalizar o Orkut, tampouco o Google Maps. O foco do momento seriam os links patrocinados. Era um mercado que representava já quarenta por cento de toda a mídia on-line nos Estados Unidos, o equivalente a 4 bilhões de dólares.[16] No Brasil, a empresa calculava que esse mercado movimentava em torno de 100 milhões de dólares — mas a publicidade na web representava apenas 1,7 por cento dos gastos totais. O potencial era enorme. Naquele momento, o Google já era usado por 18 milhões de usuários no país.

Essa concorrência, porém, não era mais nossa. No momento em que o Hohagen concedeu essa entrevista, a TeRespondo já havia sido vendida. Para o Yahoo!. A empresa tinha mantido conversas com o Juan e o Danny desde o início das nossas tratativas com o Google. O Yahoo!

já queria tentar tirar uma fatia do nosso mercado indo também atrás dos parceiros de distribuição e oferecendo ofertas atraentes. No entanto, eles estavam satisfeitos e, inicialmente, disseram não ter motivo para desfazer o contrato conosco. Havia lealdade, aquela característica intrínseca a qualquer negócio latino-americano de sucesso, e que norte-americano dificilmente entende. O Yahoo! esperou para ver se o MSN, portal da Microsoft e que gerava tráfego enorme graças à ascensão do Messenger, iria renovar conosco. E eles o fizeram, em bons termos.

Com o Google atacando lado a lado e conquistando a conta do UOL, era mais seguro para o Yahoo! nos comprar para impulsionar a rede de distribuição da Overture no Brasil. O preço da venda é confidencial, mas foi da ordem de dezenas de milhões de reais. O dinheiro é sempre bom, mas hoje, como empreendedor, vejo o quanto foi importante a experiência de ajudar a construir uma empresa do zero, no Brasil, fazê-la virar líder do segmento na América Latina e aguentar a concorrência direta, por mais de um ano, do Google e do próprio Yahoo!.

O acordo permitiu que Juan e Danny voltassem aos Estados Unidos, após cinco anos longe de suas famílias. Empreenderam de novo e ficaram bilionários. Grande parte dos funcionários da TeRespondo foi trabalhar na Overture, dentro do Yahoo!. Eu recebi proposta para comandar a diretoria comercial da empresa, mas era minha hora de sair. Quem não muda, uma hora ou outra, fica para trás. Nos seis meses seguintes, teria a oportunidade de trabalhar, replicando o sucesso da TeRespondo, em uma das empresas que mais admirava: a Microsoft. A internet não parava de criar inovações, ferramentas e cases, e eu queria estar por perto de tudo isso.

7
Ideia sem execução é alucinação

O MSN MESSENGER ERA A FERRAMENTA DE MENSAGENS mais popular do Brasil em 2006. Ou, como descreveu uma consultoria à época, era o ícone de comunicação nacional. Dentro da Microsoft, a criadora do serviço, nós brincávamos que o Messenger era a internet no país.[1] Em 2006, havia 25 milhões de pessoas conectadas por aqui — e o MSN era usado por cerca de oitenta por cento delas.[2] A segunda maior base de usuários do serviço no mundo, atrás apenas dos Estados Unidos. Quando entrei na Microsoft, o bonequinho azul, símbolo do serviço, estava presente não somente na casa das pessoas, mas era usado em empresas, escolas e lan houses. Elas recorriam ao MSN Messenger para se comunicar, ter aulas de inglês e "trocar confidências virtuais".[3]

Chegou de mansinho, no final dos anos 1990, quando a Microsoft lançou a ferramenta para concorrer com o ICQ. Sigla para "I Seek You", o serviço criado por três israelenses em 1996 foi pioneiro em exibir uma "lista de contatos" para informar quais "amigos" estavam conectados no mesmo momento que você. Gratuito, nasceu em tempos de internet discada, carregando uma flor como ícone — que mudava de cor quando o usuário ficava on-line (de vermelho para verde). Quem viveu nessa época vai lembrar que, no início, precisava saber um grande número — espécie de RG on-line — para adicionar as pessoas. Também inesquecível é o "Oh-oh", o barulhinho emitido a cada nova mensagem recebida.

O MSN Messenger veio na esteira dessa nova forma de comunicação e, com ferramentas que o ICQ não tinha — como emoticons, comando de voz e listas personalizadas —, atraiu não somente usuários daquele serviço, como também quem já passava a se conectar em tempo integral e mais rápido. O sucesso por aqui foi tão grande que surpreendeu o alto escalão da sede da empresa em Seattle, nos Estados Unidos.

A Microsoft enviou uma antropóloga norueguesa, Anna Kirah, para entender por que os brasileiros "estavam viciados" na ferramenta. Kirah, que não falava uma palavra de português, viajou a vários estados do Brasil e percorreu a periferia conectada dos grandes centros urbanos. Durante as entrevistas, descobriu uma informação preciosa, que grandes redes sociais e aplicativos, como Facebook e WhatsApp,[4] aproveitariam anos depois. O brasileiro é *digital-oriented*. Ele adora se comunicar on-line e, se for uma ferramenta grátis, aí ele abraça de vez. A pesquisa de Kirah também mostrou que a comunicação on-line não isolava as pessoas, como muita gente acreditava na época. Pelo contrário, aproximava-as mais e construía, para os brasileiros, relações mais comunicativas. Naquela época, ela percebeu que havia muita gente por aqui ávida por uma ferramenta de comunicação que permitisse falar com as pessoas de forma mais flexível e rápida do que os telefones fixos. Com a popularização dos PCs e da internet, esses usuários em potencial aproveitaram a oportunidade. O ICQ mostrou que era possível manter conversas privadas com várias pessoas ao mesmo tempo — e o MSN Messenger aproveitou essa onda.

Em 2007, a Microsoft anunciou que o Brasil contabilizava o maior número de usuários no mundo, com 30,5 milhões de pessoas se comunicando através do bonequinho azul. A audiência era tão grande que o país virou protagonista em estratégias de monetização, anúncios e novos produtos que a Microsoft lançaria nos anos seguintes. Alguns funcionários com cargos de liderança ou de estratégia (meu caso) ganharam a chance de participar de conferências importantes em Seattle com figuras como Bill Gates, Steve Ballmer (CEO à época), Steve

IDEIA SEM EXECUÇÃO É ALUCINAÇÃO

Berkowitz (chefão do MSN à época) e Kevin Johnson (copresidente de Windows e Serviços On-line e, mais tarde, CEO da Starbucks).

Dentro da sede, muitos executivos queriam ouvir nossa opinião e indicavam a vontade de testar ideias no Brasil. Ganhamos, principalmente, maior peso no orçamento. E eu aproveitei esse momento. Estava lá, desde 2006, com um cargo em que tinha autonomia para criar produtos e serviços. Mas, agora, diferentemente das empresas anteriores, tinha dinheiro, gente e tecnologia à disposição. Estava, enfim, em uma empresa global que protagonizava as grandes batalhas do passado recente, presente e futuro da web.

A minha transição para a Microsoft coincidiu, de certa forma, com a transição que a própria internet brasileira estava vivendo. Estávamos começando a falar em uma web versão 2.0: mais rápida, mais acessível e que abriu espaço para uma leva de novos serviços, sites e programas mais dinâmicos. Essa fase era facilitada pela ascensão da banda larga, que, enfim, ganhava escala e ocupava o espaço da internet discada. De 2003 a 2006, o número de usuários no Brasil triplicou.

Participei das discussões de um novo mecanismo de busca para concorrer com o Google, de serviços de mapas que precederam a era Waze, de ferramentas de fotos que vieram antes do iPhone e dos filtros populares do Instagram. Trabalhei para ajudar a construir um ecossistema em torno do MSN. Talvez, muito do que tentamos fazer tenha falhado porque foi executado cedo demais — ou, quem sabe, por falta de foco e visão da liderança global. No meio do furacão, porém, não dava para saber.

Mesmo diante de todas as incertezas, era dificílimo imaginar uma internet sem o MSN Messenger. O serviço ganhara tanta força, relevância e adoção que parecia que não era possível viver conectado sem ter a ferramenta à disposição. A história, porém, mostra que o MSN Messenger não só quebrou como perdeu espaço para o Facebook, para o Google, para a Apple, e vivenciou a ascensão e dominância do WhatsApp. Os brasileiros migraram, com o celular, para outras ferramentas on-line. As gerações mais novas, nascidas a partir de 2000, sequer devem conhecer o bonequinho azul. Em 2013, a Microsoft decidiu por sua "descontinuidade". Era o fim do MSN Messenger. Entender como isso ocorreu requer analisar sobretudo a estratégia da Microsoft à época e aquele momento da internet, e agora, já com certa distância dos acontecimentos, fica mais fácil falar sobre o que aconteceu. Costumo dizer que a Microsoft foi o meu melhor MBA, com lições valiosas sobre as dores e as vantagens de inovar em uma empresa global.

O convite para trabalhar na Microsoft viria através de Osvaldo Barbosa de Oliveira, responsável pela área de Consumer Internet (MSN), On-line Ad Sales e Consumer Marketing, e meu futuro chefe. Eu tinha acabado de vender a TeRespondo e, após algumas semanas no Yahoo!, percebi que aquele não era meu caminho. Osvaldo me convocara para ocupar o lugar de Marcos Swarowsky, gerente de marketing e produto, que deixaria o Brasil para trabalhar na operação internacional da Microsoft. Minha missão era construir um portal robusto para o MSN Messenger, de modo que conseguíssemos fidelizar e monetizar a audiência gigantesca construída dentro do serviço de mensagens. A função também incluía desenvolver, por aqui, um mecanismo de busca da Microsoft para fazer frente ao Google e ao Yahoo!.

A vaga, porém, só seria aberta em seis meses. O que poderia ser um problema virou uma experiência. Aproveitei o período entre a saída do Yahoo! e a entrada na Microsoft para conhecer de perto a operação do IG, trabalhando como diretor comercial do site. Em 2005, o IG buscava se reinventar. Já não tinha o brilho nem a audiência que o fizeram ganhar os holofotes da internet brasileira. Lançado em 2000 pela GP Investimentos e pelo Banco Opportunity com o marketing de Nizan Guanaes, foi o primeiro provedor a oferecer Internet Grátis (daí o seu nome, aliás).

O usuário poderia se conectar, ter um e-mail e acesso a um portal com notícias em tempo real (Último Segundo), sem pagar uma assinatura — diferente do que UOL, AOL, Terra, Starmedia e ZAZ ofereciam até o final de 1999. Ele bancaria apenas a conta telefônica. Quando foi lançado, o IG vendeu muito bem essa nova possibilidade de internet grátis aos usuários, principalmente ao apostar em uma ideia de Nizan. O publicitário utilizou um cachorro da raça West Highland White Terrier, incrivelmente cativante, como mascote do portal. Sua ideia era passar a imagem de que o IG era "confiável e companheiro" das pessoas.[5] A campanha foi um sucesso e o crescimento do IG, meteórico. Em menos de doze meses, o portal já era o mais acessado nos domicílios do país, recebendo 2,2 milhões de visitantes únicos em sua home page — em média, 22 por cento dos internautas brasileiros.[6] Para muita gente naquele período, a internet era formada por Hotmail (serviço de e-mail gratuito da Microsoft), ICQ e IG.

Seu sucesso também provocou um amplo debate sobre o modelo de internet grátis no Brasil. Até então, a receita dos provedores, como UOL e AOL, vinha prioritariamente dos usuários, através dos pacotes de assinaturas. O IG inverteu a lógica. Como? Sendo sócio da Telemar, uma empresa de telefonia, que repassava ao IG parte das taxas cobradas aos usuários pela conexão. Os outros portais não tinham essa receita. A questão virou briga pública, que perdurou até 2003, quando o repasse das operadoras passou a ser isonômico entre os portais. Mas aí, o portal do cachorrinho já tinha ganhado muito dinheiro, escala e usuários. A banda larga mudaria de novo a história, ao exigir que usuários contratassem um provedor de serviços, pagando por pacotes de velocidade, em um modelo que vigora até os dias atuais.

Foi um dos motivos que fez o IG perder seu diferencial. Para gerar a grande receita que sempre teve, inflou seu portal com excesso de anúncios e conteúdo apelativo para gerar cliques. Minha função por lá, aliás, foi vender o maior número de contratos possível, coordenando uma equipe de e-commerce e um time de publicidade. Quando cheguei, o IG havia contratado uma consultoria para entender como poderia voltar a ser um portal relevante e, principalmente, conquistar o espírito da geração à época, os jovens ALPHA (millenial ainda não era um termo usual).

Nas palavras moderninhas da consultoria, o maior desejo desses jovens era ter acesso à banda larga para ficar *always on*, poder "baixar milhões de músicas", "conversar com seus amigos o tempo inteiro"; "saber mais, conhecer mais e ser mais na internet". Eles queriam interagir em blogs e comunidades e eram atraídos pelo Orkut, pelo Fotolog (blog de fotos popular no mundo pré-Instagram) e pelo MSN Messenger. Buscavam se conectar globalmente a outras culturas e contextos, queriam personalização, curadoria, e achavam que os portais ofereciam os mesmos conteúdos e serviços. Ainda não havia celulares com internet veloz e rápida e eles citavam o desejo de poder se conectar de todo lugar, a qualquer momento.

A apresentação chegava a três conclusões sobre a comparação entre portais que chamaram minha atenção: os jovens achavam que o IG, o Terra e o UOL eram muito parecidos entre si; incomodavam-se quando eles exibiam excesso de publicidade; e a "geração ALPHA" já buscava grande parte da informação de que precisava fora desses grandes portais. A pesquisa apontava, ainda, que os sistemas de busca se tornavam a grande referência na internet para toda a geração jovem nacional. E concluía: "A *search generation* chegou ao seu ápice".

Os mecanismos de busca já ocupavam uma posição central na navegação na internet daquele momento e, para as empresas, eram uma ferramenta importante para conquistar a fidelidade do usuário e vender serviços e produtos. Além disso, o mercado de links patrocinados, que ajudei a construir com a TeRespondo, era o que o mais crescia em termos de publicidade na web.

A Microsoft chegou atrasada na batalha de buscas. O Google já era líder absoluto e o Yahoo! estava havia anos no mercado. Para recuperar o tempo perdido, sua estratégia inicial foi usar a força e o sucesso do MSN — no Brasil e em vários países — para alavancar seu serviço de buscas. Inicialmente, utilizou a tecnologia desenvolvida pelo Yahoo!, até que decidiu criar a sua própria, investindo bilhões de dólares.

Foram milhares de horas, centenas de relatórios e infinitas reuniões para discutir como criar um mecanismo que gerasse dinheiro. Bater o Google nessa área — ou ao menos chegar perto — era uma obsessão, a começar pelo nome do mecanismo. A Microsoft já admitira que "Google" havia virado um "verbo", um sinônimo para realizar buscas na web. E que, por essa razão, precisava de um nome curto, fácil, quem sabe capaz de virar verbo. Encomendou pesquisas com usuários em vários países para sentir o que poderia pegar. Seria *SmartSeek, Catch, Outcome, Kiwi, Start, Firefly* ou *Search*? O último venceu. No início de 2005, Bill Gates anunciou a versão final do MSN Search com uma base de dados de 5 bilhões de documentos e páginas da internet (37,5 por cento menor do que a do Google).[7]

"A grande notícia é que agora temos uma plataforma forte num local que nos possibilita começar a apresentar inovações aos usuários", disse Gates. Para dar destaque ao Search, a Microsoft redesenhou o portal do MSN, dando retoques no conteúdo e buscando melhorar a desordem de publicidade que imperava lá dentro. Para monetizar a busca, tentando replicar o Google, criou o AdCenter, ferramenta de marketing para vender publicidade na busca. Em 2005, a Microsoft calculava o mercado de buscas no Brasil em 31 milhões de dólares — um valor muito aquém da Inglaterra, a líder com 1,3 bilhão de dólares, mas à frente de países como México, Hong Kong e Índia.

Desde o início, a Microsoft sabia que não poderia concorrer em algoritmo. O nosso benchmarking era o Naver, buscador que o Google nunca conseguiu bater na Coreia. Lançado em 1999 por ex-funcionários da Samsung, já surgiu com a proposta de ser um "buscador social". Agregando informações por tópicos populares, exibia como resultado de buscas links não só para sites com conteúdo em texto, mas para blogs, imagens, vídeos e enquetes de respostas. Tudo na mesma página, sem abas distintas. Como alguns analistas definiram, o Naver é, ainda hoje, uma mistura de Yahoo! Respostas, Blogger, YouTube e busca paga do Google.[8] Foi assim que conquistou e manteve setenta por cento de participação no mercado de buscas coreano.[9]

A estratégia que montávamos na Microsoft seguia esta linha: queríamos criar um mecanismo-plataforma, que conectasse todos os outros serviços da empresa, como MSN e Hotmail, busca paga com o AdCenter, e que fornecesse novos serviços e produtos aos usuários na web. Assim como criara um ecossistema em torno do Windows — conquistando mais de oitenta por cento do mercado de sistemas operacionais —, queria montar seu ecossistema na internet.

Minha missão inicial na companhia, além de ajudar na construção de um novo portal no MSN, foi montar o Search e o AdCenter no Brasil. Como disse à imprensa à época, era minha responsabilidade "intensificar a atuação da Microsoft no segmento de busca e fazer com que este seja um serviço líder de mercado". O melhor de ter essa ambição, dentro de uma empresa de tecnologia global, é que a responsabilidade anda junto com recursos e oportunidades. Quando entrei, viajava todo mês a Seattle para discutir com altos executivos e profissionais de vários países as diretrizes de implementação do Search. Presenciei a evolução desse projeto nos cinco anos seguintes. O MSN Search se transformaria várias vezes, virando Windows Live Search, depois Live Search e, em maio de 2009, o Bing.

Quem acompanhava de perto essas discussões, e com quem estive na mesma sala várias vezes, era um programador indiano de perfil discreto, chamado Satya Nadella. Ninguém que eu conheci na época no Brasil, nos Estados Unidos ou em outras sedes imaginava que ele seria o futuro presidente da Microsoft. Tampouco seríamos capazes de prever a mudança que ele empreendeu, tomando por base tudo o que vira dar errado nas gestões anteriores: o Search, o fracasso em entrar no mundo mobile, a perda do protagonismo em mapas na internet e a insistência da empresa em querer dominar todo um mercado fechando-se ao redor do Windows.

Mas essas são discussões atuais, feitas em retrospecto. É fácil, agora, apontar o dedo para o que deu errado. É fácil mostrar, hoje, a parte da visão equivocada na liderança de Steve Ballmer. Naqueles anos de 2005 e 2006, tínhamos muitas missões, ambições e projetos em várias frentes. Era nosso trabalho realizá-los. E a Microsoft já tinha provado em sua história, entre erros e acertos, que é uma empresa capaz de correr atrás, colocar o produto quente no mercado e ganhar escala oferecendo novos e eficazes recursos. Os exemplos do Netscape e do próprio MSN Messenger com o ICQ mostravam isso. Anos depois, no livro *F5*, Satya Nadella diria que, naquele momento, a Microsoft não estava construindo apenas um mecanismo de busca, mas todo o futuro da empresa — o futuro, para o bem ou para o mal, visualizado por Steve Ballmer.

Para atrair as pessoas para a busca no Brasil, em 2006, começamos a reconstruir o portal do MSN. Não adiantava ter o produto de comunicação mais usado no Brasil, com 18 milhões de usuários, se ganhávamos pouco dinheiro com ele. Esse batalhão on-line não gastava muito tempo no portal porque não tínhamos um conteúdo muito bom. Precisávamos aumentar o tempo de permanência, melhorar a percepção externa do portal, sem prejudicar a experiência dos usuários. E fazer isso garantindo que o uso do MSN Messenger continuasse crescendo na mesma medida que a internet no país. Dessa meta a Microsoft não abria mão.

Naquele ano, a equipe MSN Brasil contava com vinte pessoas. Eu trabalhava diretamente com duas delas: Priscyla Alves, responsável pelo marketing, e Andrea Fornes, conhecida como Leca e jornalista responsável pelo conteúdo. Éramos chefiados por Osvaldo Barbosa de Oliveira, que chegara em 1989, como o oitavo funcionário contratado pela empresa no Brasil. Em 1994, Osvaldo trabalhou na sede nos Estados Unidos, participando da briga com a Netscape. Em 22 anos na companhia, acompanhou a batalha do Windows nos servidores, a compra do Hotmail e, de volta ao Brasil, assumiu em 1999 a área de internet, lançando o MSNMessenger, o Hotmail e o Portal MSN.

Começamos a missão remodelando o portal e preenchendo as lacunas em canais de conteúdo estratégico, como Entretenimento, Lifestyle, Finanças, Notícias e Esportes. Contratamos dezenas de novos parceiros que seriam responsáveis por fornecer notícias e artigos de interesse público. Nossos editores fariam a curadoria de forma que ganhássemos relevância. Do outro lado, fomos buscar novos pontos de contato com anunciantes.

Precisávamos convencer os anunciantes a investir em uma nova forma de mídia. Até então, eles estavam acostumados a colocar anúncios dentro de um contexto. Como não sabiam o que as pessoas conversavam dentro do MSN Messenger, como garantir que eles atingiriam o público que buscavam? Criamos caixinhas de anúncios no espaço do log in e log out, o que capturava toda aquela audiência que abria o navegador para se conectar. Nesse momento, um pop-up surgia. Virou um ótimo produto publicitário, porque não inseríamos qualquer anúncio lá dentro. Investimos para produzir campanhas personalizadas, como se fosse uma produção para a televisão. Não bastava colocar anúncio: "compre um sapato". Precisava ser algo bacana de uma marca boa — isso faria com que as pessoas on-line fossem atraídas, não fechassem o pop-up na hora que ele saltava e clicassem. Queríamos criar uma venda não segmentada. Internamente, falamos em criar o "Jornal Nacional" da internet brasileira. Ou seja: criamos uma mídia premium dentro da internet, onde a publicidade era desvalorizada e, por essa razão, baratíssima. Dizíamos aos anunciantes que eles deveriam olhar para aquele negócio como olhavam para a televisão: a conversão viria da familiaridade, de *awareness*, viria a partir do uso recorrente dos usuários. Criamos também um prêmio para valorizar os profissionais de mídia que acreditavam na força do MSN e lutavam para que as marcas reservassem orçamento para nós. O mercado precisava entender que era bom estar ali. Criamos uma newsletter com o veículo especializado no setor de propaganda e marketing, o *Meio e Mensagem*, para mostrar o MSN como um bom canal a anunciantes. E eles começaram a aparecer.

Juntando várias frentes, éramos capazes de fornecer o que um portal, como o Terra e o UOL, não conseguia: um pacote publicitário que envolvia banner dentro do bate-papo, pop-up, alertas, SMS, exposição na home page e no mecanismo de busca. Marcas também passaram a brincar com emoticons, produzindo, por exemplo, "carinhas com a cara da Coca-Cola". Usuários ganharam acesso a um conteúdo de melhor qualidade, e isso aumentou o tempo médio de permanência no portal. Unindo publicidade e essas novas soluções digitais, as vendas cresceram 27 por cento de 2006 para 2007. Conquistamos cerca de 450 clientes e posicionamos o Brasil entre as maiores receitas publicitárias da companhia, à frente da Inglaterra.

Construímos isso batendo a meta de crescimento de usuários. No final de 2007, a Microsoft anunciou que o Brasil ainda detinha a maior comunidade de Messenger do mundo. Eram 30,5 milhões de pessoas que utilizavam o serviço, 11,4 por cento da base total. De cada quatro internautas brasileiros, três usavam o MSN Messenger. Em uma entrevista para a mídia brasileira, o chefão global do produto, Steve Berkowitz, afirmou que o Messenger no país virou "um grande veículo de anúncios" e que isso era ótimo porque, em sua visão, ter sucesso na internet implica duas coisas: "ter audiência e ter anunciantes".

Ao deixar o chefe e a sede da empresa felizes, conquistávamos poder de decisão dentro da estratégia da companhia. O Brasil virara uma subsidiária importante, e, no mundo dos negócios globais, isso significava que éramos ouvidos. Tínhamos peso e espaço dentro da organização. Tínhamos acesso aos gênios que a Microsoft sempre foi capaz de atrair pelo mundo — do programador indiano, passando pelo executivo de estratégia à galera do laboratório de Seattle. Era um aprendizado enorme. Dentro da nossa equipe no Brasil, tínhamos permissão para contatar qualquer funcionário e descobrir como montar um produto novo. E eu, cheio de ideias, não perdia tempo em executar. Convoquei experts ao redor do mundo, peguei a tecnologia do Search, juntei APIS e criei o Mister Buddy.

O Mister Buddy surgiu com a missão de motivar os usuários a permanecer no nosso mecanismo de busca. A cada pesquisa que ele fazia, ganhava um emoticon novo para usar no MSN e via o seu score comparado aos dos seus colegas da rede. O Mister Buddy transformava a busca em joguinho. "Gamifiquei" o Search, para usar um termo da moda. Além disso, a exibição de resultados era inspirada na que o Naver fazia: o usuário digitava uma busca e visualizava não só links para textos, mas vídeos, imagens, links patrocinados — tudo junto e misturado na página. Fui inserindo ferramentas para tornar esse resultado o mais personalizado possível. Fizemos uma versão em HTML e chegamos a colocar no ar uma simplificada. Mas, como foi criado como um projeto especial de publicidade — e não como produto —, tinha começo, meio e fim predeterminados na Microsoft.

Tudo era muito louco, porque a gente criava, criava e criava, sem saber aonde chegaríamos. A cada momento, surgia uma tecnologia completamente diferente dentro da organização. Uma vez, lembro de ter tido acesso a uma tecnologia que a Microsoft testava para ganhar espaço na área de fotografia. Chamado de Photosynth, o produto foi criado pelo Live Labs, o laboratório de novas tecnologias, e chegou a aparecer em episódio do seriado *CSI*. Na série, policiais de Nova York usaram a ferramenta para ajudar a desvendar um crime.

A tecnologia era capaz de juntar diversas fotos encontradas na internet para reconstruir paisagens ao redor do mundo. A ideia era integrá-lo a serviços de buscas e de mapas, mas, apesar de inovador, não houve muita demanda. Como muita coisa criada dentro da Microsoft, o Photosynth permaneceu adormecido, até que retornou, dez anos depois, como um filtro dentro do aplicativo Pix. Com o recurso, o usuário pode tirar fotos de todo o ambiente, sem ter que escolher qual parte ficará de fora.[10] É a atual imagem panorâmica ou em 360°.

Naquela época, a Microsoft já tinha transformado o projeto MSN Search em Windows Live Search, na segunda tentativa oficial de fazer sua busca vingar. Surgiram várias frentes para impulsioná-lo, e a que me engajou, em particular, foi a área de mapas.

No Brasil, no início de 2007, as empresas investiam para emplacar suas ferramentas de mapas on-line e, assim, ganhar maior participação em seus mecanismos de busca. E foi aí que tive a chance de desenvolver um grande projeto dentro da Microsoft e o apresentei diretamente, frente a frente, a Steve Berkowitz. Quando tive acesso exclusivo ao Windows Live Maps, a ferramenta de mapas do Live Search, vi que poderia personalizar o conteúdo e dar a ele uma cara mais brasileira. Acreditava que poderia ser um grande diferencial.

Comecei a brincar com aquelas ferramentas e pesquisei APIs para sofisticar o negócio, fazendo testes sem verba e fora do organograma direto de execução da companhia. Chamei uma empresa e quatro caras para testar, no risco, se conseguíamos desenvolver o produto que tinha na minha cabeça. Se fosse pedir pré-aprovação interna para trabalhar nesse projeto, bem como orçamento, dificilmente conquistaria essa oportunidade na velocidade em que a área estava caminhando.

Minha ideia era que as pessoas abrissem o mapa e não só visualizassem as rotas como se conectassem a serviços e produtos com os quais poderiam cruzar no caminho. Você gosta de churrascaria? Então, que tal eu te mostrar os dados de todos os estabelecimentos próximos à sua região, bem como o horário de funcionamento? O Google não fornecia esse nível de detalhamento ainda, tampouco era capaz de prever o trânsito em tempo real. Era uma época pré-Waze, e as empresas de tecnologia tentavam entender como poderiam criar um equipamento muito mais eficiente que o GPS. Havia demanda. No final de 2007, um em cada três internautas usava alguns dos serviços de mapas disponíveis — e esse número só crescia.[11]

IDEIA SEM EXECUÇÃO É ALUCINAÇÃO

Para elaborar nosso mapa detalhado, precisei construir uma base de dados grande, variada e local. Coloquei meu lado negociador em ação e fui conversar com empresas de sistemas de dados. Peguei toda a base da Telelistas,[12] guia de CEPs, plantas da cidade, mapas turísticos e coloquei dentro do Live Maps. Ao integrá-los ao portal MSN, o usuário poderia fazer uma busca e receber notícias, imagens, detalhes de produtos e serviços e informações geográficas, com mapas. Na apresentação a Berkowitz, mostrei que nosso Live Maps poderia chegar ao mercado com informações atualizadas do trânsito entre seis da manhã e nove da noite (em intervalos regulares e não em tempo real), rotas para 170 cidades, mapas para 1004 cidades e interfaces ligando e-mail e outros serviços da Microsoft.[13] Ele gostou da ideia, deu carta branca, e o produto foi lançado.

Em 2008, os moradores de São Paulo e Rio de Janeiro passaram a ter acesso ao trânsito atualizado.[14] Eles poderiam, inclusive, contribuir com o conteúdo disponível, enviando informações sobre ocorrências que presenciavam. Era possível, por exemplo, apontar no mapa o local exato de algum acidente. Qual a diferença para o Waze? Uma conjunção de detalhes. Mas detalhes que decidiram quem, por fim, ganhou esse jogo.

O produto era ótimo e tinha milhares de funcionalidades, mas era feito para o computador — como praticamente tudo o que fazíamos na Microsoft à época. Quem checa trânsito hoje pelo computador? Além disso, a tecnologia 3G não era difundida e veloz como se tornaria no final dos anos 2000. Era preciso descobrir como realizar atualizações de forma mais rápida, considerando não só a movimentação dos usuários, mas o fato de que ruas em cidades mudam de sentido constantemente. Só em São Paulo, 5 mil ruas tiveram seu fluxo de movimentação alterado por mês em 2007.

Naqueles anos, ninguém tinha a resposta para essas perguntas. As empresas estavam tentando entender como fazer o melhor mapa e como ganhar a atenção das pessoas. Em janeiro de 2009, entre os produtos de Mapas do Google, Yahoo e Microsoft, apenas o Live Maps fornecia os pontos de congestionamento nas duas maiores cidades brasileiras. E em tempo real. As tecnologias desenvolvidas naquele momento pela Microsoft nesse mundo de geolocalização são bem-vistas até hoje. No entanto, o fraco posicionamento da empresa no mundo mobile a fez perder espaço nessa categoria.

A briga com o Google, porém, trouxe diversas inovações aos usuários e abriu caminho para aplicativos que hoje dominam esse mundo, como o Waze e a Uber. O embate do mundo dos mapas continua sendo, em última análise, um embate para ver quem detém a "porta de entrada" dos usuários nas experiências digitais, o ponto de contato inicial para tudo o que as pessoas fazem na web.

O Waze conseguiu fornecer um mapeamento do trânsito em tempo real como ninguém havia feito. Na Uber, que no início usou os serviços de geolocalização do Google e passou a investir em tecnologia própria, os engenheiros estão usando imagens digitais do mundo real e *machine learning*[15] para melhorar o tempo estimado de chegada. Em muitas cidades ao redor do mundo, a Uber está colocando uma frota de carros com câmeras distintas para coletar suas próprias imagens, em um esforço para melhorar embarques e desembarques. E eles também estão na frente dos carros autônomos. Para navegar no futuro, onde esses veículos e a realidade aumentada introduzirão ferramentas digitais no mundo físico, mapas perfeitos e precisos continuarão sendo extremamente fundamentais.

Participar do início dessa discussão, dentro de uma gigante de tecnologia, me ensinou a lidar com novos comportamentos de usuários e a construir uma ferramenta global, levando em conta as particularidades do nosso país. Ensinou-me, sobretudo, como executar uma ideia dentro de uma estrutura gigante, superando burocracias, com uma cultura focada em maximizar o já existente em cronogramas fechados de execução. A empresa reconheceu o esforço à época e me concedeu o prêmio interno por inovação em operações locais.[16]

A Microsoft foi a única empresa na qual, em toda a minha carreira, tive uma sala. E esse fato dizia muita coisa. Ainda não havia sido implementado o conceito de open office e eu tinha um espaço com portas só para mim no imponente prédio na avenida das Nações Unidas, em São Paulo. Era um sinal de como o escritório refletia uma cultura de hierarquia que a Microsoft sustentou por muitos anos. Tempos depois, a empresa mudaria esse conceito, flexibilizaria sua cultura e muitas salas seriam abertas a todos. A intensa organização com processos, porém, permaneceria. Logo de cara, percebi o tamanho da empresa em que entrara. Eu tinha à disposição muitos recursos, pessoas excepcionais, grandes tecnologias e a possibilidade de criar o futuro junto com a influência de uma big tech. Mas, como toda grande multinacional, a Microsoft também nos exigia andar na linha, submetidos a regras, protocolos e sistemas internos. Tudo na Microsoft sempre foi extremamente organizado, para o bem e para o mal. Dependia do ponto de vista.

Até eu entender como transpor essa rigidez, foi um baque. Eu me sentia parte de um grande quebra-cabeça, no qual nada é feito sem anuência ou aprovação prévia. O problema é que as pessoas trocam muito de posições dentro da Microsoft e você precisa, continuamente, entender qual é a política interna a ser executada no momento. Lembro de várias ocasiões em que vendi ideias a diretores que trocaram de cargo em três meses e eu precisei começar minha saga de aprovação do zero. Quando isso acontecia, eu precisava, antes de tudo, entender quem estava em seu lugar.

A Microsoft tem uma estrutura horizontal – os processos não correm necessariamente em escadinha, de gerente para diretor. Eles correm por nível. Você pode ter um cara que é programador, mas tem um nível maior do que o country manager. E, por essa razão, ganha até mais. Você pode ter diversos vice-presidentes (vps) para uma mesma unidade de negócio, que são dezenas dentro da Microsoft.

Lembro que cheguei, como sempre, curioso, com a cabeça cheia de planos, lotada de ideias. Ao contrário de outros colegas, minha vaga não tinha um escopo definido. Eu podia focar em projetos considerados novos ou promissores — e, eventualmente, nenhum deles decolar. O que é algo bastante complexo, porque a Microsoft é uma empresa extremamente meritocrática, ou seja, você precisa mostrar resultados e, se não forem bons, não tem uma boa avaliação. As pessoas eram e ainda são avaliadas pelo impacto que causam. Então, é natural que minha posição estivesse sujeita a embates.

Tive brigas com meu chefe direto, Osvaldo. Ele queria que eu despendesse grande parte do meu tempo em ideias que ajudassem na estratégia de execução, de vendas — e não que eu ficasse inventando moda com algo que nunca poderia vingar ou contribuir diretamente no resultado do trimestre. Hoje, com maturidade e experiência, eu entendo sua posição. Ele era o country manager. Mas, na época, eu ficava maluco. Brigava para conseguir mais orçamento, fazia malabarismos em Seattle, conversava com os "geniozinhos" que a Microsoft tem ao redor do mundo. Ficava perguntando a eles como poderia colocar os produtos de pé. Porque, como bem cedo aprendi com Kevin Johnson, "ideia sem execução é alucinação". Eu não queria apenas executar a estratégia global definida, queria ajudar a defini-la.

Uma vez, o Osvaldo me pediu para descontinuar um produto que eu havia criado, que consumia meu tempo sem trazer resultados financeiros expressivos. Bati o pé. Convenci algumas pessoas acima dele e mantive o negócio — por acreditar que precisávamos de mais tempo para desenvolvê-lo. É difícil você acertar o tempo de uma inovação, e nunca dá para saber se, no fundo, é somente uma questão de timing. Meu chefe ficou, claro, muito nervoso com a atitude que eu havia tomado e minha explicação para tal. "A Microsoft é uma empresa de marketing e vendas, não é pra ficar inventando produto", disse-me, à época.

Dias depois, ganharia mais um recado dele, agora em forma de livro: *Quem mexeu no meu queijo?* A obra, lançada em 2002, mostra como dois homens reagem de forma diferente quando têm um mesmo objetivo: encontrar o queijo. Nós tínhamos diferentes visões sobre como atingir as metas da empresa àquela época — mas ele, como diretor da nossa divisão, carregava a responsabilidade de entregar resultados trimestrais. Em função disso, era importante que ele me colocasse "no chão", que me mostrasse qual era o foco do nosso trabalho.

O Osvaldo deixou a Microsoft em 2011, acumulando grandes conquistas e 22 anos de empresa, para comandar a operação brasileira do LinkedIn. É um grande líder e um ótimo estrategista, que depois criou um fundo para investir em start-ups. Seu jeito executor e sua postura estratégica, sempre gerando um contraponto, me ensinaram a estar mais bem preparado para as batalhas internas. Ele azucrinava a equipe

IDEIA SEM EXECUÇÃO É ALUCINAÇÃO

para sempre se cercar de números, argumentos e de um bom plano de execução antes de qualquer reunião. Depois, era hora de ensaiar nosso discurso.

Confesso que achava tudo aquilo uma grande perda de tempo, mas, quando chegava a reunião, brilhávamos. Profissionais de outros países caíam na metralhadora dos norte-americanos rapidamente, mas nós nos mantínhamos fortes em nossos argumento e demanda. Embora não saíssemos ilesos, muitas vezes ganhávamos a confiança deles em nosso trabalho. O que, em muitos casos, significou mais orçamento. Todo o sucesso do MSN também nos qualificava para participar das discussões mais importantes, que envolviam o futuro da Microsoft, como eu já mencionei. Isso era ótimo, mas, em alguns momentos, foi verdadeiramente desesperador.

Osvaldo e eu estávamos em uma grande sala de reunião, com dezenas de pessoas, para ouvir nosso CEO, Steve Ballmer, falar. O ano era 2010 e ele segurava um iPad, recém-lançado pela Apple nos Estados Unidos. Bradava, com confiança e talvez até certa arrogância, que aquele produto — uma mistura de telefone e notebook — não vingaria. "Vocês acham que alguém vai usar isso aqui sem um teclado? Esquece. Isso é entretenimento, não é produtividade." Eu olhava desesperado. Estava entusiasmado com o produto, achava mais uma quebra de paradigma de mercado da Apple, e pensava assim porque já era um usuário convertido pelo iPhone. Lançado em 2007, o celular de um só botão já cumpria uma trajetória ascendente, que acabaria por derrubar gigantes do setor, como Nokia e BlackBerry (ambas com teclado embutido). Ballmer, aliás, rira do iPhone em 2007, afirmando com convicção que a inovação de Steve Jobs não roubaria uma fatia significativa de mercado.

Na batalha das buscas, Ballmer também insistiu, desde o início, que rodássemos tudo dentro do sistema operacional do Windows, o que exigia máquinas parrudas. Para ganhar escala global, era preciso ter muitas delas. Houve um momento no qual viramos o maior cliente da Dell do mundo — de tanto servidor que precisávamos comprar para acompanhar o Google. Enquanto mantínhamos um legado, o Google investia em pequenas placas acopladas ao data center. Eu vi, em algumas reuniões, muita gente alertando Ballmer de que comprar máquinas para ganhar escala era um erro. Ele respondia dizendo: "You should eat your own dog food", ou seja, você deve usar produtos e serviços desenvolvidos dentro de casa. Se aquilo não estava dando certo, segundo ele, era um problema do time de software e eles precisavam resolver, enquanto nós "tínhamos que focar na busca". O problema é que as duas coisas funcionavam juntas. Nunca daria para escalar no ritmo do Google rodando no Windows. Quando a ficha enfim caiu, a Microsoft passou a focar a estratégia do Search dentro dos Estados Unidos — acabando com o projeto em vários países, como o Brasil.

Suposições como as de Ballmer existem aos montes dentro de grandes empresas, principalmente naquelas tradicionais que estão fazendo a transformação digital. Vejo ainda muitas empresas comprando data center achando que estão se "digitalizando", mas, na prática, estão criando um legado, com o qual precisarão lidar em 2025. No mundo mobile tem empresa até hoje tentando entender por onde começar a transição. Muitos presidentes ainda tomam decisões sem ter a menor ideia de como o mundo da tecnologia se move, sem a experiência de ver o que já deu certo e o que não deu, sem a ânsia de querer reagir rápido. CEOs nunca acham que vão ser superados naquilo que sempre souberam fazer bem e seguem com a crença de Ballmer, de que precisam construir absolutamente *tudo* dentro de casa. A história mostra que essa visão custou caro à Microsoft.

Aquela virada de década, em 2010, foi um período de muitos questionamentos. A Microsoft havia tentado alcançar o Google e gastou milhões e milhões em novos produtos para ganhar dinheiro no mecanismo de buscas. Não conseguiu. Perdeu também espaço no serviço de e-mails, quando o Google baqueou o Hotmail, que oferecia 2 MB de armazenamento de dados, ao anunciar uma conta grátis "sem limite". Nós, aliás, sofremos muito no Brasil com essa briga — já que o Hotmail havia ganhado muito espaço e adesão no início dos anos 2000. Mas, talvez de todas as visões mais mal construídas daquele período, a insistência em se apegar mais tempo do que deveria aos negócios de pcs e não olhar com mais atenção e foco o mundo dos celulares tenha sido a mais impactante.

A Microsoft conseguiu construir um grande ecossistema em torno do Windows, um produto que tinha ao seu redor um conjunto de pessoas, fabricantes (hardware e software) e desenvolvedores. Juntos, escalaram o produto a níveis impressionantes, alçaram a cultura dos pcs, criaram fãs do Windows e gente que se importava com o produto. Construíram aquilo que Osvaldo gosta de definir como "o ecossistema verdadeiro": quando o produto final é maior do que a soma das partes que estão ao redor dele. Criaram um círculo virtuoso e bilhões em faturamento.

No momento em que os celulares passaram a fazer parte da rotina das pessoas, porém, a Microsoft não conseguiu replicar o mesmo ecossistema. A Apple, que tinha um ecossistema fraco, com poucos desenvolvedores, e o controle de tudo que era produzido ao redor do Mac, inventou um novo mundo com o iPhone, no qual ela própria reinaria. Quando a Microsoft decidiu colocar dinheiro no mobile, resolveu criar tudo do zero, com um novo sistema operacional. A estratégia a fez perder tempo e ritmo nessa história: o Windows Phone demorou a chegar ao mercado e só surgiu em 2010, quando a Apple havia conquistado espaço e o Google construído a comunidade em torno do Android. Em 2008, o Android já havia arrebatado uma enorme participação de mercado e, em 2014, rodava em mais de 1 bilhão de dispositivos móveis.[17] Atualmente, é possível perceber que daria para a Microsoft ter aproveitado melhor sua comunidade e estar ocupando, hoje, o espaço que é do sistema Android. Em vez disso, em mais uma decisão errada, resolveu comprar a Nokia. Por 7,6 bilhões de dólares.[18]

A demora em olhar para o mundo mobile também atingiu, em cheio, o msn Messenger. As pessoas migraram para o celular e o msn, não. Essa foi sua sentença de morte. Os milhões de usuários encontraram novas formas para se comunicar através de outros aplicativos, como o WhatsApp e o Facebook. Novamente, olhando sob a perspectiva atual e entendendo a transição de comportamento dos usuários para o celular, é fácil dizer para onde a Microsoft deveria ter ido. Não bastava ter criado uma versão msn para celular, como ela, inclusive, criou. Em tecnologia, você não consegue converter uma dominância de forma direta. É preciso capturar e recriar seu produto, levando em consideração novos comportamentos. A grande sacada do WhatsApp, por exemplo, foi criar uma ferramenta que permitisse às pessoas enviar mensagens instantâneas através do celular, sem pagar o alto preço de um sms. O WhatsApp passou por cima do msn Messenger em adesão e popularidade ao proporcionar aos usuários uma forma de comunicação rápida, simples e gratuita, com uma interface sem frescuras.

O msn Messenger poderia ter aproveitado sua rede e conexões para evoluir para uma rede social. O Facebook destruiu o Orkut, dando poder ao desejo das pessoas de compartilharem ideias, viagens e serviços, não apenas dentro de comunidades, mas para todo mundo ver. Criou uma timeline para exibir os conteúdos e executou bem a transição da rede para o mobile, lançando um aplicativo simples e eficiente. Enquanto isso, a Microsoft jogava a pá de cal: focou no Skype, um bom produto de comunicação em vídeo, mas que nunca conseguiu ter o alcance e a adesão do msn. Com o Skype, quis concorrer com o Facebook, mas eram produtos completamente diferentes. O msn morreu oficialmente dentro da companhia em 2013, mas a essa altura tanto eu quanto o Osvaldo já havíamos deixado a Microsoft, desanimados com os rumos tomados e as tantas oportunidades perdidas.

O msn foi um enorme aprendizado para a companhia, e a história recente mostra que ela entendeu o recado. O mais legal daqueles anos é ver que participamos de discussões essenciais para vários mercados, serviços e produtos que ganharam dominância. No mundo dos mapas, no mundo mobile, no mundo das redes sociais, no mundo das buscas, no mundo da internet. Desenvolvemos produtos que, hoje, definiríamos como "uma mistura de WhatsApp e Facebook" ou, como nos mapas, o antecessor do Waze. Usamos apis para conectar negócios. Discutimos o futuro de servidores. Foram aprendizados que moldaram minha forma de encarar vários paradigmas em tecnologia e me ensinaram o poder e a responsabilidade que é trabalhar em uma empresa global.

No mês de abril de 2019, quase uma década depois dessa história, a Microsoft atingiu 1 trilhão de dólares em valor de mercado. Essa é uma previsão que eu fazia em minhas palestras um ano antes — e não, não é porque eu seja futurólogo ou algum tipo de oráculo: a Microsoft tem dado sinais evidentes de que aprendeu com os erros da década passada.

Sob a liderança de Satya, desde 2014, a empresa conseguiu se afastar de uma abordagem puramente centrada no Windows. Ele liderou a adoção de uma nova missão: criar um negócio de 20 bilhões de dólares, em torno da computação em nuvem, capaz de compensar uma participação cada vez menor em PCs e smartphones. Quando assumiu a presidência, a divisão de servidores e ferramentas estava no auge do sucesso comercial. Não havia, tampouco, um consenso sobre a importância do negócio na nuvem (no qual o armazenamento de dados é feito em serviços que podem ser acessados de qualquer lugar do mundo através da internet). Satya, porém, acreditava que essa inovação seria a "nova onda" que transformaria o mercado — com a Amazon apostando nele desde 1998.

O executivo havia conhecido o potencial da nuvem quando chefiava o departamento de desenvolvimento do Bing, produto que nunca se tornou o buscador dos sonhos que a Microsoft tanto desejava desde a criação do MSN Search. Mas foi o primeiro negócio nascido dentro da nuvem, o que abriu caminho para a construção da Azure, plataforma própria para execução de aplicativos e serviços, baseada nos conceitos da *cloud computing*.

Para Satya, aquele foi seu campo de testes para o desenvolvimento das tecnologias que embasariam o futuro da Microsoft. Entre elas, a criação de design orientado pela experimentação, expertise em aprendizado de máquina (sistema complexo de análise de dados) e escala computacional — sem depender de servidores. "Seria possível continuar ordenhando as nossas vacas tendo em vista um retorno imediato, mas eu acreditava que seríamos capazes de gerar um valor mais duradouro se nos mantivéssemos fiéis à nossa identidade e nos voltássemos à inovação", diz o executivo no livro que escreveu para contar os bastidores dessa transformação, *F5*. Sob essa visão, transformou o pacote de programas Office em um serviço na nuvem e por assinatura, seguindo a tendência dos produtos premium na web, como Spotify e Netflix. Em 2019, mais de 214 milhões de assinantes estavam pagando cerca de 99 dólares por ano para ter acesso ao pacote com Excel, PowerPoint e Word.

Para criar uma nova mentalidade, Satya empreendeu esforços grandes da porta para dentro e da porta para fora. Foi conversar com a concorrência, Amazon, Apple e Facebook, trouxe os desenvolvedores para perto, comprando a GitHub,[19] e desconectou o negócio da Azure do Windows — invertendo a lógica de ecossistema que imperou desde sempre na Microsoft. Da porta para dentro, Satya disse que a empresa estava com o ego ferido e que seus funcionários pareciam distantes uns dos outros. A entrada tardia da companhia no mundo dos smartphones foi um baque forte na autoestima da empresa. Foi preciso criar novos valores e missões para acompanharem todas essas inovações, e Satya obteve sucesso também nisso.

Mas a mudança que eu penso ter sido mais fundamental para impulsionar a Azure foi desenvolver incentivos para que a nuvem fosse uma prioridade de todos — e não apenas um mandamento do CEO. Uma lição valiosa para toda e qualquer empresa, e muito corajosa. Satya mudou o sistema de comissões de vendas: os profissionais deixaram de ganhar comissão baseada no valor do contrato e a ordem passou a ser comissionar pelo espaço de armazenamento vendido — não importando se o contrato valesse 1 milhão de reais ou 200 milhões de reais. Dessa forma, a Microsoft pode até vender menos, em termos absolutos, mas garantirá empresas em sua nuvem, o que assegura rendimentos no longo prazo. Ganhou confiança interna para, depois, gerar a externa. Com isso, a Azure conquistou milhares de clientes, inclusive grandes empresas, como Starbucks e Walmart. O resultado?

Em 2018, a divisão de computação em nuvem, que inclui a Azure, arrecadou 34 bilhões de dólares. A Azure gera mais receita que a nuvem do Google, e o Office já tem mais assinantes que a Netflix. Claro que nem tudo é sucesso. A Microsoft fez tudo isso, mas ainda assim saiu atrás. A nuvem da Amazon, AWS, é líder, e detém mais de trinta por cento desse mercado, o dobro da fatia conquistada até agora pela Microsoft.[20]

Há também quem questione a visão de Satya com os desenvolvedores, a compra do LinkedIn e suas declarações sobre diversidade. Mas, diferentemente de outros momentos da década passada, a Microsoft segue com "senso de urgência", com mais foco para desenvolver aquilo em que pode ser boa — e não correndo atrás de modinhas do Vale do Silício. Não está, por exemplo, tentando entrar na luta dos carros autônomos, preferindo atualmente olhar para negócios com realidade virtual (os óculos holográficos HoloLens) e de inteligência artificial, com sua assistente Cortana. Essa postura já é um baita impulsionador para uma empresa com poder, recursos e experiência e que continua atraindo gênios pelo mundo. E só para constar: o Windows ainda é um negócio que rende 20 bilhões de dólares por ano para a Microsoft.

Durante os cinco anos em que estive lá, até 2010, aprendi e acessei informações como nunca na carreira. Imagina só a garotada que está entrando agora. Não sei dizer aonde o Satya vai chegar e se vai conquistar tudo o que tem prometido, mas a transformação que empreendeu pode servir de inspiração para tantas empresas que vejo por aí batendo em teclas erradas, insistindo em visões de um negócio defasado, com medo de abrir mão do bônus atual e perdendo tempo, gente e dinheiro. Sabe o MSN? Ninguém achou que ele seria substituído pelo WhatsApp ou Facebook, ninguém pensou que ele sumiria do mapa, deixando de existir por completo. São essas convicções que fazem empresas, empreendedores e executivos perderem a onda das transformações e cultivar legados, em vez de fomentar inovações.

8
Ou acelera ou morre

EU COSTUMO DIZER "SIM" PARA AS OPORTUNIDADES sem ficar olhando para trás, pensando no que poderia ter sido diferente. Houve, no entanto, uma vez em que disse "não", e esse "não" mudou toda a minha história a partir dos 34 anos. Era final de 2008 e eu estava visitando a sede da Microsoft, nos Estados Unidos. O cronograma da viagem seguia o roteiro de sempre: reuniões, apresentações e discussão de novos produtos para desenvolver no Brasil. A sede da empresa fica em Redmond, uma cidade no subúrbio de Seattle, uma região de densa vegetação, com árvores gigantes, rios, lagos e atmosfera pacata. Grande parte de seus 60 mil moradores é funcionário de multinacionais, como da própria Microsoft ou da Nintendo. As casas ocupam grandes áreas, são confortáveis e estão relativamente distantes umas das outras. Era esse o cenário em que, ao lado de um executivo da empresa, eu caminhava em um dos dias daquela viagem.

Durante a andança, fizemos um desvio e ele me levou para conhecer uma casa em particular. A residência tinha uma fachada bonita, com detalhes de construção tão bem projetados que lembravam uma casa de boneca. À frente, grandes árvores sobre um extenso gramado, por onde corriam pequenos esquilos. Enquanto olhava aquele cenário de série norte-americana, recebi a proposta. "Guga, não quer vir trabalhar aqui? A gente aluga essa casa para você." Levei um susto. Não esperava o convite, tampouco olhava para aquela casa pensando que, um dia, seria minha. "Poderia ser legal", respondi, um tanto abalado com a surpresa. Pedi um tempo para pensar.

O desafio era enorme. Aquele era o momento em que a Microsoft decidira focar seus esforços de construção no mecanismo de busca dentro dos Estados Unidos. Eu começaria tudo do zero: projeto novo, país novo, equipe nova, batalha nova. Sem a ajuda do time que tinha no Brasil. Mas o que me assustou naquele momento foi a visão daquela casa. Eu não tinha o perfil do cara de família adequado ao clima de Redmond. O que eu vou fazer, completamente sozinho, nessa casinha isolada? Imaginei o frio — e a possibilidade de viver na neve me causou (e ainda me causa) arrepios. Imaginei também a rotina pouco agitada, pautada exclusivamente pela Microsoft. Talvez, se eu fosse mais jovem ou casado, tivesse filhos, a proposta faria sentido, mas naquele momento da minha vida não fazia. Algum tempo depois, já tinha minha resposta. Disse "não". Deixei os esquilos e o cenário de filme para trás.

Voltei para o Brasil e, diante do fim do projeto do Search por aqui, mudei para uma posição focada no desenvolvimento de novos negócios, área na qual atuei até o momento em que as decisões da empresa começaram a me desanimar. Além disso, havia a questão de tempo de casa. Hoje, costumo dizer que o período ideal para um profissional permanecer na mesma empresa é de três anos: você entra, se adapta, cria projetos, cresce, sobe hierarquicamente e renova ciclos dentro da companhia, atingindo sua melhor performance. Passada essa fase, ou você muda completamente ou começa a perder tempo. Fazia quatro anos que eu estava na Microsoft. Ganhava um salário alto, mas não estava feliz. E na minha vida sempre tive o privilégio de poder escolher pensando além do dinheiro. Eu preciso que meu trabalho gere impacto. Se percebo que isso não está mais acontecendo, começo a buscar um novo caminho.

Foi assim que, após renunciar à chance de viver fora do Brasil, comecei a prospectar novas empresas para trabalhar. Nessa busca, soube que a Naspers,[1] conglomerado de mídia e tecnologia da África do Sul, cujo faturamento anual é de 28 bilhões de reais, estava em busca de negócios para investir no Brasil. Li sobre a missão deles: investir em grupos de mídia e plataformas de e-commerce em mercados emergentes. Vi que já estavam na China desde 2001, sendo um dos primeiros investidores a apostar na Tencent, hoje dona do aplicativo WeChat e uma das maiores empresas de tecnologia do mundo. No total, seu portfólio já incluía mais de oitenta empresas na China, Europa, Rússia, África, Índia e América Latina. Gostei. Talvez estivesse ali uma chance para desenvolver algo novo e global, mas eu ainda nem sabia por onde começar.

Até que um dia, em meados de 2009, recebo a ligação de uma recrutadora: "Guga, tenho uma chance que pode ser do seu interesse". Eu já estava na base de dados dela havia alguns meses. Ela começou a me explicar o cargo e a função, até que questionei qual era, afinal, a empresa em jogo. "É a Naspers, você conhece?" Soltei um palavrão ao telefone. Comentei que estava pesquisando justamente sobre eles. Foi um daqueles momentos da vida em que parece que o mundo conspira a favor de uma ideia que você começou a planejar sem saber direito como realizar. Fiz uma primeira reunião com ela e um representante da empresa, da qual saí feliz e confiante. Porém, passados três meses, ninguém me deu sinal.

Todo mundo evaporou — assim como minhas expectativas. Até que ela me ligou de novo. "Os gringos estão vindo para cá. Vem falar com eles." Mais uma reunião em São Paulo. Naquele momento, a Naspers decidira comprar trinta por cento do Grupo Abril. Eles buscavam um executivo com experiência financeira para tocar os rumos da operação. Gostaram de mim, mas meu perfil, mais criativo e menos operacional, não se encaixava ao da vaga. Não sei dizer se fui recusado pela Naspers ou pela Abril, mas o fato é que voltei a trabalhar sem ter notícias sobre o assunto por cinco meses. E, então, recebi uma terceira ligação. "Guga, a Naspers voltou. Vem para cá que chegou a sua hora."

Eu não sabia que aquela seria a hora de entrar no Buscapé. O site, criado para comparar preços na web, havia se tornado referência, por causa de sua tecnologia e cultura, e crescido, após a compra de seu maior concorrente, o Bondfaro. Naquele momento, a empresa buscava fundos para aumentar sua presença no ecossistema digital brasileiro. Quando recebi o convite, a Naspers não tinha divulgado ainda a compra de 91 por cento da empresa brasileira por 342 milhões de dólares — naquela que se tornaria uma das maiores aquisições da web do Brasil. A negociação tornou milionários seus quatro fundadores — mas também permitiu a permanência de três deles no negócio (Romero Rodrigues, Rodrigo Borges e Ronaldo Takashi). A Naspers achou que meu perfil, agora, sim, caberia na nova estrutura de governança que eles desenhavam para a próxima fase de crescimento do Buscapé.

Quando Romero e Borges ouviram meu nome, caíram na risada. Já éramos amigos à época. Por termos realizado vários negócios juntos ao longo dos anos — nos meus tempos de TeRespondo, Verisign e Microsoft —, ganhamos uma proximidade que se intensificou no decorrer desse tempo. Recordo-me da cara animada dos dois, brincando com a situação: "É você, então! Se a gente soubesse antes, nem tínhamos gastado esse dinheiro todo com headhunter".

Em julho de 2010, eu assumi como vice-presidente de desenvolvimento de negócios. Ao lado de outros profissionais recém-chegados e dos fundadores, ajudaria a levar o Buscapé a um novo patamar. Com o dinheiro do novo dono, a empresa queria integrar o ecossistema que começara a construir em 1998, a partir da aquisição de empresas atuantes em várias pontas do e-commerce. O plano era que o consumidor, na hora em que comparasse preços no site, finalizasse a compra usando seus sistemas de pagamento, antifraude e de certificação. Do ponto de vista tecnológico, integrar tudo isso seria o caos. Os sistemas haviam sido criados por empresas distintas e, portanto, desenvolvidos separadamente. Como Romero disse em uma entrevista à época: "Nosso trabalho agora é juntá-los, transformando esse Frankensteinzinho em uma Gisele Bündchen".[2]

Quando a Naspers adquiriu a empresa, não só gostou do plano como também incentivou sua diversificação e internacionalização.[3] Ao lado do Romero, eu participaria ativamente da aquisição de quinze novas empresas em um ritmo tão acelerado como era o nosso dia a dia lá dentro. Eram mais de trezentos funcionários trabalhando, acertando, arriscando, oferecendo novas ideias — em uma cultura que não estava tão distante da que imperava no Vale do Silício.

Diferentemente da Microsoft, o Buscapé foi uma das primeiras empresas brasileiras a migrar e ter resultado no mundo mobile. Testemunhei a história de uma companhia que não mediu esforços para ser grande, mesmo que em seu caminho tivesse que lutar diretamente contra o Google para sobreviver. Antes de batalhar contra o gigante, porém, a trinca de R's — Romero, Rodrigo (Borges) e Ronaldo —, ao lado de Mário Letelier,[4] já havia ganhado o mérito por ter construído a empresa do zero, sem benchmarking, sem replicar nenhum modelo norte-americano ou europeu.

A empresa brasileira que se tornou o maior site de comparação de preços da América Latina não surgiu exatamente com esse foco. Inicialmente, o objetivo era resolver um dilema de seus fundadores: encontrar produtos na internet. Em 1998, Romero, Borges e Ronaldo eram estudantes de engenharia da Escola Politécnica da Universidade de São Paulo, uma das mais tradicionais do país. Aficionados pelo novo mundo que a internet abria, foram trabalhar no laboratório de redes de computadores da Poli. Lá, tiveram contato com a banda larga — a maioria das pessoas fora da comunidade universitária ainda se conectava por internet discada — e, entusiasmados com o acesso rápido e fácil, começaram a pensar em novos negócios digitais.

Foram várias ideias, mas o insight certeiro veio quando Borges estava procurando uma impressora para comprar. Ele entrou em vários sites de busca, mas não achava o que queria, tampouco indicações de preços. Naquele tempo, você precisava ligar para as lojas para descobrir quanto custava um produto. E tinha que dar sorte: dificilmente passavam essa informação por telefone. O problema de Borges deveria ser, afinal, o problema de muita gente. Então era isso! A nova solução poderia reunir todos os preços de vários produtos em um site único, ajudando o consumidor a decidir o quê e onde comprar. Um site, como Borges diz, que fizesse sentido para as pessoas. Era hora de coletar informações de produtos e preços de diversos varejistas.

O trio desenvolveu um software para ser instalado nos computadores das lojas para catalogar, à medida que os produtos chegavam, seus preços e ofertas. Os empreendedores pensaram que as marcas gostariam da ideia, afinal, o site poderia ajudá-las a vender mais. Não foi o que aconteceu. Lojistas detestaram a ideia de ver seus produtos expostos ao lado dos dos concorrentes, mostrando quem estava vendendo mais caro ou mais barato. O trio precisou inverter a lógica, traçando uma estratégia que mostrasse ao varejo físico que era vantajoso estar no varejo on-line — e, de preferência, estar na plataforma deles. Começaram por criar um banco de dados, consolidando os produtos de lojas já existentes no mundo virtual. Eram poucas, mas já era um começo.

Conciliando a faculdade e o trabalho no laboratório, o trio passou um ano programando da meia-noite às seis da manhã, para desenvolver uma tecnologia que automatizasse a busca e organizasse informações de produtos e preços na internet. O modelo de negócios adotado era feito com base no pagamento por cliques: eles acreditavam que a loja poderia pagar para aparecer no sistema, a um custo proporcional ao número de cliques que seu "anúncio" recebesse.[5] Em junho de 1999, com um investimento mensal de trezentos reais para bancar o servidor, lançaram o Buscapé com 35 lojas e 30 mil produtos.[6] O site só não foi o primeiro comparador de preços no mundo porque, semanas antes do lançamento, uma empresa norte-americana colocou no ar o mySimon, serviço com finalidade idêntica. Isso foi um reforço de que estavam vislumbrando uma tendência que não era só local. Após esse primeiro momento, os três sócios convocaram Mário, um profissional com perfil menos técnico, para cuidar da administração. Nasceram sem escritório, sem CNPJ e usando o número de telefone fixo do Ronaldo. Foi a mãe dele quem atendeu as primeiras ligações. "Buscapé, boa tarde."

A empresa surgiu dentro do boom da internet no país na virada para os anos 2000, com investidores olhando com interesse para novas ideias baseadas no conteúdo disponibilizado on-line. De junho a dezembro de 1999, o Buscapé recebeu sete ofertas de investimento, e, embora não fosse claro para os fundadores o motivo de aliar-se a novos sócios, eles precisavam de recursos e ajuda estratégica para construir a empresa no entorno do site. A primeira captação, de 200 mil dólares, com a E-Platform, veio para conquistar esses dois objetivos.[7]

Com o dinheiro, montaram um escritório, a estrutura administrativa, a primeira equipe e uma assessoria de imprensa. A essa altura, o Buscapé já tinha em seu portfólio 110 lojas, 120 mil produtos e sete categorias.[8] O trio aproveitou os contatos da E-Plataform e partiu para o primeiro roadshow — como é chamada a excursão que o empreendedor faz para apresentar a empresa a potenciais investidores. Viajaram para Nova York, São Paulo e Rio de Janeiro, participaram de cerca de quarenta reuniões, até aceitar a proposta de investimento de 3 milhões de dólares feita pelo Merrill Lynch e pelo Unibanco.[9] Agora, o objetivo não era só sobreviver, mas crescer, para atingir as metas de rentabilidade definidas pelos novos sócios.

Naquele momento, a bolha da internet estourou. No dia 10 de março de 2000, o índice da Nasdaq, que listava as principais empresas de internet do momento e havia dobrado de valor nos últimos cinco meses, começou a despencar. Não parou tão cedo. Começou um efeito dominó, atingindo mercados da Ásia, Europa e Américas. Ninguém sabe qual foi o gatilho, mas a queda expressava uma desconfiança, não tão recente, de que as empresas pontocom não iriam vingar, ter sucesso e dar o lucro prometido. Contribuía o fato de que aquele início de internet, principalmente nos Estados Unidos, fora marcado por extravagâncias, excesso de confiança e abundância de capital. Muitos negócios nascidos em "meio a festa" mostraram-se inviáveis. A confiança demoraria anos para ser retomada.

O Brasil sofreu apenas respingos desse impacto. Alguns negócios fecharam, contratos foram cancelados e apostas deixaram de ser tão interessantes. Eu estava no UOL à época, e costumo dizer que o país sofreu uma "bolhica" perto da que estourou lá fora. Foram poucos os que tiveram coragem para começar um negócio na web por aqui até 2000 — afinal, nós tínhamos menos usuários, conexão e recursos para usar a internet do que os Estados Unidos. Os primeiros empreendedores da internet brasileira foram guerreiros, e quem estava prestes a empreender no ano da bolha acabou se dando mal, porque a fonte secou. Aqueles que haviam acabado de receber investimento, como o

Buscapé, precisaram manter a confiança de seus sócios e acelerar a chegada do breakeven — o ponto em que os gastos deixam de ser maiores do que a receita.

Entre 2000 e 2003, o Buscapé esteve focado em garantir o apoio dos investidores — em um contexto em que várias empresas faliam — e, por essa razão, precisava tornar o negócio lucrativo. Os sócios passaram, então, a licenciar sua tecnologia de busca para grandes portais da internet brasileira e investiram no custo por clique (CPC). Agora, os anunciantes pagariam um valor fixo pelos cliques de internautas que visitavam o site. Também criaram seu próprio leilão on-line, onde os varejistas que pagassem mais garantiam a melhor posição para seus anúncios.

Em 2005, quando eu também praticava meu próprio leilão de palavras-chave na TeRespondo, o Buscapé dava lucro, faturava 18 milhões de reais por ano e tinha operações internacionais, no México, Argentina e Chile.[10] Chegava a hora de se consolidar e expandir. Os investidores iniciais foram substituídos pelo fundo de *venture capital* Great Hill Partners,[11] o que permitiu a profissionalização da empresa, separando os papéis de sócio e de executivo, e a diversificação do negócio. Foi quando grandes aquisições e projetos internos de peso começaram a sair do papel.

Em maio de 2006, o Buscapé compra seu maior concorrente — o BondFaro —, tornando-se o maior site de pesquisa de produtos e preços da América Latina. No mês seguinte, em junho, colocou no ar o site de classificados gratuito QueBarato!. Um mês depois, criou o primeiro site latino-americano de comparação de produtos e serviços financeiros, Corta Contas. Em 2007, para estimular clientes que não eram tão conhecidos, mas que tinham um bom produto e serviço, o Buscapé comprou a e-bit — empresa pioneira na realização de pesquisas sobre o e-commerce brasileiro e criadora de um sistema de avaliação das lojas on-line.

Apesar do crescimento, o caráter empreendedor foi mantido e deu origem ao ecossistema que atrairia, em 2009, a Naspers. O Buscapé queria se tornar uma plataforma abrangente de ideias e tecnologias para a web e capturar a atenção — e, quem sabe, o dinheiro — do usuário em várias frentes. Colocando essa jornada de compra em uma perspectiva linear, a comparação de preços é apenas a terceira de uma série de etapas que o usuário vivencia. Antes de qualquer decisão, o cliente precisa ganhar familiaridade com uma marca, produto e serviço. Depois, precisa se convencer de que aquele é o negócio certo para sua necessidade. Compara os preços e, em uma quarta etapa, efetua o pagamento. Não para por aí. Dá para encontrar esse mesmo usuário no pós-venda — o que o Buscapé queria fazer com inteligência de marketing e estimulando os usuários a compartilhar a experiência de compra. Por fim, viria a estratégia em classificados, estimulando a venda de produtos usados — e, quem sabe, garantindo uma compra recorrente. Para ser um canal que atuasse em toda essa jornada, o Buscapé precisava construir um ecossistema digital. Alguns serviços seriam criados dentro de casa e outros seriam incorporados por meio de aquisições.

Depois de comprar o BondFaro, o QueBarato!, o CortaContas e a e-bit, veio 2008, o ano em que a empresa agregou soluções de pagamento. Comprou a Pagamento Digital para fornecer todas as bandeiras de cartão de crédito dos principais bancos e adquiriu a FControl, empresa que desenvolvera uma tecnologia para indicar ao lojista o nível de risco da transação. Era importante garantir maior segurança na transação porque as fraudes, naquele ano, já matavam oitenta por cento das pequenas e médias empresas do varejo on-line.

Quando entrei, o Buscapé era capaz de atualizar, diariamente, as informações de 500 mil empresas, o que incluía 14 milhões de produtos. Vinte milhões de usuários passavam pelo site mensalmente. Ocupava a décima oitava posição no ranking comScore[12] dos 25 sites latino-americanos com maior número de visitantes únicos. No dia a dia da sua sede, em um prédio na Vila Olímpia, em São Paulo, circulavam 370 funcionários.[13]

Em julho daquele ano, a discussão sobre a evolução do ecossistema na diretoria do Buscapé era inspirada no modo de ser da Amazon. É comum, atualmente, as empresas se inspirarem no modelo de "one-stop-shop" da gigante norte-americana, ou seja, um lugar onde você encontra tudo de qualquer categoria de produtos. Mas, naquela época, essa visão de marketplace não era a dominante. Enquanto o varejo ainda estava começando a sua migração para o on-line, Jeff Bezos já falava na sua obsessão de entregar o produto o mais rápido possível para o cliente "antes que ele soubesse que precisa, antes mesmo que ele decida que precisa comprar".

Lembro de ter sentado ao lado de Romero para analisar a estrutura inicial do ecossistema que eles estavam construindo. Para garantir presença de ponta a ponta no e-commerce brasileiro, nós precisávamos de um número ainda muito maior de empresas. Buscando fora de casa ou construindo internamente, não dava para pensar pequeno. Essa era uma visão que coincidia com os planos da Naspers. E foi aí que começamos uma jornada que levaria o Buscapé a ter, embaixo de uma holding, dezoito negócios, crescer quarenta por cento ao ano até 2014 e receita de 300 milhões de reais.[14]

Como diretor de novos negócios do Buscapé, entre 2011 e 2014, ajudei a comprar quinze empresas. Foi quando apliquei lições recebidas havia mais de uma década, de um dos meus primeiros chefes. Norte-americano de postura imponente e voz firme, Michael Hacopian era especialista em M&A (termo em inglês para fusões e aquisições) e viera dos Estados Unidos para estruturar a abertura dessa área na Deloitte no Brasil. Em 1997, eu conseguira um estágio na empresa de consultoria quando o Banco Fonte se juntou ao Cindam[15] e não aceitei o convite para trabalhar na nova sede da empresa, no Rio de Janeiro. No momento que Michael desembarcou no escritório brasileiro da Deloitte, fui correndo lhe pedir emprego. Eu estava na área de negócios, mas meu objetivo, aos 23 anos, era ganhar experiência em M&A. Não esqueço um diálogo nosso:
"Você joga golfe?"
"Não."
"Você toma vinho?"
"Não."
"Você fuma charuto?"
"Não."
"Porra! Vou ter que te ensinar tudo de M&A."

Michael adorava fumar um charuto enquanto trabalhava e questionava seus interlocutores. Gostava também de esculhambar qualquer um que não tivesse um desempenho no nível que ele esperava — que, muitas vezes, era praticamente impossível de atingir. Cultivando uma visão que pode soar tradicional nos dias de hoje, Kevin me ensinou que no mundo de M&A não adianta ser apenas o "cara que resolve", como eu me vendi a ele. Para ter sucesso, é preciso descobrir o que as pessoas demoram a perceber e fazer duas empresas ganharem dinheiro ao mesmo tempo. E isso ninguém conta a você em um escritório. Daí a necessidade do vinho, do golfe, do charuto ou do contexto mais diferente que você for capaz de criar.[16]

Michael me ensinou o poder de cultivar relacionamentos e que, para ser um bom intermediário em uma negociação, você precisa de conversas que ultrapassam os aspectos técnicos e financeiros. Você precisa, muitas vezes, entender o lado pessoal e emocional que sempre está por trás de todo negócio. E fazer tudo isso rápido — porque há sempre alguém à espreita.

A primeira aquisição de que participei ativamente no Buscapé foi realizada em apenas três dias. Foi também aquela que se provou a mais certeira de todas. Em nossa busca para capturar tendências de e-commerce e trazê-las para dentro do guarda-chuva do Buscapé, eu e Romero esbarramos no fenômeno das compras coletivas. Era a onda da "união faz a compra" com vários novos negócios oferecendo cupons de desconto de (quase) tudo o que se possa imaginar. Se um número mínimo de pessoas adquirisse aquele cupom, todos levariam o desconto e o site de compras ganhava uma porcentagem da venda. Valia oferecer de tudo: lata de Coca-Cola, DVD da Blockbuster (sim, tanto o DVD quanto a locadora ainda existiam naquela época), spa, restaurante e até pacote de viagem.

Era um mercado que, nos Estados Unidos, já reunia duzentas empresas e faturava 300 milhões de dólares, seu maior representante era uma companhia com valor de 1,3 bilhão de dólares: o Groupon. No Brasil, vários empreendedores investiram nessa onda do e-commerce, mas dois deles, em particular, chamaram nossa atenção. Jovens ousados e dedicados, largaram seus respectivos empregos, pegaram dinheiro do próprio bolso e montaram uma operação em casa. Em apenas quatro meses, atraíram 2 milhões de pessoas.

Guilherme Wroclawski, 26 anos, e Heitor Chaves, 25 anos, apostaram, inicialmente, em um site de compras coletivas (o Coletivizar), mas, entre ter a ideia e colocá-la no ar, surgiram novos concorrentes de peso no Brasil, como o Peixe Urbano e o ClickOn. Para ver como poderiam se diferenciar, a dupla começou a analisar os concorrentes. Perceberam que, com muitos sites de compras coletivas, o consumidor ficava um tanto perdido. Por que não apostar, então, em um agregador de sites de compras coletivas? Bingo.

Criaram a ZipMe em julho de 2010, agregando ofertas de seis portais. A demanda veio como se fosse "coisa de filme", como gosta de contar Guilherme. Em um mês, 30 mil pessoas acessavam o ZipMe todos os dias. Para atender tanta gente, a dupla agregou, em um segundo momento, a oferta de mais trinta sites de compras coletivas. O problema é que o negócio exigia um trabalho braçal. Sem grandes recursos tecnológicos e financeiros, Guilherme e Heitor passavam as madrugadas atualizando manualmente 1,5 mil ofertas que mudavam todos os dias.

Eles eram a dupla de sonhos de todo investidor: disciplinados, inexperientes em *venture capital*, mas competentes o suficiente para construir um negócio que só precisava de mais dinheiro para alavancar de vez. Claro que não fomos os únicos a perceber isso. Quando entramos em contato com os dois, eles praticamente já haviam vendido sua empresa. Na verdade, a dupla só não havia fechado o negócio porque Guilherme desconfiou de uma cláusula do contrato e pediu alguns dias para analisá-la melhor. Nesse intervalo, nós aparecemos.

Convocamos os dois para ir até o Buscapé em uma sexta-feira às nove da noite. Quando chegaram ao último andar do prédio na Vila Olímpia, a televisão estava ligada em uma reportagem da GloboNews que narrava a história dos "meninos" que venderam por milhões uma empresa à Naspers. Dentro da sala, estava um deles: Romero. Ao lado, eu e Airton Aguiar, o vice-presidente de M&A. Fomos diretos. "Sabemos que vocês estão envolvidos com outro investidor, mas queremos entrar nesse mercado de compras coletivas com vocês, e rápido. Se aceitarem, podemos já fazer uma reunião amanhã [sábado] e fechar."

Um tanto surpreso, sem saber como decidir tamanha proposta àquela hora, Guilherme respondeu dizendo que eles estavam felizes pela oportunidade. Argumentou, porém, que era uma sexta-feira à noite e que eles precisavam de um tempo para pensar. Mas foi concedendo esse tempo que o outro investidor os perdeu. Eu agarrei minha chance. "Guilherme, está vendo aquela salinha lá atrás? Ali, durante o dia, ficam cinco desenvolvedores nossos que estão fazendo um site igualzinho ao de vocês. Então, precisamos ver o que vai rolar nessa conversa porque, dependendo da resposta de vocês, a gente acelera aqui", eu disse aos meninos. Eles me olharam como quem pensa: "Ferrou, ou a gente vem para cá, ou eles aceleram e a gente morre".

No dia seguinte, antes de aceitar a nossa proposta, afirmaram ter algo "grave" a compartilhar. Contaram que haviam sido notificados judicialmente pelo UOL por causa do nome da marca — Zip.net era uma patente do portal que havia adquirido os negócios da ZipMail e ZipNet. Eles achavam que esse fator nos assustaria. Mas, naquele momento, Romero sorriu e disse: "Então, quer dizer que vocês estão incomodando gigantes? Eu gosto disso!".[17] Esclarecido o episódio, eles se sentiram "livres" para fechar conosco. Tempos depois, Guilherme contou que só aceitou ir naquela primeira reunião e naquele momento por pura curiosidade.

O que pesou para a rápida decisão, como Guilherme nos contaria depois, foi que, na conversa, nós vendemos a chance de crescer — como empresa e profissional — dentro do Buscapé. Um conceito que muita gente define como smart money: a oportunidade de ter acesso não só a recursos financeiros, mas a uma estrutura comercial, jurídica, de RH e marketing e, claro, a mais pessoas para ajudá-los a escalar o negócio. Também demos incentivos para que eles, como empreendedores, mantivessem seu interesse em fazer o máximo possível, agora como funcionários. Mas eles continuaram donos de 25 por cento do negócio que fundaram. Essa, aliás, foi a estratégia aplicada com a maioria das empresas que adquirimos — não somente como uma forma de contratar cabeças inovadoras, mas também para motivá-las no pós-venda. Eu não fumei charuto, nem tomei vinho, nem chamei os meninos para jogar golfe, mas percebi o que os motivava — e não era só dinheiro.

OU ACELERA OU MORRE

* * *

O negócio foi marcante, não só pelo case que se tornou, como também pela confusão no departamento jurídico do Buscapé. Fechar uma aquisição em pouquíssimos dias não é nada usual. Na segunda-feira, Guilherme e Heitor saíram de suas casas — que ainda abrigavam o escritório da empresa — direto para nosso escritório. Somente quando chegaram descobriram que, na verdade, não havia salinha alguma com cinco desenvolvedores trabalhando em um negócio parecido. Eles eram, desde o começo, o nosso único plano. A ZipMe foi rebatizada para SaveMe (não valia a pena gastar tempo com brigas jurídicas com o UOL). Eles aproveitaram a nova estrutura, colocaram faixas vermelhas na testa e começaram o que apelidaram de "operação Rambo". Em dois meses, a SaveMe já faturava 1 milhão de reais. Em um ano de "incubação" alcançou 2 milhões de reais.[18]

Eu acompanhei a operação Rambo desde o início. Quando criamos nossa solução de pagamento Bcash, ajudei a trazê-la para dentro da operação. A SaveMe foi um case no Buscapé não só pela sinergia que conquistou com vários outros negócios e operações, mas também porque surgiu no boom, manteve-se no topo e sobreviveu ao fim da febre das compras coletivas no Brasil. Esse mercado que exigia pouco investimento inicial e pouca tecnologia mostrou que não havia espaço para aventureiros. No final de 2011, cinquenta por cento dos 1,6 mil sites de compras coletivas brasileiros já estavam inativos.[19] Com o passar do tempo, o Peixe Urbano e o Groupon Brasil, que chegaram a brigar pela liderança, anunciariam uma fusão.

O sucesso da SaveMe deu gás a novas aquisições, e, um ano depois, já tínhamos mais três empresas nas áreas de marketing comportamental (eBehavior), análise e segmentação do conteúdo digital (Navegg) e pagamentos digitais (a argentina DineroMail). Na nossa visão de construir um marketplace nos moldes da Amazon, apostamos no Brandsclub, clube de compras virtuais de moda on-line que fazia sucesso à época. Essa aquisição nos ensinou muito sobre logística e operação no varejo físico.

Da porta para dentro, nosso esforço em marketplace tinha um nome e uma marca: a Lomadee. Empresa à parte, intermediava a relação de produtores de conteúdo (os publishers) com anunciantes de todos os portes através de uma plataforma única. Os publishers, pessoas que não tinham loja virtual, mas criavam conteúdo em sites, blogs e redes sociais, escolhiam quais anúncios gostariam de expor em seus sites segundo seus próprios critérios de relevância. As empresas escolhiam a quem gostariam de se ligar, priorizando aqueles com maior afinidade às suas marcas e direcionando campanhas a um público específico. Se essa estratégia lhe parece hoje familiar, é porque é mesmo familiar. O Instagram e o YouTube ganham fortunas intermediando a relação de anunciantes e marcas com os chamados influenciadores digitais.

Até 2011, porém, a Lomadee era um patinho feio dentro do grupo. Não criava estímulos fortes o bastante para atrair um número significativo de produtores de conteúdo (eles eram apenas em torno de mil), enquanto havia uma multidão querendo anunciar. O que dava errado? Não era tecnologia. Era a forma de empacotar e vender esse serviço. Para equilibrar o negócio, mexi na liderança da equipe e reduzi a base de anunciantes, deixando os nomes mais fortes e reconhecidos. Se um blog desconhecido vende um anúncio de um lojista local e pouco conhecido, ninguém vai comprar. Agora, se ele exibir um anúncio do Walmart ou do Carrefour, a chance de conversão aumenta exponencialmente. Era preciso encaixar — do contrário, o anúncio não geraria interesse, clique ou venda.

Enquanto isso, estimulamos os publishers a criar um bom conteúdo e produzir resenhas de produtos ou serviços, montando uma rede onde cultivávamos pequenos "microinfluenciadores". Procurávamos por eles em blogs, mas também em perfis do Twitter e do Facebook — redes sociais que ganhavam peso. Lembro que chamamos o pessoal do Jovem Nerd, que estava começando à época, e pedimos que fizessem um vídeo sobre o sabre de luz de Star Wars. A Lojas Americanas anunciou no site deles um desconto do produto — e o estoque do sabre acabou rapidamente. Com o tempo, começaríamos a testar recursos da Navegue, a empresa de geolocalização que adquirimos para melhorar a segmentação de anúncios e ser mais assertivos na entrega de mídia. E foi assim, sem mágica, que, já no final de 2011, a Lomadee somava 70 mil blogs e sites de distribuição de conteúdo e cem grupos de comércio eletrônico, incluindo Apple Store Brasil, Livraria Saraiva, Walmart, Carrefour e Polishop. Em 2012, eram 2 bilhões de páginas monetizadas, com 80 mil afiliados e mais de 100 anunciantes.[20] De patinho feio, a Lomadee tornou-se a segunda empresa mais lucrativa do grupo.

Daqueles tempos, uma ideia também posicionou o Grupo Buscapé à frente de várias outras empresas. Em agosto de 2011, nós criamos um programa para avaliar, acelerar ou adquirir até trinta por cento de start-ups. Foi muito antes de o mercado falar em *"corporate venture"* — termo usado para descrever projetos entre grandes corporações e empresas iniciantes. Com o projeto "Sua Ideia Vale 1 Milhão", avaliamos oitocentos projetos e compramos participações[21] na Urbanizo, Meu Carrinho, Anuncie Lá, Resolva.Me e Hotmart. Algumas dessas ideias não foram para a frente, e, com o tempo, teríamos dificuldade em integrá-las totalmente ao nosso negócio. Outras, porém, conquistaram sucesso. A Hotmart, por exemplo, cresceu, saiu do Buscapé e é uma das empresas em que invisto até hoje.

Toda vez que me perguntavam sobre o tamanho que nossa estrutura estava ganhando à época, gostava de dizer em entrevistas que, para competir em tecnologia com os grandes, era preciso estar no mesmo nível de inovação que eles. E isso incluía nunca deixar de olhar o mercado e descobrir como trazer mais valor — em várias áreas — para o consumidor brasileiro.

O Buscapé estava na vanguarda de muitas tendências e tecnologias — e foi um dos maiores cases da web brasileira, justamente por crescer tanto mantendo, até onde conseguiu, uma cultura de autonomia e agilidade. Mesmo com a entrada da Naspers e a instituição de uma série de processos, os fundadores defendiam a mentalidade de sermos *"always beta"*. Como não dá para saber de que forma o mercado reage ao que estamos desenvolvendo, colocávamos o produto no ar sem estar cem por cento finalizado e evoluíamos a partir dos feedbacks dos clientes e usuários.

Como o Rodrigo Borges fala até hoje, é como se estivéssemos construindo um prédio, arquitetando um andar novo a cada dia. O desafio era garantir que a estrutura se "encaixasse" ao restante, sem o risco de derrubar todo o prédio. Não era sempre que acertávamos de primeira. Por uma questão de tempo, mercado ou erros mesmo, muitos andares precisaram ser reconstruídos. Um desses casos envolveu o desenvolvimento do aplicativo mobile do Buscapé.

Antecipando a migração do PC para o celular, a empresa apostou em uma versão mobile já em 2007, ano em que a Apple lançou o iPhone, colocando no ar um produto de comparação de preços para versão IOS antes de muita empresa brasileira. Foi rápida, aprendeu a construir algo novo e atraiu seus primeiros usuários no celular. Mas a versão não vingou por motivos diversos: era cedo demais para atrair um número significativo de usuários, a interface era ruim (assim como a de todos os outros e-commerce), e o botão de compra era quadrado. Veja só esse detalhe sutil de design de serviço.

Não havia experiência de mercado, tampouco uma concordância de que o botão deveria ser redondo. Era completamente natural pensar em um ícone quadrado — o formato com que as pessoas tinham familiaridade no computador. Acontece que, no celular, quem aperta é nosso dedão e não o mouse. Ou seja: o aplicativo foi criado como uma versão replicada do site de PC e não como uma experiência completamente nova.

Em 2012, refizemos o aplicativo. Aprendemos com nossos erros a tempo de consertá-los quando os smartphones começaram a invadir o mercado. Investimos em um design bonito e moderno, colocamos o botão de compra no formato redondo, melhoramos a navegação e recriamos o site do Buscapé — de modo a não ser uma simples réplica da versão PC. Quarenta profissionais participaram desse desenvolvimento por três meses. O app já vinha com um sistema de pagamento próprio, desenvolvido a partir das nossas start-ups digitais. A solução foi nomeada de Bcash — e ganharia amplo destaque nas operações do Buscapé nos anos seguintes. Para estimular seu uso, oferecíamos um desconto, que poderia ser utilizado em compras futuras. Estreamos o app com produtos de 50 mil lojas e uma campanha milionária na televisão, que incluía famosos de diversas áreas, como o apresentador Edu Guedes, a ex-modelo Mariana Weickert, o nadador Cesar Cielo e o próprio Romero.

Na época, era preciso explicar como funcionava a compra por aplicativo. Isso porque fomos o primeiro site a oferecer um serviço com essa extensão no país. Em três meses, doze por cento da audiência do Buscapé estava no celular. Nosso app tinha em média 20 mil downloads por dia, e, em dezembro de 2012, 600 mil pessoas no país já o tinham utilizado para comparar preços ou para comprar on-line. A cada compra, nossos usuários gastavam em média quatrocentos reais, quinze por cento mais em relação a outros sites de comércio eletrônico.[22]

A grande sacada do aplicativo, porém, foi também uma enorme dor de cabeça. Queríamos tirar a chamada "fricção" do cadastro, aquele momento em que o cliente em potencial deixa de comprar porque se cansa com a demora para inserir dados ou informações de pagamento. Instituímos a "compra com um clique". Clicou, comprou (como a Amazon apostou, e vingou, no Kindle). Também queríamos tirar a fricção da compra e colocamos o botão "comprar agora". Com o Bcash, conseguíamos oferecer ao usuário a compra direto no app, sem precisar direcioná-lo ao site da varejista. No entanto, isso não foi combinado previamente com as empresas.

As grandes varejistas não gostaram nada de ver que o usuário não seria redirecionado ao site delas — e não importava se elas estavam vendendo mais ou menos. Pressionaram pela retirada do botão e levaram essa polêmica para a imprensa. No final, o Buscapé cedeu e tirou o botão "comprar agora". Algumas ousadias cobram um preço. Mas, bola pra frente. Se fôssemos esperar a autorização de todas as pontas da cadeia, teríamos atrasado nosso projeto ou criado entraves desnecessários. Sempre digo que inovar é também acabar fazendo algumas coisas sem autorização.

O Buscapé era um celeiro de boas ideias. Não havia qualquer dose de conformismo. Imperava o "intraempreendedorismo", sem termo oficial ou programa institucionalizado. Todo mundo tinha ideia, todo dia era dia de discuti-las, toda hora era hora de tentar executá-las. A equipe de TI desenvolvia projetos em paralelo, os vice-presidentes traziam protótipos para as reuniões toda semana, os empreendedores que chegavam de empresas recém-adquiridas queriam aproveitar os novos recursos para construir produtos maiores e melhores. Havia essa ambição graças ao estímulo à "tentativa" rápida. Mas não só. Nosso mantra lá dentro sempre foi o de "ideia boa é ideia implementada". Não adiantava chegar a uma reunião e apresentar apenas uma "viagem" de algo que "um dia, olha só, podemos fazer". Tinha que aparecer com o protótipo.

E eu aparecia com vários. Lembro de um, em particular, que apresentei em uma das reuniões de VPS. Eu estava encantado com um aplicativo que havia conhecido no Japão, que permitia que as pessoas andassem pela cidade "caçando" borboletas virtuais. Tinha borboleta em todo canto — até mesmo nos Montes Urais — e os usuários podiam trocá-las entre si. Era o máximo — uma ideia que existiu cinco anos antes do Pokémon Go, jogo da Nintendo que explodiu seguindo essa mesma lógica.

Em 2011, pensei que poderia usar aquela ideia para trabalhar a questão de geolocalização dentro do Buscapé. Além das borboletas, outra inspiração era a rede social Foursquare, que surgiu com o intuito de conectar pessoas que estivessem, fisicamente, próximas. Por que não usar essa lógica para conectar usuários e lojas físicas? Construí um protótipo e todo mundo pirou.

O projeto teve carta branca e acabou tornando-se o aplicativo Flag-Me, que usava bandeirinhas como marcadores. Distribuímos bandeiras em pontos estratégicos e, toda vez que o usuário a capturasse no mundo virtual, ganhava um desconto no mundo físico. Para caçá-las, porém, ele precisava estar perto da loja, do restaurante ou do estabelecimento no qual o desconto era válido. Eu "bandeirava" o local, como se fosse o "check-in" do Foursquare. O app também já tinha meio de pagamento e, no nosso projeto, prevíamos utilizar, quando possível, realidade aumentada. Embora não tenha explodido em uso, o app foi um bom teste para entendermos as características da geolocalização.

Não era sempre que conseguíamos tirar nossa ideia do papel. Às vezes, faltava tecnologia, às vezes era cedo demais para o produto "pegar", às vezes não tínhamos braço ou tempo para executar. Era preciso fazer escolhas: no que apostaríamos e o que deixaríamos para trás. Um dilema inerente a toda empresa inovadora. Quando a gente acertava e era bem-sucedido, era uma festa — sem aquela caretice de happy hour ou de confraternização organizada pelos RHS mais tradicionais. Foram inúmeras comemorações nas quais não faltavam bebida alcoólica, balada e diversão. Era uma loucura. Vivíamos a empresa cem por cento do tempo e o ritmo não parava nunca. Nosso RH, inclusive, às vezes, até já deixava uma ambulância preparada para socorrer funcionários que pudessem, digamos, exagerar na comemoração. A gente caprichava também na festa à fantasia — uma vez, eu e André Ghion importamos uma roupa do *Top Gun* e curtimos a celebração ao lado de colegas vestidos de Mario Bros. ou dos homens de preto do MIB. Todo mundo entrava no clima de descontração. Aquilo era importante para eles — e para todos nós, como equipe e funcionários.

Uma das políticas que também me fez abrir muito a cabeça foram as viagens que a Naspers proporcionava aos diretores. A empresa queria que executivos tivessem acesso ao ecossistema global que ela almejava criar. Todos os anos, reunia de 200 a 250 profissionais de vários países para uma convenção internacional. A programação incluía não só visitas às sedes dessas empresas como palestras com empreendedores, especialistas e visionários.

Viajei à África do Sul, à Turquia, à China, aos Estados Unidos, e vi de perto as inovações globais no mercado de jogos, buscadores, e-commerce, shoppings virtuais, marketplace e mídia. A Naspers sabia que, para um negócio ser competitivo, era preciso ser global. Grande parte das conversas que tínhamos com eles envolvia as inovações da Tencent — que, a essa altura, ganhava dominância na internet chinesa. Voltávamos cheios de ideias e novas práticas — mas também com a pressão gigante de replicar, aqui no Brasil, o sucesso que conhecíamos lá fora. Em determinado momento, essa pressão ganharia contornos dramáticos. Mas, antes disso, tivemos que enfrentar um gigante dentro do nosso país. Ele, de novo. O Google. Diferentemente da briga com a TeRespondo nos links patrocinados ou na batalha do Search da Microsoft, a batalha no Buscapé foi uma questão urgente, pontual e que envolvia garantir a sobrevivência imediata. Foi parar no Cade (Conselho Administrativo de Defesa Econômica), autarquia federal que zela pela livre concorrência do mercado, no mesmo período em que a Comissão Europeia discutia processos antitruste do Google.

No segundo semestre de 2011, o Buscapé, o Mercado Livre e a B2W estavam entre os sites de e-commerce que atraíam o maior número de usuários no Brasil. Dados da ComScore mostravam que 16 milhões de visitantes únicos haviam acessado o Buscapé em setembro, enquanto 14 milhões entraram no Mercado Livre. O e-commerce brasileiro, impulsionado pela penetração da classe C na banda larga, crescia em usuário e faturamento — só no primeiro semestre daquele ano, havia movimentado 8,4 bilhões de reais.[23] A adesão em massa às redes sociais no país, com Facebook e Twitter liderando, também indicava o aumento da cultura digital. Desde que os Estados Unidos entraram em crise e o Brasil cresceu, o país atraiu investimentos e novos negócios. O Google, que de bobo não tem nada, entrou de forma mais enfática nessa briga e lançou no Brasil seu shopping on-line.

A essa altura, o Google Shopping já estava presente nos Estados Unidos, na Austrália e em alguns países da Europa e, segundo a empresa divulgou à época, era o maior indexador de produtos no mundo — com um 1 bilhão de itens na sua base. No Brasil, nasceu com 200 mil empresas cadastradas. A ferramenta permitia que o Google exibisse, nos resultados de busca, produtos e serviços de seus clientes. No lançamento, a executiva que liderava o projeto no Brasil afirmou que o shopping usava o mesmo algoritmo das buscas padrões do Google convencional e que não permitiria a comparação direta entre dois itens. Argumentou também que a empresa não iria interferir no ranqueamento dos resultados.[24]

O problema, como você deve ter percebido, é que o Google Shopping carregava o potencial de destruir, diretamente, o negócio do Buscapé. Àquela altura, a empresa dominava noventa por cento do setor de buscas no país.[25] A principal porta de entrada para o nosso negócio estava prestes a se tornar nossa concorrente. Nos últimos anos, diminuía o número de pessoas que digitavam no navegador o nosso endereço buscapé.com.br e aumentava aquelas que iam até o Google colocar "televisão buscapé". Se elas colocassem agora somente "televisão", o Google apresentaria aos usuários os produtos que bem entendesse, enquanto gastávamos dinheiro, tempo e esforço para posicionar nossos links na busca do topo de resultados do Google. Com a chegada do Google Shopping, porém, os links do Buscapé e do Bondfaro foram jogados lá pra baixo, independentemente dos nossos esforços.

Para piorar, só os produtos e serviços do Google poderiam ser exibidos com fotos, o que ocupava grande parte do topo das buscas. Depois, mostrava os links patrocinados que o Google gerenciava diretamente e, somente abaixo disso, vinham os resultados de outros sites de e-commerce e lojas virtuais. Na prática, não havia mais "busca orgânica". Em alguns casos, o link para o Buscapé ou para o Bondfaro aparecia somente na segunda página. E, já naquela época, estudos apontavam que a esmagadora maioria dos usuários da web (oitenta por cento) só ficava na primeira página de um resultado de busca.[26] Na nossa visão, era uma concorrência predatória. Perdemos trinta por cento da nossa receita. Naquele momento, porém, já estávamos mobilizados e tínhamos uma estratégia de contra-ataque.

Antes de o Google Shopping ganhar sua versão em português, já acompanhávamos o movimento e impacto da empresa nas buscas em outros países. O Romero conseguiu antecipar o problema ao analisar como o Google Shopping estava prejudicando o tráfego e a publicidade de sites em outros países.

Ao lado de Rosely Cruzes, a advogada que chefiava o jurídico e única mulher entre os VPs do Buscapé, Romero começou a recolher "provas" a serem usadas em um possível processo contra o Google no Cade. Quando o Google chegou aqui com o Shopping, contratamos especialistas para analisar como os nossos links apareciam no buscador, em quais posições e qual tráfego era gerado. A ideia era usar a análise sobre o impacto nas buscas estrangeiras para comparar o prejuízo que começaríamos a ter com o Google Shopping, e, assim, provarmos que a empresa poderia estar manipulando seu algoritmo para ranquear serviços próprios, mesmo que não fossem bons ou nem tivessem audiência suficiente para estarem no topo. Reunimos dados iniciais e, em outubro de 2011, entramos com o primeiro processo no Cade. Em linhas gerais, nós defendemos:

As práticas discriminatórias do Google, ao beneficiar seu comparador de preço em detrimento dos demais, podem: (a) alterar rapidamente a estrutura do mercado brasileiro (dada a dinamicidade do ambiente virtual); (b) a posição artificialmente alavancada será de difícil reversão, já que permitirá ao Google Shopping se beneficiar dos efeitos de rede, tanto na ponta dos usuários quanto na ponta dos lojistas/anunciantes; e (c) uma vez artificialmente alavancada, a prática será de difícil detecção, pois na medida em que o Google Shopping ganha tráfego e performance, as intervenções nos resultados de busca podem se tornar mais sutis.[27]

Do lado do usuário, defendíamos que eles estavam tendo seu "acesso à informação" prejudicado, já que receberiam um resultado de busca "manipulado e falseado" e não os produtos considerados mais eficientes e relevantes. Defendemos que, ao afastar o resultado dos comparadores de preços concorrentes, o Google deixaria menos opções aos usuários de ofertas, serviços, avaliações e comentários sobre os produtos ou lojistas procurados por eles.

O processo também detalhava outras brigas jurídicas que o Google enfrentava em outros países por práticas discriminatórias semelhantes. Na Itália, órgão semelhante ao Cade iniciou em 2009 um processo para averiguar prática de abuso de posição dominante do Google. Nos Estados Unidos, a Federal Trade Commission (FTC) iniciara uma investigação formal sobre as práticas comerciais do Google para alavancar o Google Product Search. Nessa mesma audiência, Jeremy Stoppelman, CEO do Yelp (site que reúne diversas avaliações de estabelecimentos comerciais), confirmou que o Google exigia que a empresa acatasse certas demandas, pois, caso contrário, seria excluída do resultado da "busca orgânica" (não manipulada diretamente).

Além disso, pedíamos uma multa, o fim das práticas denunciadas e, até mesmo, a abertura do algoritmo do Google Busca, de forma a eliminar as assimetrias informacionais e os riscos de novas manipulações dos resultados da "busca orgânica". Sim, nós éramos ousados. Em 2012, aliás, o Romero pediu para traduzir um livro lançado naquele ano nos Estados Unidos que analisava o monopólio do Google em diversas frentes (como busca, imagens, e-mails e publicidade on-line) e países.

O *Busque e destrua: por que você não pode confiar no Google Inc.* foi distribuído aos funcionários do Buscapé, e um lançamento com o autor, Scott Cleland, foi organizado para a equipe em São Paulo.

A Rosely e outros executivos, como Rodrigo Boer, vice-presidente do Comparison Shopping, também se mobilizavam para ganhar apoio à causa na imprensa e internacionalmente. Ela viajava a muitos países para conhecer detalhes de processos parecidos e reunir possíveis novos argumentos nessa batalha jurídica que até então era inédita no Brasil. Quem a via chegando, do alto de seu 1,61 metro, talvez não imaginasse o tamanho do papel que teve naquela briga. Nunca desistiu e comandava com firmeza a estratégia de defesa — ou seria ataque? — ao lado de Juliano Maranhão e de advogados do escritório Sampaio Ferraz.

Em 2013, o Buscapé se uniu ao FairSearch, grupo de empresas que incluía Microsoft, Oracle e Nokia, para analisar o impacto da mudança do algoritmo do Google na concorrência.[28] Com relatórios em mãos, o grupo acionou os órgãos responsáveis pela livre concorrência nos mercados prejudicados. Uma de suas vitórias foi o processo aberto na época pela Comissão Europeia e que ameaçava multar o Google em 5 bilhões de dólares. A empresa propôs concessões.

Naquele mesmo ano de 2013, entramos com um segundo processo no Cade. Além de reunirmos todos os argumentos enviados ao órgão dois anos antes, dessa vez também denunciamos a empresa pela prática de *scraping*. Defendíamos que o Google Busca estaria se apropriando do conteúdo dos sites de comparação de preços para utilizar essa informação no Google Shopping. A captação indevida de dados estaria sendo feita de forma automática, através de um robô que vasculhava a internet em busca de conteúdo.

Nossa análise mostrava que o robô captava informações, como as avaliações de produtos e de serviços criados por outros sites. Acontece que o Google não permitia que sites utilizassem robôs para fazer o mesmo com sua base de dados. Como jurisdição, citamos vários novos casos quentes à época, entre eles o do TripAdvisor, nos Estados Unidos. O site especializado em viagens acusou o Google de utilizar, de forma não autorizada, as avaliações coletadas para melhorar informações e conteúdos de seus sites de busca especializada (Google Places e Google Local).

O processo também anexava gráficos da perda de audiência dos comparadores de preço nos Estados Unidos, pós-entrada do Google Shopping, entre 2007 e 2009, bem como no mercado do Reino Unido. No Brasil, adicionamos uma pesquisa, conduzida por nós, que mostrava que, em apenas dezessete dias, o Google Shopping havia ganhado inimagináveis 26,06 pontos percentuais em termos de frequência nos primeiros resultados da busca, superando comparadores à época, como o Zura e o JáCotei. A nossa briga acabou, com o passar do tempo, virando uma briga em nome do mercado de comparadores de preços — que chegou a ter nove representantes no país.

Pedíamos urgência no fim imediato da prática de discriminação de comparadores de preço não controlados pelo Google. O fato é que, porém, a decisão do Cade só sairia incríveis sete anos após nosso primeiro processo. Durante esse período, o Google seguiu, no Brasil, o discurso de liberdade e inovação que já utilizava em outros países. Em sua defesa, no nosso processo, disse não haver evidências precisas sobre práticas anticompetitivas ou uso indevido de avaliações de usuários. Também afirmou que qualquer site, inclusive do Buscapé, poderia "desativar" a função que permite a raspagem de dados pelo robô de buscas. Nas alegações finais, a empresa assegurou ter procurado outros sites comparadores de preços, e eles disseram não terem sido vítimas de *scraping*. Por fim, o Google afirmou não estar "exercendo uma posição dominante" de "forma abusiva".

Enquanto o Cade decidia quem tinha razão, montamos uma nova estratégia para recuperar a receita perdida. Em vez de ganhar expondo produtos, comparando-os e convertendo a busca do usuário em compra, investimos no meio de pagamento. Passamos a apostar mais fichas no Bcash, oferecendo desconto para que os lojistas adotassem essa solução. Cobrávamos uma porcentagem na venda de seis por cento — um valor um pouco maior do que a concorrência —, mas convertíamos o valor referente àquele percentual em cliques no Buscapé.

Como o lojista geralmente já investia para colocar seu produto conosco, esse desconto caía como uma luva. Eles começaram a inserir nosso meio de pagamento dentro de seus sites, e, enquanto nossa receita com o Buscapé caía por causa do posicionamento pior no Google, com o Bcash ela subia. O volume de pagamentos recebidos ficou tão alto que uma consultoria aconselhou que virássemos banco. Já éramos uma fintech anos antes de o mercado cunhar esse termo. Chegamos até a arbitrar os adquirentes, escolhendo aquele que oferecesse a menor taxa.

O sucesso da "fintech" foi tanto que chamou a atenção da Naspers, que resolveu transformar o Bcash em uma solução de pagamento global, tirando a fintech do Buscapé e unindo-a a outros meios de pagamento que havia adquirido no mundo — todos, agora, sob o guarda-chuva da marca polonesa PayU. Uma nova marca para concorrer diretamente com o PayPal. O problema é que, com a saída do Bcash da nossa holding, deixamos de poder oferecer a solução de pagamento relacionada aos links do Buscapé, e o lojista não nos queria mais.

Aquele foi um período conturbado, no qual várias decisões alteraram radicalmente nosso negócio. Diante de uma mudança estratégica na Naspers e da falta de resultados de algumas aquisições que havíamos realizado nos anos anteriores, a empresa resolveu enxugar a estrutura do Buscapé. Algumas operações foram fechadas ou vendidas e outras foram agrupadas em setores semelhantes de linhas de negócios, como no caso do Bcash. O Brandsclub, que já havia gerado a terceira maior receita do grupo, ia mal, e o site foi tirado do ar. O programa "Sua ideia vale 1 milhão" foi congelado. Começou uma pressão por resultados financeiros e metas que não estimulavam necessariamente a inovação.

As novas diretrizes foram minando, pouco a pouco, o espírito empreendedor que reinava no Buscapé. De certa forma, também barrou nossos planos de consolidar o ecossistema digital e diminuiu nossa influência em torno da comparação de preços. Dois dos fundadores resolveram deixar a empresa, um movimento que foi seguido por demissões e desistências de muitos funcionários de áreas distintas, inclusive por mim, em julho de 2014. Eu resisti, mas chegou o momento em que desanimei com a estratégia da empresa para curto, médio e longo prazos.

Em 2015, um ano após minha saída, Romero Rodrigues deixou a presidência do Buscapé. Desde então, ele vem atuando para ajudar outros empreendedores como investidor-anjo, mentor e investidor.

Atualmente, é sócio da Redpoint eventures. Quem assumiu o Buscapé foi Rodrigo Boer, que, em 2016, passou o bastão para Sandoval Martins, ex-CFO, o chefe da área financeira. O executivo realinhou as estratégias, seguindo as metas financeiras exigidas pela Naspers, que visavam exclusivamente rentabilidade. A operação toda foi simplificada.

A empresa mudou várias vezes de escritório e, no mês de maio de 2019, foi para Pinheiros, em São Paulo. Passou de um quadro de mais de mil funcionários para cem. No dia 15 de maio de 2019, a Naspers anunciou a venda do Buscapé para a concorrente Zoom. O acordo, de valor não revelado, prevê a aquisição de outras marcas, como o BondFaro e o QueBarato. O que o Zoom comprou, no final, foi um Buscapé que tinha noventa por cento de sua receita centrada na comparação de preços.

Parece uma volta às origens, mas não. Era para o Buscapé ter sido o "Google brasileiro". Ou, ainda, a "Tencent latino-americana". Nasceu um ano após as duas empresas, surfou no início da internet, tinha um produto inovador e cresceu vertiginosamente. Tudo o que a empresa poderia ter feito ela fez. Recebeu investimentos volumosos, tinha acesso a um ecossistema global, sabia antes que os outros competidores o que estava ocorrendo lá fora. Mas nasceu no país errado.

Presenciei, no Buscapé, várias discussões sobre o pagamento desproporcional de impostos na web — um problema que as empresas nativas digitais continuam enfrentando. É um preço alto a ser pago pelos empreendedores. Não há, tampouco, um ambiente de negócios que financie e apoie um negócio competitivo. E, quando você precisa da lei, ela não está do seu lado. A lentidão mata até os negócios mais inovadores.

A briga com o Google se arrastou no Cade até que, entre idas e vindas, em setembro de 2018, o órgão suspendeu o julgamento do processo. A conselheira responsável pediu vistas do caso, alegando não haver provas suficientes de que haveria prática de *scraping* em território brasileiro — embora tenha deixado aberta a análise posterior do uso indevido de avaliações.

A SG (Secretária Geral) concluiu que os PCS (comparadores de preço) podem ter sofrido algum prejuízo em decorrência das práticas adotadas pelo Google desde o lançamento da busca de produtos, em 2011, passando pelo lançamento da unidade comercial, em 2013. Entretanto, há argumentos razoáveis no sentido de que as inovações introduzidas pelo Google em seus produtos (i) foram bem recebidas pelo usuário final, que, na média, entendeu que as alterações melhoraram a experiência de busca; (ii) também são valorizadas pelos varejistas que anunciam nesses produtos; (iii) reduzem custo de transação para o consumidor final, ao prover resultados mais precisos aos termos de busca inseridos no buscador. Por outro lado, embora haja indícios de que os PCS sofreram perda de tráfego em algum momento, não está claro se essa perda decorreu das práticas adotadas pelo Google ou de um movimento natural do mercado, induzido por mudanças no comportamento do consumidor de serviços de internet.[29]

Durante todo esse tempo, é claro que o mercado mudou e ficou muito mais difícil de prever o que foi prejuízo direto, mudança de comportamento do consumidor, inovação ou prática anticompetitiva. Em suas alegações finais, em 2019, o Google pediu o arquivamento do processo — e sigilo absoluto. No mundo, o Google vende atualmente seu shopping como uma ferramenta para os varejistas competirem com a Amazon. E conquistou um mercado gigantesco. Só nos Estados Unidos, lojistas norte-americanos gastam 76,4 por cento de seus orçamentos para publicidade on-line em anúncios do Google Shopping.[30]

Fato é que, por aqui, o Cade entendeu não haver hoje, sete anos após o ocorrido, provas peremptórias para condenar o Google. Muito bem. Sete anos depois, eu pergunto: qual outra empresa brasileira você tem para competir com o Google no Brasil? Nenhuma. Qual é a empresa forte de comparação de preço? Não existe. Qual empresa tem relevância em comércio eletrônico para competir com a Amazon? Nenhuma. O Cade, que deveria atuar para proteger as empresas, não somente não viu problemas graves no modo de agir do Google, como também ajudou a matar toda uma indústria. Lá fora, a empresa foi multada em diversas ocasiões. Em outras, precisou fazer acordos para sair do imbróglio, abrindo espaço para concessões que possibilitaram uma competividade mínima.

Precisamos de ajuda no Brasil, porque todo mundo lá fora tem. Seja nos Estados Unidos, em Israel ou no Canadá. Por aqui, a impressão é a de que o país se posiciona contra as empresas. Em vez de discutirmos como apoiar tecnologias, indústrias e novas ideias, parece que ainda estamos na obsoleta batalha entre o "empresário mau" e "o trabalhador explorado", uma briga de classes que não nos leva a nada. Nós não conseguimos ter uma empresa de tecnologia para competir globalmente, mesmo quando construímos o caminho, ganhamos o investimento e produzimos inovações disruptivas. A história do Buscapé e da própria TeRespondo prova isso. Quando vamos mudar a mentalidade e começar a pensar no ambiente de negócios e jurídico que o Brasil precisa cultivar para ser verdadeiramente competitivo?

9
Se não fizermos, o chinês vai vir e levar tudo

DENTRO DO BUSCAPÉ, EM 2010, a Tencent era a empresa que a Naspers gostava de nos apresentar como exemplar. A intenção era nos incentivar a reproduzir no Brasil o sucesso que o site trilhava na China, criando um ecossistema digital com um meio próprio de pagamento. A Tencent, maior empresa de internet do outro lado do mundo, surgiu com uma missão inusitada. Seu fundador, Pony Ma Huateng, queria criar um produto ou serviço capaz de ganhar dez centavos de cada chinês. Daí o nome da empresa em inglês: Ten-cent. Faça as contas: em 1998, a China já tinha 1,2 bilhão de habitantes. Se a tese de Pony Ma estivesse correta, sua empresa tinha potencial para faturar 120 milhões de ienes.

Desde o início, quando lançou seu aplicativo de mensagens QQ, o empreendedor percebeu que a sacada do negócio ia além de comunicação. O pulo do gato estava em criar sistemas de micropagamentos que permitissem aos usuários comprar o que desejassem, a toda e a qualquer hora. Ou seja, dar acesso, através do aplicativo, a serviços como jogos, cinema, restaurante, ingressos — algum deles seria capaz de fisgar os dez centavos. Com essa visão, ele construiu um império. Menos de vinte anos após sua fundação, a Tencent ultrapassou o valor de mercado de

500 bilhões de dólares.[1] Tornou-se a empresa mais valiosa da Ásia. É dona do WeChat, do qual eu já falei neste livro, e fez de seu fundador o segundo homem mais rico do país.[2]

A história de evolução do protagonismo da Tencent é também a história do desenvolvimento da internet e da forma de fazer negócios no país que nos últimos anos se tornou uma potência mundial. Na primeira vez em que estive na China, em 1997, não havia Tencent. Tampouco Alibaba,[3] Baidu,[4] Xiaomi[5] ou Didi Chuxing, a atual dona da brasileira 99.[6] A China já era um país populoso e cheio de planos, é verdade, mas ainda era uma promessa para o mundo dos negócios. Em minha segunda visita ao país, em 2006, percebi que a internet ganhava cada vez mais adesão e força. A companhia que reinava, apesar da competição do Google, era o buscador chinês Baidu. Não foi, porém, a empresa que visitei na minha terceira viagem. A convite da Naspers, conheceria a sede da Tencent, em 2010. O WeChat ainda não havia sido criado, mas a empresa já demonstrava que tinha potencial.

Hoje, a China é outro país, se comparado àqueles que conheci durante minhas visitas. É impressionante ver como, em tão pouco tempo, tanta coisa foi criada em tecnologia, influência digital e poderio econômico. A China demorou para se conectar à internet — o que hoje, veja só, parece ser uma vantagem. Internamente, as empresas do setor não precisam ficar lutando contra velhos legados ou mentalidades típicas do mundo off-line. No contexto externo, elas têm apoio do governo, na forma de investimento e proteção — principalmente contra o mercado estrangeiro. O Ocidente olha para esse cenário com um misto de admiração e preocupação, porque já faz alguns anos que as chinesas encontraram um caminho próprio para se destacar, que não envolve copiar ou executar direito um produto de fora. Aprenderam a fazer bem — e de um modo diferente.

Por isso, em todas as palestras e reuniões de que participo, incuto um senso de urgência. Eu vi de perto o que eles foram capazes de criar — e destruir — em duas décadas. Se não inovarmos agora e ganharmos força para negociar, debater regulação, privacidade e uso de dados, o chinês vai vir e levar tudo. Viraremos seus funcionários. Seguiremos as regras criadas pela China em várias frentes, a começar pela biotecnologia, passando pelos drones, até chegar aos carros autônomos. Para competirmos, é preciso pensar parecido com eles. Assim, faço questão de compartilhar as lições que a China me ensinou em tantas ocasiões e que mudaram a minha visão sobre fazer negócios e inovar.

Em 1997, o país estava tão distante dos brasileiros quanto de qualquer ideia de criar um império de pagamentos digitais e de *big techs* globais. Mas eu tinha um amigo na Faap, o Alexandre Liu, que viajava à China com sua família desde o final dos anos 1980. Ele me contava histórias de negócios de seu pai, Liu Chien Kuo, um empresário chinês que chegou ao Brasil em 1956, aos treze anos.[7] Liu, o pai, construiu sua carreira baseada no intercâmbio de negócios com seu país natal e, em 1995, foi responsável por levar o refrigerante brasileiro Guaraná Antarctica para as prateleiras chinesas.

Na faculdade, eu e Liu, o filho, ficávamos inventando formas de criar um negócio. Visitávamos lojas de eletrônicos, que começavam a trazer produtos estrangeiros em maior escala, e eu perguntava a ele: "Como é que dá para distribuir melhor esse produto aqui?", "Em qual novidade podemos apostar?", "Como podemos ganhar dinheiro com isso?". O Brasil vivia o processo de abertura comercial e a política cambial estabelecida pelo Plano Real equiparou nossa nova moeda ao dólar.

Nesse mesmo período, a China já colhia alguns frutos da abertura econômica iniciada por Deng Xiaoping, a partir de 1979. Sua indústria crescia — suas exportações também. Precisávamos aproveitar esse contexto. Poderia ser uma ótima oportunidade para importar produtos ou fazer acordos com os chineses — se os brasileiros soubessem como negociar com eles. Mas figuras como o pai de Liu, que conheciam as peculiaridades da cultura e as burocracias para se fazer negócios na China, eram raridade no país.

Foi então que eu, ele e um terceiro colega, Ailton Rodrigues, decidimos fazer nosso Trabalho de Conclusão de Curso (TCC) de Administração com o tema "Desmistificando o mercado chinês para as empresas brasileiras". Essa reflexão era tão inédita que, no dia da apresentação, a banca não sabia o que nos perguntar. Em vez de colocar dúvidas técnicas, eles nos questionavam com curiosidades: "Quanto custa uma passagem para a China?".

Naquele momento, a China era um país pouco estudado por aqui, o material bibliográfico disponível era escasso e nós montamos nosso estudo de caso a partir de entrevistas com empresários brasileiros e chineses, como o cônsul no Brasil, Ji Jingzhen, o diretor de produtos da televisão estatal de Pequim, Sun Ning, e o correspondente do jornal *Folha de S.Paulo*, Jaime Spitzkovsky.

Grande parte do trabalho foi analisar como a China estruturava sua economia para novas relações comerciais, conquistava mercados com produtos baratos "made in China" e atraía empresas estrangeiras, como a Estrela, a Gradiente e a brasileira Azaleia, pelo baixíssimo custo da mão de obra e número de impostos (apenas dois, contra 58 no Brasil). Nossa análise levava em conta que a abertura comercial brasileira para produtos chineses poderia prejudicar nossa indústria, mas fechar totalmente as portas para eles era posicionar nosso país à margem da nova economia globalizada. Precisávamos entender a mentalidade chinesa o quanto antes para aproveitar oportunidades e, quem sabe, criar vantagens competitivas. Fomos a fundo nessa análise.

A parte divertida do TCC foi descrever, com dicas práticas, como um estrangeiro deve conversar com um chinês — e quais hábitos ocidentais eram prejudiciais para estabelecer uma relação próspera. Tomar "drinques" e ter "um bate-papo" podem ser considerados, por exemplo, um início de amizade para brasileiros; mas na China esse conceito é mais profundo. Na antiguidade, o governo chinês dependia da boa relação entre patronos (donos das terras) e trabalhadores — algo medido pelo *kan-ching*.*

Para ter um bom *kan-ching* era necessário haver um senso de bem-estar em uma vila ou cidade. Todos sabiam qual era seu papel nessa relação. Se o trabalhador não podia pagar o aluguel das terras, deveria conversar com o patrono até chegar a um acordo conveniente a ambos. Se, por exemplo, acontecesse um desastre natural ou algo que o

---

* Palavra chinesa que significa sentimento.

impedisse de pagar, o patrono deveria emprestar o dinheiro para ele sobreviver.

O *kan-ching* se tornou vital para um bom relacionamento na cultura dos negócios na China. Com a modernização do país, evoluiu para relações comerciais que se materializam por meio de troca de presentes, favores e amizades próximas. Reciprocidade é a palavra-chave. A forma de se comunicar, sendo objetivo, economizando nos gestos ocidentais e baixando o tom de voz, também é um fator essencial. Não dê tapinhas nas costas, tampouco aproxime-se demais — os chineses aprenderam a ser reservados.[8]

Nós alertamos que o negociador chinês parece sempre atencioso, cordial e risonho, mas é extremamente cauteloso e desconfiado. É um interlocutor que só fecha o negócio se "sentir" confiança na pessoa. Atentamos para o fato de que eles adoram barganhar e, naquela época, lançavam mão de um discurso conhecido como "estratégia do órfão": "A China é um país em desenvolvimento, muito pobre. Sua empresa é muito grande e poderia ajudar bastante o desenvolvimento chinês ao aceitar nossa proposta". Também explicamos que existem leis "invisíveis e não escritas", usadas pelo chinês como manobra para negar um acordo, argumentando que "a lei chinesa proíbe". Que lei é essa, dificilmente você vai saber.

Mostramos que a cultura do país venera os idosos. Uma vez na sala de negociação com um deles, fique de pé para saudá-lo, não use óculos de sol e nunca, sob hipótese alguma, cruze as pernas se ele estiver à sua frente. Na hora de dar seu cartão de visita, ofereça o documento com as duas mãos, posicionando-o com as letras viradas para cima, para que a pessoa possa ler o texto no exato momento em que o receber. Os chineses também gostam de recepcionar bem os clientes e nunca economizam em jantares, na hospitalidade e em presentes. A gente até alertava: se você disser que gosta de seda, é bem provável que o chinês te entregue dez metros do tecido no próximo encontro. Como retribuir tamanha gratidão? Nosso TCC respondia com uma lista de presentes aconselháveis: agendas de boa qualidade, *walkman* portátil, livro de fotos de sua região, artesanatos e CDs de música brasileira. Produtos "made in Taiwan", imagens de budas e leques, nem pensar!

São tradições que imperavam com mais força no meio empresarial chinês no final dos anos 1990, quando a internet não estava difundida, a informação era valiosa e o negócio dependia, sobretudo, de conhecimento (sobre fornecedores) e amizade (rede de aliados). Mesmo que alguns hábitos sejam mantidos em alguns cantos do país, nosso trabalho foi, principalmente, um espelho da época. E é claro que não ficamos só na teoria. Pegamos o dinheiro que poderia ser usado para uma festa de formatura e resolvemos comprar passagens. Aos 23 anos, fomos tentar fazer um negócio da China. Tínhamos uma estratégia, contatos importantes e conhecimento. E um plano simples: ficar milionários.

A China que eu conheci em 1997 era um país que se abria aos poucos — tanto para empresas estrangeiras quanto para a convivência com os próprios ocidentais. Com exceção do Liu, que se sentia em casa, eu e Ailton tínhamos dificuldade para absorver um ambiente e uma cultura tão diferentes. Para começar, os chineses nos olhavam como se fôssemos de outro mundo. Nossas características ocidentais chamavam a atenção e, não raro, eles nos paravam para tirar fotos. Queriam "ver de perto" o nosso "lado exótico" que se manifestava, para eles, não só na aparência física como também na nossa forma de andar, falar, gesticular e até xingar uns aos outros. E nós, de certa forma, fazíamos o mesmo. Era tudo completamente novo. Logo ao desembarcar, compramos uma filmadora, com um "zoom de 120 vezes", para registrar as descobertas. Tudo podia acontecer conosco, menos com o equipamento. As primeiras cenas gravadas mostram a nossa parada inicial. Bem-vindos a Hong Kong.

Cena 1

Pequena ilha que passou 150 anos sob domínio britânico, Hong Kong era uma cidade de contrastes, mesmo que o luxo brilhasse por toda parte. Já refletia o gigantismo que queria ter em seus grandes centros de convenções, cassinos flutuantes e arranha-céus, ao mesmo tempo cafonas e imponentes. Havia placas de empresas estrangeiras por toda parte: Toshiba, Motorola, Nokia, Siemens, NEC. Todas queriam garantir seu espaço naquela cidade que, enfim, voltaria a ser chinesa. O comércio era frenético, com lojas ocupando o térreo de vários sobrados residenciais. Mas a cobertura de boa parte deles mostrava a Hong Kong pobre que muitos pareciam querer esconder: construções mal-acabadas, feitas de material barato e sem nenhum conforto. O Ailton gravava esses dois lados antagônicos, enquanto narrava, com certa indignação: "Isso é Hong Kong! Uma cidade de contrastes!".

Para Pequim, que tentaria imitá-la nos anos seguintes, Hong Kong era uma cidade elegante e influente em negócios e cultura. Naquele ano, cerca de duzentos brasileiros moravam na região, segundo dados do consulado brasileiro na China.[9] A maioria desses habitantes era formada por mulheres, casadas com estrangeiros que desbravavam a terra ávidos por fechar bons negócios. Com alto custo de vida, Hong Kong também era famosa por ostentar um shopping a cada esquina, praticamente. Visitamos um deles. Era difícil absorver a multiplicidade de pequenas lojas, o exagero de iluminações e a quantidade de produtos exibidos em seus quase dez andares. Eles queriam vender simplesmente de tudo. Aquela China já parecia querer nos dizer algo. Próxima parada: Xangai.

Cena 2

Muito antes da era das bicicletas compartilhadas, da Uber e dos patinetes elétricos, as ruas de Xangai já eram uma confusão. Dividiam o mesmo espaço, sem faixas, carros, táxis, bicicletas, motos e mototáxis (que lembravam o tuk-tuk indiano). Não bastasse isso, os cidadãos passavam em meio a todos eles, como se não existisse a menor possibilidade de serem atropelados. O resultado? Era um show de buzinas a cada minuto, na linha do "salve-se quem puder". O Ailton ficava inconformado. Ele gravava toda aquela confusão e falava para fora do mototáxi: "Isso é Xangai, uma neurose!".

Para escapar dessa intensa movimentação, nós usávamos a linha metroviária da cidade. Com estações luxuosas, que lembravam saguões de hotéis de Las Vegas, o metrô nos deixava ao lado do consulado brasileiro na China. Liu tinha contatos importantes que o ligavam ao cônsul, e aquele era nosso ponto de partida para começar a fazer negócios. Sem essa ligação, considerando que não falávamos a língua e que ainda não havia um Alibaba para descobrir os fornecedores do país, dificilmente conseguiríamos sair do zero em qualquer empreitada.

Dentro do consulado, analisávamos os catálogos das empresas chinesas e, quando despertavam nosso interesse, pedíamos ao cônsul para agendar conversas com os donos. Também visitamos feiras de produtos de diversas áreas e fábricas, para fazer novos contatos e ganhar maior poder de barganha. No final, era tanta oferta, tanta oportunidade, que queríamos trazer tudo para o Brasil. Mas a gente já chegou com um foco: a ideia inicial era sermos sócios do Ailton em uma loja de confecção em São Paulo. Ele fabricava uniformes para escolas adventistas e queria buscar, na China, o que não havia em escala no Brasil: roupas de microfibra. Se fechasse o contrato por um bom preço, a importação do produto faria sucesso ao substituir o algodão por um material de maior durabilidade. Era essa nossa primeira aposta.

Já de cara percebemos que não bastava conseguir o contato dos fornecedores. Era preciso ter paciência. Os chineses nos deixavam esperando por horas, antes de nos atender para a primeira reunião. É assim que eles testavam a nossa "verdadeira disposição" para fechar um acordo. Uma vez reunidos, precisávamos garantir que o produto nos seria enviado seguindo especificações corretas. Eram horas de negociação e, ao final, eles ainda exigiam o pagamento adiantado. Também precisávamos participar de jantares seguindo várias regras sobre o que deveríamos comer e beber, para não fazer desfeita. Do contrário, tudo iria por água abaixo.

O Liu se divertia ao ver as caretas que fazíamos para engolir alimentos "exóticos" para nós, como tartarugas. Quem mais sofreu foi o Ailton, o típico brasileiro que gosta mesmo é de um prato de arroz com feijão, bife e batata frita ou de uma clássica pizza de muçarela. Na China, não havia nada disso. Ele emagreceu seis quilos durante a viagem. Foram semanas vivendo sob o regime dos caras e discutindo parcerias. Achamos que não daria em nada, mas, ao final, fechamos o negócio dos uniformes. Agora, era uma questão de viabilizar a operação no Brasil.

Pensaríamos nos detalhes ao desembarcar. Antes disso, porém, em nosso penúltimo dia em Xangai, o cônsul nos ligou dizendo que um empresário gostaria de nos conhecer. Nós argumentamos que já havíamos conseguido o acordo que buscávamos e recusamos o encontro. O cônsul insistiu, dizendo que não tinha a menor condição de negar um convite a um empresário. Paciência, mais uma vez. Decidimos ir sem saber sequer qual era o produto a ser negociado. Só sabíamos que ele era dono de uma fábrica importante e que preparara para nós um jantar imperdível.

Cena 3

Os chineses não economizam na hospitalidade. Naquela época, a tradição de oferecer a clientes jantares luxuosos e bebidas à vontade era fortíssima. Nos últimos anos, o governo passou a desestimular a prática, ao entender que havia exagero nos gastos das empresas estatais, como também poderia fazer mal à saúde das pessoas. Porque, afinal, bebia-se muito nessas ocasiões. E soubemos disso por experiência própria, para o bem ou para o mal.

A história do jantar já começou esquisita. O empresário enviou um carro para nos buscar, um indicativo que deixou até o Liu desconfiado, porque, naquela época, dificilmente uma fábrica tinha frota própria. Mas nós entramos e seguimos em frente. A casa ficava em uma área mais isolada, dentro de um condomínio fechado — um padrão não condizente com o salário médio de um alto executivo chinês. Ficamos pensando, mais uma vez, quem seria aquele empresário. Um milionário? Um político? Será que estávamos entrando em uma emboscada?

Fomos recebidos em uma grande mesa e nos sentamos ao lado do dono e de três chineses. Eu tentava me comunicar em inglês, o Ailton nem abria a boca e o Liu tentava se fazer entender em chinês. À nossa frente, um bar nada discreto, lotado de garrafas de bebidas de todos os tipos, rótulos e tamanhos. O anfitrião nos pediu para escolher uma delas para um "brinde". Nós recusamos — não costumávamos beber nem no Brasil, imagina na China, na casa de um estranho. "É contra a cultura deles recusarmos", disse o Liu, explicando que a bebida tem o poder de "relaxar" as pessoas durante uma negociação e, se o convidado se recusar a beber, o chinês interpreta o ato como uma negativa a ser amigo dele. "Vamos precisar brindar."

Eu não sabia qual bebida escolher, mas, de forma intuitiva e aleatória, apontei para uma garrafinha de barro, toda escrita em mandarim. O anfitrião arregalou os olhos, perguntou se aquela seria minha escolha e, diante da confirmação, nos serviu. "Um brinde a essa oportunidade!", saudou o empresário. Então, todos viramos a bebida. Argh! O primeiro gole desceu rasgando. Eu nunca havia tomado nada tão forte e tão ruim. O Ailton estava paralisado, enquanto o Liu, que é alérgico a álcool, tentava controlar o refluxo. "Só pode ser veneno de rato", sussurrei a eles. Primeiro gole, nos primeiros minutos da visita, e já não estávamos sóbrios. Mas não parou por aí: veio o segundo brinde. "Agora, um brinde aos negócios entre Brasil e China". Argh! Ninguém conseguia esconder a careta.

Quando a comida chegou, outro susto. Um ensopado de tartaruga e mais uma série de aperitivos que não seríamos capazes de identificar nem se estivéssemos sóbrios. O Ailton tentou disfarçar e, já sabendo que não poderia fazer desfeita deixando comida no prato, começou a esconder os olhos da tartaruga e outras partes não identificáveis de alimentos em uma planta ao lado da mesa. Eu não acreditava. Bêbado, gritava em português: "Não joga isso fora! Deve ter custado cem dólares".

Ninguém entendia nada e achavam que eu estava brincando. Todos caíam na risada. Então, nosso anfitrião atacou mais uma vez e sugeriu o terceiro brinde da noite. "À família!", gritavam os chineses. O Liu estava sentado, mas sua mente já não estava presente. O Ailton estava chorando de rir, dizendo que não aguentava mais beber. Eu tentava articular um discurso sobre as oportunidades do Brasil, mas meu inglês já enrolava. Veio o quarto brinde. O quinto. E nós não podíamos recusar. Eu já nem sabia sobre o que estava falando. A tradução chegava errada. Estávamos completamente bêbados. O jantar virou um caos.

Foi quando percebi que meus amigos haviam sumido da sala. Fiquei desesperado. O que teria acontecido com eles? O que vai acontecer comigo, aqui, sozinho, neste lugar isolado? Fui checar se eles estavam no banheiro. Respirei, aliviado. Encontrei os dois, mas as condições eram, digamos, nada favoráveis. Voltamos para a sala envergonhados, querendo fugir dali o mais rápido possível. Já estava tudo perdido. Negócio nenhum sairia dessa confusão.

Começamos a andar em direção à porta até que o empresário, dono da casa, posicionou-se à nossa frente. Ele, que estava sempre sorrindo, ficou completamente sério. "Vou explicar um negócio para vocês." Pronto, já era. Nós vamos sair daqui presos, só pode ser. Enquanto, movido pelo álcool, confabulava as piores teorias, ele me explicou: "A bebida que você escolheu é a pior que existe. É mais forte porque é justamente a bebida do Confúcio. Não sei se você sabe, mas foi o Confúcio que uniu a China. Então, tomar essa bebida faz parte da nossa cultura. Para nós, significa celebrar com a família".

Ainda não sabíamos aonde ele queria chegar, afinal, nós não éramos família de ninguém ali. "Como essa bebida é muito forte, quem toma pode exibir dois comportamentos. Ou fica muito mal-humorado, triste, e dorme, ou fica extremamente alegre. Quando a pessoa fica alegre é sinal de que os negócios vão dar certo. Vocês ficaram felizes. A representação, portanto, é de vocês." Inacreditável. Um verdadeiro milagre do Confúcio. Apertamos as mãos, sem saber que representação era essa, mas felizes por termos sobrevivido ao teste.

O empresário disse que entregaria os produtos no dia seguinte, no saguão do nosso hotel. No momento em que partíamos para o Brasil, várias caixas enormes chegaram ao local, conforme combinado. Abrimos e descobrimos, afinal, a que produto a negociação se referia. O tal do empresário era dono de uma empresa química de polímeros — composto usado para fabricar plástico e isopor. Que loucura! Era dificílimo conseguir uma representação desse nível, ainda mais considerando que nós éramos jovens, inexperientes e estrangeiros. Voltamos animados, com a representação e com os uniformes dos adventistas. Só não sabíamos, ainda, que os nossos dois planos iriam por água abaixo.

A crise dos Tigres Asiáticos explodiu em julho daquele ano, pouco tempo depois do nosso retorno. A Bolsa de Valores de Hong Kong despencou, bancos perderam bilhões de dólares em depósitos e muitas fábricas fecharam. As exportações das economias emergentes da Ásia caíram de forma desastrosa e a crise respingou em outros países, inclusive no Brasil, que precisou elevar os juros. O dólar disparou e nós perdemos a vantagem competitiva. Não valia mais a pena trazer os polímeros.

Os uniformes também não deram certo. A produção não saiu conforme o planejado. Quando abrimos as caixas, percebemos que a numeração e os tamanhos estavam completamente errados, em padrões chineses que não funcionariam por aqui. Conseguimos vender apenas um lote e desfizemos o nosso acordo. Uma pena. Uma empresa formada por nós três bem que poderia dar certo: o linha-dura (Ailton), o sociável (eu) e o sossegado (Liu). Mas valeu a pena conhecer a China, com eles, aos 23 anos. E nossa amizade segue firme.

Aprendi lições valiosas sobre negócios que utilizo até hoje — inclusive em parceria com o próprio Liu, que se tornou um dos maiores especialistas em China, atuando nos bastidores de vários projetos importantes. O Ailton fez carreira no comércio e é diretor de uma loja conceituada na 25 de Março, no ponto comercial mais movimentado de São Paulo. É feliz com sua rotina disciplinada, das sete da manhã às cinco da tarde, e que não exige comer tartarugas para negociar com ninguém — mesmo que sua loja, hoje, importe vários produtos chineses. A viagem com eles me trouxe a oportunidade de ter contato com esse país muito cedo, bem antes de ele se tornar a potência tecnológica e conectada que se tornaria anos mais tarde.

A minha segunda viagem à China ocorreu nove anos depois, em 2006. Parecia outro país, com uma nova atmosfera de negócios, empresas e tecnologias. Já era um dos mercados importantes para a Microsoft na área de busca e eles queriam entender o que fazia o Baidu, fundado em 2000, conquistar tamanho alcance.

Naquele momento, as empresas chinesas que se tornariam globais e dominariam o topo do mercado de tecnologia já existiam. O buscador parecia ser uma delas. Não só pelo alcance, mas principalmente por sua estratégia: a empresa nunca deixou o Google abocanhar fatia significativa do mercado chinês. O Baidu começou a crescer quando fez acordos com diversos cibercafés, para inserir seu motor de busca nas máquinas dos estabelecimentos. Era em locais como esses, e não em um PC doméstico ou de escritório, que muitos chineses tinham seu primeiro contato com a internet.[10]

No começo, o Baidu ganhou adesão ao oferecer uma busca independente de música, permitindo que os usuários fizessem downloads de sites terceirizados (e muitas vezes de arquivos não licenciados). Quando o Google lançou a ferramenta de publicidade on-line, o AdWords, o Baidu montou uma plataforma parecida e empregou legiões de trabalhadores para fazer ligações para os chineses, explicar o negócio e convencê-los a anunciar ali. Foi uma estratégia local que funcionou porque a internet era um conceito recente. Um cenário parecido com aquele que vivi nos tempos de UOL quando, antes de vender anúncio, precisávamos vender a própria web. O Baidu foi a primeira empresa chinesa a abrir capital nos Estados Unidos e, com a listagem na Nasdaq, levantou 109 milhões de dólares.[11]

Ao longo de sua trajetória, a empresa também contou com incentivos governamentais para ganhar espaço e investiu em propagandas que apelavam para o nacionalismo. Em 2010, viu o Google ser censurado e expulso do país. Tinha tudo para continuar seu monopólio, mas não foi o que ocorreu. Não acompanhou a transição do PC para os celulares e, quando começou a correr atrás, os chineses já estavam pesquisando tudo nos aplicativos — e não precisavam mais do Baidu. Duas empresas, em particular, roubaram esse espaço que um dia foi dele. Em 2010, na minha terceira visita ao país, eu pude ver o começo dessa mudança de cenário, e visitei a sede da empresa que se tornaria a maior de internet do país.

A antiga sede da Tencent já impressionava. Em 2010, o escritório da empresa ocupava 69,7 mil metros quadrados dentro do complexo tecnológico de Shenzhen. O edifício de 39 andares, com mais três subterrâneos, foi um marco não só na trajetória da empresa como também para a própria cidade. Localizada a 27 quilômetros de Hong Kong, no sul da China, Shenzhen é chamada de "Vale do Silício do hardware".

Atraiu muitas empresas privadas nas últimas décadas, por ter sido a primeira Zona Econômica Especial (ZEE) do país. As ZEE foram o ponto de partida para a abertura comercial implementada a partir de 1979 pelo ex-líder chinês Deng Xiaoping.

No ano em que visitei a cidade e o prédio da empresa, eu estava representando o Buscapé, ao lado de Romero Rodrigues e de André Ghion, em uma das viagens organizadas pela Naspers. O conglomerado sul-africano já estava por dentro dos planos grandiosos da Tencent desde 2001, quando virou seu primeiro investidor pela quantia de 34 milhões de dólares. Mas a Naspers não chegou na China sabendo que a Tencent era uma joia discreta e escondida. Havia adquirido um jornal, seguindo sua linha de investimentos em mídia, e, quando a publicação foi estatizada, o conglomerado usou o capital da venda para adquirir cinquenta por cento da plataforma de mensagens QQ, recém-criada pela Tencent. Quando chegamos lá, em 2010, a Naspers colhia muitos frutos e resultados dessa decisão.

O relatório financeiro do grupo daquele ano mostra que a QQ havia atingido 105 milhões de usuários e que as plataformas de jogos on-line cresciam à medida que a internet na China ganhava usuários. A Tencent aumentava seu investimento em pesquisa e desenvolvimento para criar serviços melhores e mais completos. Estava longe de ter o tamanho que possui hoje, ainda ficava atrás do Baidu. Também não lutava de forma acirrada com o Alibaba, a segunda empresa que viria a ganhar do Baidu ao construir um verdadeiro império no e-commerce. Mas já dava sinais claros de aonde queria chegar. E eles estavam por todos os cantos de seu prédio.

As paredes traziam grandes pôsteres de heroínas do *Perfect World*, o jogo de MMORPG (Massively Multiplayer On-line Role-Playing Game). A empresa apostava várias fichas nessa categoria de games, que permite a jogadores criar personagens em um mundo dinâmico e virtual. Em 2019, a nova versão mobile do jogo rendeu 100 milhões de dólares à Tencent somente na versão para iPhone e atingiu mais de 4,5 milhões de dólares em gastos diários de jogadores. Durante esta última década, a Tencent construiu um império de serviços financeiros vendendo "vidinhas" de vários jogos.

SE NÃO FIZERMOS, O CHINÊS VAI VIR E LEVAR TUDO

A visão ambiciosa e global da Tencent no lucrativo negócio de jogos on-line, aliás, ficou clara para mim no dia em que visitei o prédio. Foi quando soubemos que a empresa iria comprar a norte-americana Riot, dona de jogos de sucesso como o *League of Legends*. O acordo de 400 milhões de dólares só seria anunciado publicamente em fevereiro de 2011, mas tive a chance de conhecer e presenciar conversas com Brandon Beck e Marc Merrill. Simpáticos e animados, esses dois jovens fundaram a Riot em 2006, estúdio que produzia jogos rápidos para as pessoas se divertirem a qualquer hora, até em uma pausa durante o almoço.

O *League of Legends* só chegaria ao mercado dois anos depois. Combinando sessões de luta rápida em cenários fantasiosos, explodiu em popularidade. Tornou-se um protagonista no mundo dos e-sports, competições de jogos eletrônicos que lotam estádios, e criaram uma indústria milionária. As partidas ao vivo do *League of Legends* já geravam, em 2014, uma audiência maior do que a final da NBA.[12]

Da visita à Tencent naquele dia, também recordo que éramos impedidos de visitar várias áreas do prédio. Os funcionários da empresa temiam que nós, visitantes, tivéssemos acesso a dados confidenciais. Esse temor me surpreendeu à época — em 2010, poucas empresas falavam sobre privacidade, cibersegurança e uso de dados de usuários. Logo percebi que aqueles caras estavam construindo um mundo à parte, reunindo milhões de dados para que pudessem dominar grandes ecossistemas no futuro. Mas, objetivamente, eu não tinha evidências dessa estratégia. Mesmo porque, naquele ano, a Tencent — assim como várias empresas chinesas — estava focada em copiar o que via de melhor. Grande parte do que acontecia fora elas replicavam em seu país.

Queriam aprender a construir as inovações que faziam sucesso no mundo — para, depois de imitá-las, customizá-las e levar uma versão mais atrativa ao usuário, com grande potencial de sucesso. No mundo dos negócios, chamamos essa prática de "copycats". E Shenzhen estava cheia deles. Uma análise publicada pela *Economist*, em 2017, com o título "O milagre de Shenzhen", apontava que os copycats possibilitaram às empresas da cidade construir um ecossistema poderoso de fornecedores, empreendedores e fábricas, o que garantiu capacidade e estrutura para criar, executar e vender o mais rápido possível. "Qualquer um pode chegar hoje a Shenzhen com uma ideia de protótipo, testá-la, fabricá-la e colocá-la no mercado a um preço decente", diz a matéria.[13]

Em 2016, a cidade possuía 5,6 empresas de alta tecnologia por metro quadrado e uma média de 51 pedidos de patente sendo autorizados todos os dias. Um detalhe curioso é que as empresas de Shenzhen registram mais patentes internacionais (que são, em sua maioria, de alta qualidade) do que as da França ou da Grã-Bretanha. Além da Tencent, a cidade é sede de empresas como a DJI, que ganhou protagonismo no mercado de drones, e a Huawei, que construiu um império nos smartphones e não tem medido esforços para se posicionar à frente na tecnologia 5G. O que diferencia Shenzen de outras cidades inovadoras chinesas é o ambiente de negócios estimulado por todas essas empresas e seus empreendedores. Há leis mais amigáveis aos investidores estrangeiros e um arcabouço jurídico que permite, digamos, caminhos mais flexíveis do que aqueles encontrados em outras partes da China.

Com seus prédios de design icônico, a cidade parece estar deixando para trás aquela China que eu estudei, pela primeira vez, em 1997: industrial, com produção a partir de itens importados e mão de obra barata. Mais de quatro por cento do seu PIB é direcionado a pesquisa e desenvolvimento, o dobro da média do continente asiático. E seu PIB, em 2018, foi de 2,4 trilhões de iuanes, ultrapassando o de Hong-Kong.[14] Hoje, eu já penso que a definição de "Vale do Silício do hardware" é insuficiente para a cidade.

O prédio gigantesco da Tencent que visitei ficou pequeno para abrigar o seu crescimento nos últimos cinco anos. Sua nova sede espelha essa grandeza e foi projetada para receber até 10 mil funcionários.[15] Com projeto arquitetônico do mesmo escritório que desenhou os prédios do Google e da Amazon, a Tencent construiu duas grandes torres — interconectadas por passarelas — cujo acesso só é permitido por reconhecimento facial. É praticamente uma nova empresa.

O ritmo frenético da inovação chinesa está ainda mais acelerado nos anos recentes. Com o crescimento, a criação de cases mundiais, como a Tencent e o Alibaba e o investimento do governo em tecnologia no longo prazo, a China também vem perdendo algumas formas tradicionais de fazer negócios. Como diz meu amigo Liu, é difícil replicar fielmente aquelas regras nas quais nos pautamos para escrever o TCC e que utilizamos em nossa viagem, porque a China parece ser um novo país a cada seis meses.

Há alguns fatores que não mudaram, porém. Na mesa de negociação com um chinês, dificilmente ele mostrará sinais de discordância ou de desentendimento sobre o que você está falando. O que não quer dizer que tudo está indo bem. Eles funcionam sob outra lógica, pensam em outro contexto e perspectiva. Você pode sair da reunião achando que tudo ficou combinado de um jeito e, na prática, receber uma execução completamente diferente. O que eu faço, até hoje, é formalizar o combinado. Repasse a estratégia acordada, bem como o roteiro de execução, em *bullets points* — e só comece o negócio depois que os mínimos detalhes estiverem alinhados. Foi algo que aprendi lá em 1997, com a história dos uniformes de tamanho errado, e que nunca mais deixei de aplicar. Os chineses também são extremamente apegados à forma amiga de fazer negócios. Se não houver empatia, não tem acordo. O que mudou mesmo é a forma de essa relação ser cultivada e praticada.

Grande parte do poder e sucesso que as empresas de tecnologia chinesas possuem atualmente vem do contexto em que foram criadas, como já contei aqui. Além disso, a China é um país que sabe onde quer estar daqui a cem anos. O governo executa planos de longo prazo em várias frentes, como a pesquisa, a educação, a economia, a agricultura e a medicina. Também estimula, de uma forma ou de outra, o desenvolvimento de uma mentalidade empresarial que encara o mundo como um grande mercado, que pode ser desbravado a partir da experiência local de atingir grandes massas com produtos criados potencialmente para 1 bilhão de chineses.

Muitas das empresas "badaladas" hoje não têm nem vinte anos de existência. O que significa que elas não carregam uma pesada infraestrutura tecnológica formatada no "mundo" pré-web. Nasceram pensando no mundo digital, em modelos que já agregam produtos e serviços variados em uma única plataforma, tornando mais fácil e rápido adicionar novos serviços e produtos ao negócio. Puderam olhar para experiências de fora e absorver o que deu certo, sem precisar necessariamente se preocupar em continuar gerando um caixa com a estrutura que as sustentou por décadas.

Muitas empresas chinesas, aliás, pularam aquela fase sofrida do começo do e-commerce, quando as pessoas não aceitavam colocar os dados de seu cartão de crédito na web. Outras, como o próprio WeChat, já nasceram no mundo mobile. Ao não precisarem se preocupar com legados, os chineses conseguiram se conectar mais facilmente entre si, criando ecossistemas que dificilmente uma empresa ocidental — nos Estados Unidos ou no Brasil — é capaz de replicar na mesma medida e escala de funcionalidades, seja pela massiva competição, seja por mentalidade, seja pela quantidade de impostos, regras e burocracias financeiras.

O outro lado dessa história é que, por não passar pelas várias fases de evolução da web, muita coisa ainda é feita de forma amadora na China. É só comparar o design que o WeChat proporciona com o design do app de pagamentos da Apple, lançado em 2019. Em termos estéticos e de experiência, a navegação da dona do iPhone dá um show. É elegante, foi desenhada nos mínimos detalhes, é "clean", feita para um usuário que se acostumou a navegar em produtos digitais esteticamente bem trabalhados. O WeChat não é atrativo visualmente para nossos padrões ocidentais e é capaz até de nos perdermos diante de sua profusão de serviços.

São, contudo, esses caras que executam projetos em tecnologia de forma "aparentemente" amadora que carregam a visão de futuro mais avançada dos negócios. Nem faz tanto tempo da minha primeira viagem ao país, quando nós, os ocidentais, éramos vistos com curiosidade, éramos os estrangeiros que pareciam saber tudo. Agora essa equação parece ter se invertido — e somos nós que cultivamos uma enorme curiosidade pelo mundo que eles estão construindo. E a China ainda tem um interior gigante para desbravar, conectar e vender produtos. É praticamente uma bomba-relógio.

Há boa dose de marketing nessa história — porque os chineses aprenderam a se vender para o mundo. É também difícil confiar inteiramente nas métricas que divulgam, como o próprio PIB. Mas eles já vêm demonstrando, há algum tempo, que um dos caminhos de sucesso na tecnologia do presente — e do futuro — é investir em funcionalidade (foco no produto) e ecossistema (foco nos usuários). Demonstraram como criar serviços financeiros em grande escala sem ser um banco. Foi a visão de tudo isso que vi na China, nas últimas duas décadas, que apresentei a Henrique Meirelles, então presidente do conselho do Banco Original, em 2014. Foi essa visão que o fez me contratar, um outsider no setor financeiro, para construir o primeiro banco digital do país.

10
Banking is necessary, banks are not[1]

"você começa amanhã." Foi essa a última frase que ouvi de Henrique Meirelles, antes de ele se levantar e caminhar até a porta da sala de reuniões em que estávamos, dentro da sede do Banco Original. "Amanhã é impossível, Meirelles." Com a autoridade do cargo de presidente do conselho do banco e a firmeza de quem construíra grandes projetos no mundo financeiro nas décadas anteriores, Meirelles virou-se para Marcelo Santos, então diretor corporativo da instituição, e disse, sem hesitar: "Resolve. Amanhã, ele precisa estar aqui. Tchau". Bateu a porta e saiu andando. Era maio de 2014 e eu acabava de entrar em uma sinuca de bico.

Apenas dois meses antes, havia deixado o Buscapé para construir um fundo de *venture capital*. Meu parceiro era o Rodrigo Borges, um dos três R's da formação original de fundadores do Buscapé. O fundo, Koolen & Partners, me animava não somente por focar em empresas de internet como também por ser uma chance de ajudar, agora como investidor, empreendedores brasileiros. Mais do que isso, nasceu com o nome, apoio e capital de um pioneiro na internet: Kees Koolen — o holandês que apostou no site de reserva de hotéis Booking em 1997, participou em 2005 da venda da empresa por 135 milhões de dólares para o Priceline.com e, como CEO, transformou-a em uma gigante do turismo global. Mais de 1,5 milhão de diárias são reservadas dentro da plataforma diariamente.[2]

No ano que se juntou a nós, Koolen já era investidor de dezenas de start-ups, executivo importante dentro do conselho da Uber e acreditava que o empreendedorismo brasileiro estava cheio de oportunidades. Realizava investimentos no país em parceria com Marcello Gonçalves, executivo com passagens por instituições financeiras como Barclays, Lloyds e ABN-Amro. Foi Marcello, aliás, quem nos apresentou ao holandês. Negociamos com Koolen uma pequena fatia de participação na Hotmart, plataforma para operação e distribuição de conteúdo digital que recebera investimento do Buscapé.[3] Quando Borges e eu deixamos a empresa e começamos a estruturar um novo fundo, Marcello uniu todas as pontas. Recrutou Koolen, e o holandês recrutou Marnix van der Ploeg, profissional que atuou por uma década no time financeiro do Booking.com. E foi assim que todos nós nos conectamos como "partners". Juntos, estruturávamos um fundo inicial de 37 milhões de dólares — sendo setenta por cento de recursos próprios.[4]

Quando vivia esse momento, outro Marcelo, o Santos, do Banco Original, me ligou. Ao apresentar a proposta da criação do banco digital, ele ouvia atentamente meus comentários — queria entender se eu tinha o perfil que procurava. Nós não nos conhecíamos. Ele achou meu nome em uma busca que realizou, de madrugada, no LinkedIn. Fazia dois anos que o Original havia sido criado, um banco com patrimônio de 2 bilhões de reais, mas seu projeto digital ainda não deslanchara. Em seus corredores, circulavam executivos do mercado financeiro tradicional, que haviam trabalhado com Meirelles no BankBoston, ou passado pelo Banco Real. Extremamente técnicos e detalhistas, entendiam muito de regulação e de investimento, mas tinham a cabeça, ainda, no mundo off-line. O conceito de "digital", aliás, nem era claro dentro da empresa naquele momento.

A missão de Meirelles era construir um banco que eliminasse a agência da vida das pessoas, sem desrespeitar uma legislação que subentendia a presença física de um gerente durante a abertura de contas, e o medo de fazer algo fora da lei paralisava toda essa turma. Mas, sem uma grande inovação, seria dificílimo concorrer com Itaú, Bradesco, Banco do Brasil e Santander. Não poderíamos transformar os processos mantendo a burocracia — mesmo que fosse uma "burocracia digital". Foi por essa razão que Marcelo percebeu que não dava só para contar com o executivo financeiro tradicional e foi à caça de profissionais com "perfil digital", capazes de trazer uma visão nova, ágil e criativa, mas que estivessem dispostos a trabalhar com pessoas de diferentes mentalidades e formações.

"Oi, Guga. Tudo bom?"

Caraca, o Meirelles sabe o meu nome.

"Descobri que você tem uma ideia muito boa dentro deste novo mundo. E eu quero conhecer tudo isso."

Claro, Meirelles. Com todo prazer. Abri o notebook e expliquei a visão construída como um "outsider do setor financeiro", mas a partir da experiência de quinze anos em empresas de internet.

Em 2016, o Brasil já começava a vislumbrar uma pequena revolução motivada pelo surgimento das fintechs — as start-ups que se destacavam lançando produtos financeiros acessíveis pelo celular dos clientes. Sem agência e sem porta giratória, com um ou dois cliques. Comentei que essas empresas não haviam inventado a roda. A inovação foi aplicar tecnologia em um mercado que nasceu, cresceu e se acostumou a viver no mundo off-line ou utilizando o mínimo do potencial de ferramentas tecnológicas.

Os primeiros bancos surgiram no século XVII e, desde então, todos os serviços foram oferecidos em locais físicos, que depois ganhariam o nome de agências. Era um atendimento que envolvia muitos papéis e pessoas intermediando processos. A segunda onda bancária viria mais de trezentos anos depois, quando, em 1990, os bancos olharam para uma nova forma de atender clientes, aproveitando-se da criação da web. Era o começo do internet banking. O serviço on-line, porém, era restrito e mantinha grande parte das operações nas agências. Os celulares mudariam esse cenário de novo, porque as pessoas passariam a querer fazer tudo na palma da mão. E não bastava apenas ter um aplicativo, era preciso recriar a experiência, passar a entregar aquilo que o cliente quisesse.

Talvez por causa disso eu falasse muito mais com o Meirelles de um futuro financeiro através do WeChat, da Uber e da Starbucks do que a partir de cases globais de finanças. As instituições tradicionais demoraram a entrar nessa onda e as fintechs em crescimento não eram bancos digitais completos — e nem poderiam ser, a princípio, em razão da regulação. Mostrei tudo o que havia visto na China, a visão sobre experiência do usuário, a importância de construir ou se posicionar dentro de um ecossistema digital. Defendi a tese de que era uma questão de tempo para que empresas de tecnologia, criadas fora do mercado financeiro, se transformassem em operações bancárias. Os concorrentes dos bancos já não estavam mais na agência vizinha. O futuro do produto financeiro estava em chegar aonde o usuário estivesse, fosse no cartão da sua loja de café preferida, fosse no aplicativo de mensagens chinês. Citei uma frase que é atribuída a Bill Gates: *"Banking is necessary, banks are not".*[5]

Quando o Meirelles deixou a sala, comentei com Marcelo Santos que havia adorado compartilhar minha visão, mas não dava para simplesmente largar o fundo. Eu também não queria, a princípio, voltar a ser funcionário. Ele entendeu, mas não desistiu. Havia gostado de mim. Sugeriu me colocar como consultor, o que exigiria minha presença no banco apenas duas vezes por semana. Eu nem tinha pensado que essa possibilidade existia, mas era uma ótima ideia. Poderia tocar os dois ao mesmo tempo e entender se o projeto do Original me motivaria.

Não deixei a Koolen, mas, ao entrar no Original, optei por não colocar capital próprio no fundo. Como várias apostas mostraram-se bem-sucedidas,[6] eu teria feito muito dinheiro se tivesse ficado lá, aportado o que tinha (que não era muito) e seguido uma vida como investidor. O caminho seria outro — talvez até menos puxado e sofrido. Mas, quando abracei o projeto do Original, decidi colocar meu cérebro e toda a minha vida ali. E isso para ouvir, logo de cara, que poderia ser preso se tentasse inovar. A história do primeiro capítulo deste livro, sobre a abertura da conta digital, mostra que não foi fácil. Continuou não sendo até 2017, mas foi o projeto mais desafiador da minha carreira, que me transformou em um "especialista em fintechs" e colocou o Original na terceira onda da revolução bancária. Acompanhei de perto um mercado que cresceu de forma vertiginosa no Brasil — eram 309 fintechs em 2017, quatrocentas em 2018 e mais de quinhentas em 2019. A esmagadora maioria delas surgiu durante os anos em que participei dos projetos mais inovadores do Banco Original.

E, após o sucesso dessas implementações, o Guga que não vinha de banco passou a ser requisitado para participar de palestras e conferências do setor, mostrando como era possível inovar em conta-corrente, extrato e investimentos. E esse Guga, híbrido, com conhecimento digital e financeiro, foi formado no Original. Eu não fui o único. Por seu pioneirismo e façanha, o primeiro banco cem por cento digital do país proporcionou ao mercado uma leva de novos profissionais — financeiros e digitais — com motivação suficiente para não se intimidar com regras e regulações preestabelecidas. Foi uma escola, que fez nascer pelo menos cinco CEOS.[7]

Cheguei ao banco como consultor e demorou um tempo para eu entender como a dinâmica interna da empresa funcionava. Havia um exército de gerentes já contratados para tocar o projeto de abertura digital da conta via tablet. Essa era a prioridade. Eu dizia que aquele modelo não era escalável e que daquela forma não conseguiríamos atingir 1 milhão de clientes em um ano. Não bastava, porém, a minha visão. Era preciso que ela fosse a visão de mais gente.

Em 2014, a economia compartilhada — com o exemplo da Uber à frente — era novidade. Ninguém falava o nome "fintech". O termo começou a ser explicado na mídia brasileira no final de 2015 e ganhou matérias e levantamentos em 2016, quando existiam algumas dezenas de start-ups especializadas em tecnologia financeira. No exterior, eram algumas centenas.

Ninguém as temia, ainda. Poucos bancos achavam que precisavam mudar. Estavam relativamente confortáveis. Por essa razão, no Original, o conceito de "digital" ainda era indefinido. Era natural pensar em inovações incrementais — e não disruptivas. Mas a onda de transformação no setor estava chegando e nosso banco já nasceria velho, se não conseguíssemos construir um conceito totalmente novo.

Foi quando comecei a organizar pequenas palestras "de nivelamento" para funcionários do Original. Enquanto pressionava o grupo executivo acima de mim, eu me encontrava com os times intermediários, em reuniões de até trinta pessoas. Apresentava a eles uma palestra ainda mais ampla do que a que mostrara ao Meirelles. Dizia que muita gente estava tentando construir um mundo novo (banco no celular) com ferramentas antigas (gerente e tablet). Apresentei o que considerava casos internacionais de sucesso, como a Venmo, start-up criada por colegas da Universidade da Pensilvânia em 2009, como uma plataforma de SMS para conectar pessoas que quisessem transferir dinheiro e que evoluiu para uma rede social de pagamentos. Ganhando investimento do PayPal, a Venmo já sinalizava, naquele ano, a possibilidade de um mundo sem dinheiro físico.[8]

Na minha fala, também comentava sobre o caso da Starbucks, que já estava monetizando um serviço (cartão pré-pago) que nem era seu produto principal (café). A sacada foi começar a oferecer vale-presentes que só podiam ser gastos dentro das lojas. Os clientes gostaram e, no final de 2013, colocaram 1,3 bilhão de dólares dentro dos vales que podiam ser consumidos em três meses. Enquanto não debitassem esse valor, a Starbucks ficava com dinheiro parado na conta que precisava gerenciar, tal qual um banco. Que empresa não quer um adiantamento de recebíveis assim? Bem, a estratégia não só fidelizou as pessoas como trouxe novos clientes que gastavam em produtos mais caros — porque, afinal, haviam ganhado de presente. No início de 2014, 25 por cento das vendas das lojas vinham dos cartões.[9]

A empresa deu mais um passo e "inseriu" o vale dentro do celular, oferecendo uma proposta praticamente irrecusável: coloque dinheiro no nosso aplicativo, com cartão pré-pago, e pegue sua bebida sem precisar esperar na fila. Muitas vezes, não é o produto principal que traz o dinheiro. Como aprendi no mundo da internet, um serviço dentro de um grande ecossistema transforma empresas inovadoras em empresas milionárias. Insistia que nós não precisávamos necessariamente pedir permissões de todos os lados para criar as inovações. Meu maior exemplo era a Uber, que gerou uma mudança na dinâmica do transporte em grandes centros urbanos sem medo de esbarrar na regulação de cada país.

Comecei a impactar positivamente algumas pessoas. Passei a ser um cara conhecido no banco. Entre idas e vindas, ganhei adeptos, e descobri profissionais que compartilhavam dos meus anseios e opiniões. Muitos deles vinham me procurar, dividindo dados e informações. Eu os ouvia, anotava suas ideias, e, assim, ia preparado para as reuniões com a diretoria. Citava o nome das pessoas que estavam ajudando a construir novas visões e, com esse simples incentivo, muitos funcionários começaram a se esforçar para interagir e contribuir com ideias. E não era nem uma questão de estimulá-los a pensar "fora da caixa". Hoje, eu costumo brincar em minhas palestras que quem está numa empresa que valoriza quem pensa "fora da caixa" está no lugar errado. Porque, se a empresa valoriza isso, ela é, no fim, uma enorme caixa. E nunca vai sair do lugar.

Até a abertura de conta digital, porém, não estava claro para muitos deles, chefes e subordinados, se minha visão seria implementada. Era natural. O novo assusta. Ainda mais no setor financeiro, que trabalha sob a regulação do Banco Central, vive sob as regras da Basileia e responsabiliza diretores estatutários por perdas no patrimônio — que podem até sofrer um processo administrativo e ser impedidos de trabalhar no setor. Os questionamentos eram inevitáveis: "Mas se o Banco Central vier para cima?", "E se o cliente não gostar?", "Será que funciona mesmo?", "Precisa ter talão de cheque no aplicativo?", "Mas o banco sempre fez desta maneira. Por que mudar?".

O que fazer nessa situação? Mostrar que os riscos podem ser calculáveis, ou seja, na prática, inserir a conta da inovação no orçamento da empresa. Quando estava fazendo o protótipo de abertura de contas, me questionaram sobre a possibilidade de esse processo gerar contas fraudulentas. Por mais seguro que nosso aplicativo fosse, a fraude é sempre um risco possível. Eu pedi para a equipe me ajudar a montar um plano de negócios que previsse um percentual aceitável de problemas para o total de contas abertas. Definimos quanto as fraudes nos custariam e o que ganharíamos ao diminuir a estrutura operacional e agilizar o processo de abertura de contas. Mesmo arredondando para cima, o cálculo das potenciais fraudes representava uma porcentagem mínima dos ganhos. Não existe erro zero. Levei os números ao Meirelles, que gostou da estratégia. Mesmo assim, tínhamos também um plano de contingência, que previa um outro projeto, caso o Banco Central não aprovasse meu protótipo. Não precisamos.

A abertura da conta pelo celular foi um marco no setor financeiro, e, embora o projeto tenha demorado mais do que gostaríamos, saímos na frente mesmo assim. O Original se tornou o primeiro banco cem por cento digital a oferecer, através de um aplicativo, a abertura de conta, transferências e vários serviços financeiros. Para resolver o dilema do saque — já que não tínhamos agência — fizemos inicialmente uma parceria com o Banco 24Horas. O lançamento também me deu força internamente para espalhar muitas outras ideias. Era só o começo da nossa jornada.

Ter todos os serviços de um banco no aplicativo de celular foi uma ideia concebida em um novo formato de trabalho, que eu levei ao Original ainda como consultor. Com o apoio da direção executiva e do RH, montamos o departamento de estratégia e inovação digital. Minha ideia era criar vários times multidisciplinares que atuariam em diversas frentes do negócio do banco. Pouco tempo depois, muita gente no mercado entraria em contato com esse tipo de organização por meio de metodologias de trabalho como Agile e Squads.[10]

Quando falamos de inovação, a tecnologia é apenas uma ferramenta para você chegar lá. Toda a estratégia para criar um produto ou serviço tem que ser diferente. Era importante que os times fossem pequenos, e, para explicar o motivo, apresentei o modelo que Jeff Bezos implementara na Amazon: o "Pizza Team". "Pizza o quê?", me perguntaram. "Um time que constrói produtos não pode ter mais gente do que é possível alimentar com duas pizzas." Se você precisa de mais pizza, quer dizer que há pessoas demais na sala, pouco consenso e várias dúvidas. Perde-se tempo, a burocracia aumenta. O futuro seria construído com times pequenos, ágeis e multidisciplinares, eu defendia. Desde aquela época, acreditava que uma equipe assim dificilmente seria substituída por inteligência artificial.

Eu também passava um vídeo sobre a cultura do Spotify, a plataforma de música digital que, naquela época, já tinha 60 milhões de usuários, sendo 15 milhões de assinantes que pagavam para evitar as propagandas.[11] A empresa dizia viver a "cultura de engenheiro", na qual times com poucas pessoas tinham autonomia para ter uma ideia, construí-la e colocá-la no ar. Metodologias diferentes viriam para criar um fluxo de informação, alinhar o mínimo necessário e garantir agilidade nos processos.[12]

Para o time ser pequeno, porém, era preciso ter pessoas com funções, experiências e habilidades diferentes. Colocar na mesma sala alguém de marketing, design, tecnologia e análise de dados, por exemplo. Foi então que surgiu o primeiro desafio no Original. Quando pedi para contratar um cientista de dados, disseram que não seria possível. "Para esse nível que você quer, é pré-requisito ser formado. Regra dos sindicatos dos bancários." Eu argumentei que as faculdades não formavam esse profissional e que precisávamos dele para criar tecnologias de análise mais precisas. Foi difícil a negociação para conseguir carta branca para a contratação — mas, sem cientista de dados, não haveria empresa diferenciada. Mesmo hoje, vejo muitas empresas ainda relutantes nesse aspecto e seguindo normas de contratações totalmente baseadas no modelo fábrica da Revolução Industrial. Ou seja: cada funcionário em uma caixinha preestabelecida.

Em 2015, o time multidisciplinar de doze pessoas que consegui montar começou a trabalhar de forma autônoma da estrutura hierárquica já estabelecida do banco. Nossa primeira ação foi mapear como o trabalho era pensado, concebido e executado. Percorremos cada área, questionando processos e hierarquias. Foi durante um tour de rotina que descobri que o Original estava cheio de mestrandos e doutorandos. Para minha surpresa, eles estavam concentrados em uma área que não tinha nada a ver com inovação, nem com o negócio principal da empresa. Eles estavam no call center. Atendendo ligações como robôs — em vez de inventar os robôs!

Estavam lá porque precisavam complementar a renda. O auxílio financeiro para pesquisadores no Brasil não é suficiente para muitas pessoas fecharem as contas básicas do mês. Porém, a maior parte das instituições acadêmicas só permite conciliar o estudo a um trabalho de meio período (até seis horas). E, assim, eles iam parar em call centers.

No caso do Original, havia vários mestrandos e doutorandos porque o banco, por acaso, está localizado próximo ao campus da Universidade de São Paulo (USP), a principal instituição de ensino superior do país. Fiquei sinceramente frustrado. Pensei em quantas oportunidades o especialista formado nos Estados Unidos tem acesso. Faz mestrado em *machine learning*, doutorado em *deep learning*, e as empresas brigam para atraí-lo. Esse candidato pode rejeitar uma vaga simplesmente por não poder trabalhar de bermuda ou porque a configuração do notebook corporativo é considerada ultrapassada para os padrões que considera aceitáveis.

No Original, havia vários computadores com capacidade aquém da necessária para fazer um atendimento rápido e eficaz — e sei que muitas empresas também vivem de sistemas parecidos. Tentei mudar as máquinas, inicialmente dentro da minha equipe, mas esbarrei, de novo, na burocracia interna. "Não podemos usar Macintosh aqui porque o computador da Apple não está homologado. Só podemos comprar do mesmo fornecedor." A cena se repetiu quando fui utilizar uma linguagem de programação diferente em um projeto. "Você precisa usar Java. É a que está homologada."

Insisti que precisávamos de uma nova. Demorou dois meses para homologarem e, no final, não consegui colocar o projeto no ar. Sei que essa ainda é a realidade de muitas empresas, grandes ou pequenas. Mas dois meses podem mudar tudo em inovação, é o tempo de alguém te copiar. Para se manter competitivo, é preciso inovar todo dia. Ficar amarrado pela homologação ia contra tudo em que eu acreditava. Só inova sempre quem tem estrutura flexível.

Eu sabia que precisava ajudar a criar uma cultura mais ágil, mais dinâmica e menos processual para gerar impacto. Ainda mais em uma empresa que ganhava cerca de trezentos funcionários por ano. Por isso, além das novas maneiras de montar equipes, eu pesquisava todo tipo de metodologia de inovação. Falávamos de lean start-up,[13] scrum,[14] design thinking[15] e design de experiência para serviços focados no usuário. Tudo pensado para construir uma empresa que atuasse como plataforma, capaz de abrigar rapidamente novos fornecedores e criar experiências e serviços com velocidade.

Não podíamos ficar só na conta digital. Até porque as fintechs estavam coladas a nós, melhorando seus produtos e funcionando de forma ágil. Em 2016, o Nubank[16] começou a ganhar projeção com seu cartão de crédito sem anuidades, o Neon já havia surgido como banco digital, o Guiabolso[17] lançara seu serviço para oferecer uma análise detalhada dos gastos diários das pessoas e os bancos começavam a adquirir start-ups. O Itaú, aliás, já havia construído um espaço com a RedPoint Ventures[18] para fomentar start-ups e ter contato com empreendedorismo, novas metodologias e formas de pensar.

Começamos a criar dentro da companhia uma cultura em que cada "time pizza" seria responsável por um produto dentro do banco e trabalharia de forma autônoma. Desenvolveriam o chamado produto mínimo viável (MVP, na sigla em inglês), lançariam para um grupo de controle e, sem demorar muito, entregariam ao usuário. A experiência geraria dados e, quem sabe, novas ideias, ferramentas e melhorias. "Era preciso sair da zona de conforto para se manter relevante", algo que o Google já falava desde 2011.

Em termos práticos, a estrutura ágil exigiria uma nova relação e expectativa do banco com seus departamentos. Entre eles, o de tecnologia. Culturas ágeis não funcionam baseadas em uma TI tradicional que absorve produtos, os alinha em uma fila de prioridades e os desenvolve, um seguido do outro. É nesse intervalo de desenvolvimento que o produto já nasce atrasado. Além disso, funcionando isolada e concentrando todos os processos e desenvolvimentos, só consegue entregar pequenos Frankensteins. Acontece que muitas pessoas da tecnologia do Original só conheciam esse modelo de fábrica. Faziam tudo de forma extremamente processual, considerando as homologações e regulações financeiras para segurança.

A "nova" TI não pode funcionar separada do time de marketing, de design e de negócios. Precisa ter uma mentalidade para além de sistemas, de "built by partner", de construção em parceria, para que a empresa consiga acompanhar a jornada do usuário — cuja demanda muda a toda hora. Tudo isso, mais uma vez, a faculdade de TI não ensina.

Enquanto refletíamos sobre processos internos que poderiam ser diferentes, profissionais de equipes variadas, incluindo a minha, olhavam para possíveis aquisições. Um banco digital competitivo precisa oferecer serviços no mínimo diferentes dos de um banco tradicional. Pensando em um futuro de pagamentos, que eu já via se materializar na China, com o WeChat, era imprescindível criar uma carteira digital — na qual você pode guardar um valor em dinheiro para realizar pagamentos ou transferir para alguém. Em linhas gerais, precisávamos fazer o dinheiro circular "dentro do nosso ecossistema" e, com o tempo, agregar serviços novos — diferentes de produtos financeiros — a nossos clientes.

Havia algumas empresas que já estavam transformando o smartphone em uma carteira digital. Aproveitavam o crescimento do uso do celular e o avanço gradual de tecnologias de pagamentos móveis. Em 2013, inclusive, uma medida provisória passou a regular transações financeiras via celular — desobrigando que esse processo passasse por uma instituição financeira —, o que beneficiou diversas fintechs.

Nós estávamos de olho na PicPay, uma empresa fundada em 2012, em Vitória, Espírito Santo. Com aporte dos três sócios fundadores — Anderson Chamon, Diogo Roberte e Dárcio Stehling — e 1,5 milhão de reais de investidores-anjo, a PicPay nasceu oferecendo uma tecnologia de "leitura" — espécie de QR Code — que estaria anexada aos produtos. O objetivo era substituir o cartão de crédito e a máquina dos estabelecimentos. Ao ler o código com o aplicativo de celular, o usuário poderia comprar o produto sem precisar informar quaisquer dados. O cartão de crédito já estaria cadastrado na plataforma. Com a dificuldade de cadastrar produtos de empresas, a start-up lançou, em 2013, o pagamento peer-to-peer (pessoa para pessoa) e, em 2015, criou uma rede social dentro de seu próprio aplicativo. Na prática, permitiu a seus usuários carregar dinheiro com cartão de crédito e trocar entre si.

Por ser uma carteira digital, a PicPay também poderia permitir a nossos clientes pagar por produtos e serviços de outras empresas. Até então, o Original era um banco — mas nenhum banco permitia, por exemplo, que se pagasse um café com o aplicativo dele. Era preciso usar o cartão, em um processo dissociado do celular. Com a aquisição, poderíamos criar um círculo virtuoso. Nós levaríamos mais usuários para a PicPay, aumentando a rede de estabelecimentos interessados em receber pagamento através da tecnologia deles, e ganharíamos mais clientes oferecendo serviços diferentes dosde outros bancos. Era um primeiro passo em direção à criação de um "superapp", como o WeChat.

Eu conhecia os fundadores da PicPay e podia ver várias sinergias nesse negócio. O problema, porém, não estava nela, estava na aquisição e na transformação da PicPay em prioridade dentro da companhia. No modelo que desenhamos, parecido ao que eu costumava fazer no Buscapé, o Original compraria apenas parte do negócio — deixando um percentual nas mãos dos fundadores, o que eles acharam ótimo. Como mantinham conversas com outros bancos, tinham claro o que não queriam com uma aquisição: perder a independência e transformar a PicPay em apenas mais um produto da carteira de produtos financeiros de uma instituição. Foi o que oferecemos. Tudo certo dos dois lados. Quer dizer: faltava convencer o jurídico do Original.

Naquela época, era incomum um banco adquirir uma fintech — não só no Brasil[19] como também lá fora. De acordo com a empresa de análise de dados CB Insights, 34 por cento de todas as aquisições de fintechs feitas por Wells Fargo, JPMorgan, Citi, Morgan Stanley, Goldman Sachs e Bank of America ocorreram em 2015, mesmo ano em que compramos a PicPay. Antes de isso ocorrer, porém, o projeto enfrentou diversas resistências internas. Não fazia sentido para muita gente esse movimento. Para mim, era essencial. Como fiz muitas vezes, conversava aqui, acolá e ia seguindo o fluxo até onde dava. Quando parava em uma porta, tentava abrir outra. Até que um dia, Meirelles convocou Marcelo Santos para uma reunião e pediu que ele me ajudasse a estruturar um contrato que agradasse todas as partes, dando segurança jurídica ao banco: "Você entendeu que essa aquisição é importante, correto?".

O Marcelo virou noites pesquisando e escrevendo, até conseguir propor uma parceria que definia o percentual de aquisição, a obrigação de cada lado e como o negócio funcionaria na prática. Juntos, alinhamos o discurso, tomamos medidas para garantir a independência da PicPay e convencemos os executivos envolvidos nessa decisão. Então compramos a empresa e seus fundadores passaram a trabalhar diretamente conosco. Agora, eles tinham o apoio de uma instituição bancária por trás — o que os ajudaria a crescer e a conquistar novos caminhos. A estratégia interna mudaria ao longo dos anos, mas o banco colheu frutos positivos dessa relação. A start-up segue parceira do Original, que a utiliza para transações e pagamentos. Antes da aquisição, a PicPay possuía cerca de 600 mil usuários e mil e quinhentas empresas cadastradas. Em 2019, 10 milhões de pessoas a utilizavam, tendo acesso a produtos de 50 mil empresas.

Foi uma das maiores vitórias que tive lá dentro, principalmente por começar a mudar a mentalidade de que um banco precisava construir tudo sozinho e in house. A aquisição também foi nosso primeiro passo em direção à construção do open banking do Original. Eu construí a API responsável por integrar a tecnologia PicPay à plataforma de clientes do banco, permitindo, assim, que eles realizassem pagamentos peer-to-peer e compras on-line. Foi o primeiro passo de um grande projeto que, com uso de APIS, posicionaria o Original, agora, na quarta onda da revolução bancária.

Depois de colocar o banco inteiro no celular, precisaríamos ser capazes de levar esse banco aonde o usuário estivesse. Sem agência. Sem telefonema. Sem internet banking. Sem, talvez, nem aplicativo. É o banco colocado no carro, na geladeira, na televisão, assistente de voz, ou qualquer dispositivo usado para fornecer informações segmentadas e garantir experiências exclusivas e soluções rápidas.

Foi por essa razão que começamos a conversar no Original sobre como colocar o banco em todo lugar que o consumidor estivesse. Se ele morar no interior do Amazonas, em uma região de internet de baixa velocidade e tiver um celular Android com pouca memória, ele provavelmente vai se frustrar por não conseguir carregar nosso aplicativo para todas as transações. Agora, se ele puder abrir o app só para cadastrar sua conta, depois apagá-lo e usar os serviços do banco pelo Facebook, o cenário todo muda.

Fazer isso já era possível tecnologicamente, com uso de APIS. O que faltava era uma visão interna de um open banking, ou seja, um banco visto como plataforma, capaz de oferecer seu produto através da parceria com outras empresas, serviços e canais. Para conseguir essa integração, precisávamos começar a transformar o Original em uma "API Driven Company" — onde as funções do núcleo do negócio são externalizadas e conversam diretamente com o mercado. Como não é possível mudar toda a forma de agir e pensar de uma só vez, pedi que meu "time pizza" tivesse acesso a algumas APIS do banco. Assim, conseguiríamos pensar em novos projetos e integrações, a despeito do fluxo tradicional de desenvolvimento da TI e dos outros times.

Enquanto meu time, liderado por Gustavo Torres, estudava possibilidades com algumas APIS, como saldo e extrato, fui tentando vender a visão de open banking aos diretores. Era uma discussão extremamente nova dentro e fora do Original. Na prática, aliás, falar de open banking era praticamente parecer um alienígena. Poucas instituições internacionais financeiras estavam abrindo suas APIS para o mercado — e só o fizeram a partir de 2013, como o francês Crédit Agricole e o espanhol BBVA.[20]

Aprovar as diretrizes básicas desse projeto e conseguir o investimento necessário para ele foram uma nova saga. Eu explicava que a vantagem de um banco abrir as APIS de seus serviços a desenvolvedores era construir, em conjunto, novas soluções de forma rápida, com investimento muito menor, além de levar a nossa marca a outras plataformas. Aos poucos, fui ganhando aliados. Com essa movimentação, consegui acessar novamente o Meirelles. Expliquei para ele os conceitos de open banking e todos os riscos e oportunidades envolvidos. Fiz contas, tracei estratégias e argumentei que, para funcionar, aquilo precisava ser prioridade dentro da companhia. O fluxo tradicional precisava mudar. Ele entendeu, levou o projeto para o comitê e pediu aprovação. Mas ouviu que o banco não tinha dinheiro. Ao que ele respondeu: "Não tem problema, pode tirar de outro lugar". Primeira conquista: aprovação. Segundo passo: execução.

O projeto demorou doze meses para ficar pronto, mas poderia ter sido mais rápido. No entanto, pensar como uma API Driven Company demanda rever estruturas e o papel de cada um na organização. Nesse processo, eu e Gustavo colocamos em prática várias metodologias ágeis, montamos um time disciplinar que incluiu consultor jurídico e contamos com a ajuda de duas consultorias — CA Technologies e Zup

Innovation. O primeiro passo foi abrir algumas de nossas APIS ao mercado, e, em agosto de 2016, colocamos no ar o Original Developers. Dentro da plataforma, as pessoas acessavam quatro APIS de serviços financeiros do banco: o Original Connect, para conectar com segurança em qualquer aplicativo ao Banco Original, o Original Contas, o Original Investimentos e o Original Transferências, que traziam ao usuário consultas sobre a sua conta, aplicações financeiras e transferência de dinheiro entre clientes. A partir de agora, quem quisesse poderia se integrar a nós nessas frentes.

Mas não queríamos só ficar esperando terceiros se juntarem a nós. Da série de projetos que meu time pensou em construir com APIS, o que gerou maior impacto e repercussão foi colocar nosso banco dentro do Facebook. Nós já havíamos testado como conectar nossas respectivas APIS à empresa, mas eu e Gustavo queríamos encontrar uma forma de estabelecer uma conexão maior com nosso cliente dentro da rede social. Para descobrir como chegar lá, organizei uma hackathon dentro do Facebook e as equipes das duas empresas passaram um dia desenvolvendo em conjunto. Após a construção da solução, demoramos um mês para plugá-la e conectá-la com as APIS do Original. Mas, em outubro de 2016, os clientes já podiam checar suas contas dentro do Messenger, a ferramenta de mensagens do Facebook. Bastava entrar na página do banco e dar o "comando" saldo. Um robô (bot) começaria a interagir e tirar dúvidas, eliminando muitas vezes a necessidade de uma ligação.

Foi um projeto que estimulou a cultura interna de inovação, virou caso de sucesso por ajudar a diminuir o custo de atendimento e criou uma experiência completamente nova. O uso de bots nas empresas brasileiras só ganharia força no ano seguinte — quando operadoras de telefonia e empresas como a FIAT, a Visa e a Budweiser lançaram robôs para se comunicar com clientes no Facebook e no Twitter.[21] O bot nos motivou a continuar pensando em como poderíamos trazer a experiência dos bancos para outros lugares. E meu time viu uma nova possibilidade quando o Instagram lançou o Stories, uma ferramenta para concorrer com o Snapchat, o aplicativo que atraía celebridades e multidões.

Com o Stories, os usuários poderiam produzir e visualizar posts — imagens e textos — que se apagam em 24 horas. Por que não checar o seu saldo também? Desliza para ver. A essa altura, inovar era mais fácil. Já tínhamos a API de saldo, de extrato, de login e um time com autonomia. Ligamos essas APIS e, em um dia, disponibilizamos essa funcionalidade. O projeto demoraria ainda quatro meses para ir ao ar, mas foi, e fez sucesso. Os clientes podem ver seu saldo em cinco segundos — sem logar todas as vezes no aplicativo do banco ou ser transferidos para ele. Diretamente na rede social, enquanto visualiza os posts de seus amigos e conexões.

Todos esses projetos envolveram a disposição do Original de compartilhar dados com terceiros. Nós fomos o primeiro banco da América Latina a abrir APIS para o mercado — uma façanha gigante, considerando que poucos bancos no mundo haviam tomado essa decisão. Nos anos seguintes, veríamos movimentações no setor financeiro brasileiro nesse sentido, como no Banco do Brasil, em corretoras e fintechs. Mas, naquele momento, até pelo ineditismo e dificuldade de compreensão do que essa iniciativa significava, não houve grande repercussão na mídia. O que não quer dizer que o projeto tenha passado despercebido.

Em 2016, a nossa plataforma aberta foi premiada como o projeto mais inovador no EFMA Accenture Global Distribution & Marketing Innovation Awards. Nós passamos na frente de iniciativas de outras quinhentas empresas e fomos reconhecidos pela associação europeia que reúne 3 mil instituições financeiras no mundo. Em 2017, veio o segundo prêmio, o Model Bank of The Year 2017, na categoria "Consumer Digital Platform", concedido pela Celent, empresa global de pesquisa e consultoria para o setor financeiro.

Todos esses projetos chamaram a atenção do Facebook, que nos pediu para apresentar o case de plataforma aberta na Califórnia. Pouco tempo depois, fui convidado para integrar o conselho mundial da empresa, representando o Original. Uma baita conquista que nos permitia ter acesso ao que uma das maiores empresas de tecnologia do mundo estava construindo, bem como a ferramentas para desenvolvimento de novos produtos e experiências. A melhor maneira, afinal, de prever o futuro é ajudar a criá-lo. E já que eu estava no Facebook, por que não aproveitar para estar em outras empresas do Vale do Silício?

Entre 2016 e 2017, promovi viagens regulares com meu time ao Canadá e aos Estados Unidos. Era preciso estar próximo das inovações das fintechs, do início da ascensão das moedas digitais e do começo da grande discussão em torno do *blockchain*. Não só isso: ver, de perto, o que empresas como Google e Apple estavam criando na área de pagamentos. E, por essa razão, abrimos um laboratório dentro da Plug and Play, uma das maiores aceleradoras do Vale do Silício que ganhou escala e fama ao investir, logo no início, em empresas como Google, Dropbox e PayPal.

A Plug and Play faz jus ao nome e tem uma preocupação enorme em conectar centenas de negócios de várias áreas, segmentos e especificidades. Toda a organização é dedicada à crença de que, se as coisas parecem estar sob controle, você não está indo rápido o suficiente. Trabalhar lá dentro, com nosso laboratório, era esbarrar em empreendedores que sempre pareciam prontos para uma conexão ou um novo negócio. Foi assim que conheci e conversei com o pessoal da N26, a fintech alemã que surgiu com o propósito de repensar a experiência bancária para as necessidades do mundo mobile e tornou-se um banco completo. Na época, tentamos comprá-la, mas o negócio não foi para a frente. Dentro da Plug and Play, nós patrocinamos seu programa de aceleração em fintechs e fomos jurados das competições. Para mim, que buscava sempre novas pecinhas para conectar ao Original, era o paraíso.

Muitas das ideias inspiraram vários projetos que tentamos implementar no Original, como um "concierge digital". Nossa ideia era que as pessoas pudessem checar suas contas e saldos e, na mesma tela, realizassem vários outros serviços de seu dia a dia. Pedir táxi, alugar um carro, solicitar compras no supermercado, indicação de restaurante próximo ou até agendamento de consultas médicas. Bastaria escrever uma mensagem para nosso assistente. Na nossa apresentação, ele foi chamado de Alfred, ganhando até um ícone simpático com bigode de Salvador Dalí. Seria nossa contribuição para a "uberização" da economia compartilhada — no mesmo ano em que o Rappi, app de compras que explodiu na América Latina, foi lançado.

Também tentamos criar nosso próprio Pokémon Go, o jogo da Nintendo que já fazia sucesso no país. Nossa ideia era distribuir dinheiro "virtual" em pontos específicos. Uma evolução, de certa forma, do que tentamos criar com o app de bandeirinhas na época do Buscapé. Agora, a ideia é que os usuários que "capturassem" o dinheiro virtual em algum ponto físico poderiam resgatar o crédito ao abrir uma conta no Original. Era uma forma lúdica de estimular a adesão ao nosso produto, por meio de uma experiência que as pessoas estavam gostando de ter com o jogo.

Começamos a pensar em como integrar *blockchain* — aquela tecnologia com jeito de ficção científica e descentralizada, que combinava com a forma como queríamos trabalhar e nos posicionar — no negócio. Desenhamos com uma grande montadora como colocar nosso banco dentro do menu de navegação de um dos seus carros. Esses e vários outros projetos, porém, não foram para a frente, porque algumas lideranças deixaram o Original, e a dinâmica mais fluida de processos e autonomias foi sendo minada. Algumas decisões importantes dentro do open banking e da PicPay ganharam outra direção.

A dinâmica que havíamos criado com as novas metodologias perdeu força. Ações não justificadas, na minha visão, mas plausíveis em uma empresa de grande porte, como o Original havia se tornado, com seus quase mil funcionários. O problema é que, quando certas hierarquias voltam a dominar, a política entra em cena, os silos voltam a existir. Quanto mais hierárquica é uma organização, mais política ela é. E aí, meu amigo, quem ganha é quem faz a melhor política, e não quem é mais criativo. Quando você trabalha por células, de forma autônoma, a pirâmide decisória é estreitada, e a competência é medida pelo que você entrega.

O Original me ensinou que é um desafio diário, na transformação digital, não deixar essa pirâmide se alargar. Exige, para líderes, despir-se de egos e de poder, ouvir o outro sem levar para o pessoal. Eu aprendi no Original a ver como as pessoas funcionam em uma empresa grande que dá dinheiro — um banco — e como caminhar ao lado delas sem perder tempo em embates homéricos com quem é resistente a mudanças. Grande parte dos projetos que desenvolvi, inovações tecnológicas ou culturais, exigiu de mim uma postura conciliadora. Precisei, muitas vezes, ceder até demais em algumas soluções. Mas eu nunca levava um desaforo para casa — mesmo que ficasse irritado por não ter conseguido aprovar um projeto. Faz parte do jogo.

Também não conseguiria ter tido sucesso — e até sido eleito "Personalidade Financeira de Bancos Privados" no Prêmio Relatório Bancário[22] — se não contasse com um time animado em quebrar paradigmas e disposto a ser "mais Uber" e "menos banco". A urgência de inovar, para ser competitivo e diferente em um mercado com bancos tão cheios de capital e gente qualificada, era compartilhada por vários líderes e executivos do conselho.

O Original, a despeito de todas as dores, embates e batalhas do processo, conseguiu se posicionar bem em termos de inovação no serviço financeiro. Passou por esse conflito, teve percalços no caminho, mas está preparado para um mundo mais integrado. Tem sua própria carteira virtual, uma nova geração de líderes que confia no futuro da empresa e uma plataforma de open banking avançada, que ganhará impulso com a regulação do Banco Central.[23] Não esperou o BC dizer que era obrigação para abrir APIS. Não esperou a onda de *chatbots* para colocar o banco no Messenger. Não esperou o *corporate venture* virar norma no mercado para adquirir uma fintech.

Dificilmente construiríamos o case que criamos sem a liderança de uma pessoa como Henrique Meirelles. Quando ele deixou o banco para ser ministro da Fazenda no governo de Michel Temer, o Original mudou de direção. O vácuo de poder esfriou muitas iniciativas inovadoras. Estratégias tradicionais começaram a vencer as quedas de braço. Alguns espaços que eu havia aberto foram fechados — e eu não consegui navegar por eles nem quando me tornei, a convite do Marcelo, diretor estatutário do banco.

Aos poucos, comecei a perceber que minha cabeça estava arquitetando projetos diferentes e eu já não estava cem por cento focado no que poderia criar no Original. Era a hora de sair, então comecei a conversar com pessoas, me reconectar com aquele Guga — não o Guga do Original —, e deixei o banco, com a ideia que seria o embrião da Gr1d. O processo de aprendizado profundo, adquirido nos três anos anteriores em uma empresa com mais de mil funcionários, me deu segurança para, no final de 2017, quase duas décadas depois de viver como executivo, voltar a empreender.

A minha nova fase como empreendedor alcança os dias atuais, mas eu nunca deixei de acompanhar o Original. Mantive contato com quem ficou, com quem saiu, com os profissionais que querem compartilhar lições do período em que construímos o primeiro banco cem por cento digital do país. E essa é uma postura que mantenho há muitos anos. Não à toa, recebi convites para voltar a realizar parcerias com a Microsoft e o Buscapé, mesmo após ter deixado o emprego formal. Em 2019, fui convidado para integrar o conselho de administração do Original. Foi uma volta diferente, em um novo momento do banco, com desafios tão importantes quanto os que enfrentei quando cheguei alguns anos antes, como consultor. Assumi o comando da estratégia digital e tornei-me diretor estatuário. E aqui está a maior lição: o mundo dos negócios atual é completamente orgânico.

É inevitável deixar uma empresa quando alguns ciclos se fecham e você já não se encaixa mais dentro dos novos. E é preciso que você a deixe porque ninguém mais deveria viver em caixinhas, repetindo os mesmos discursos dentro de uma única companhia. Mas quem sai sem cultivar brigas e rancores, deixando a porta entreaberta, sempre terá a oportunidade de voltar. Seja para participar do conselho, seja para fazer um negócio, um trabalho temporário exclusivo ou um trabalho permanente em novas condições. O mundo conspira sempre a favor de quem faz as coisas certas, cultiva bons relacionamentos e trabalha bem — a despeito das armadilhas, dos egos e das barreiras que surgem todos os dias em nosso caminho.

11
*Business as usual is dead**

PARECIA UMA CONSTRUÇÃO ABANDONADA. Grafites, pichações e adesivos tomavam conta da fachada de uma casa no Brooklyn, em Nova York. Estacionei o carro, desci e me dirigi aos degraus que davam acesso a uma entrada com aspecto decadente, sem qualquer sinal de que estava no local certo. Toquei a campainha. Ninguém atendeu. Mais uma vez. Nada. Era ali mesmo? Na dúvida, entrei. À minha frente, uma escada caracol, com corredor de madeira e objetos de decoração que até poderiam ter sido sofisticados em um passado remoto. Agora, tudo parecia velho, largado e antigo. No andar de cima, abri portas e mais portas, até esbarrar em um homem, de bermuda e chinelão. Aproveitei para perguntar por Joseph Lubin. "Siga-me", ele respondeu.

Ele me guiou pelos corredores, até chegarmos a um espaço amplo, ocupado por dezenas de jovens que digitavam freneticamente em seus notebooks. Sentados no chão, em cadeiras desconfortáveis, ou mesmo sobre a mesa, eles me olharam, mas não deram atenção. Naquele começo de 2017, eles estavam ocupados com uma missão nada simples

---

* "O negócio de sempre está morto", em tradução livre.

de explicar. Funcionários da start-up Consensys trabalhavam para desenvolver aplicações com a tecnologia *blockchain*, que prometia transformar o modo de realizar transações financeiras, aquisição de imóveis, fechamento de contratos e, até mesmo, a compra de ingressos para shows. Todos aqueles jovens eram comandados pelo homem com quem eu havia marcado uma reunião.

Lubin já era um dos personagens de peso na revolução financeira iniciada com a ascensão das criptomoedas ou moedas digitais. Ajudou a criar a Etherum, empresa que deu origem à segunda moeda mais famosa depois do bitcoin, o ether. Quando o visitei, o mundo das criptomoedas já estava em uma segunda fase. Depois do primeiro momento de popularidade e valorização, sofreu um grave problema de segurança (com a maior bolsa de negociação, a MtGox, sendo hackeada) e o preço das moedas despencou. Os erros de quem ajudou a criar esse novo mundo de dinheiro haviam gerado desconfiança. Mas ainda havia uma chance de fazer diferente. Com a Consensys, Lubin buscava novas aplicações — mais seguras e práticas — para a tecnologia que embasou todo esse movimento.

O *blockchain* é uma espécie de grande "livro contábil" digital que registra diversos tipos de transações em "páginas", que são os registros. espalhadas por vários computadores. No caso das moedas criptografadas, como o bitcoin, a primeira delas, e do ether, esse livro registra o envio e recebimento de valores. As transações são registradas em blocos, e não podem ser desfeitas. A grande sacada da tecnologia é que ela descentraliza o poder e a tomada de decisão — seja de bancos, de governos ou da própria sociedade (no último capítulo, explicarei que esse é um caminho viável, seguro e competitivo em que acredito para o século XXI). Não há um grande intermediário controlando o fluxo de informações. Uma rede com inúmeros usuários independentes supervisiona esse livro, e, na teoria, não é possível "arrancar" ou "modificar" uma página aleatoriamente, pois traria insegurança para aqueles que participam da plataforma.

É por essa razão que a *blockchain* é vista como uma tecnologia viável para a criação de *smart contracts*, ou seja, contratos inteligentes escritos não em juridiquês, mas a partir de códigos de programação. Esses códigos determinam regras, obrigações e penalidades entre as partes envolvidas no acordo. Quando as condições combinadas são cumpridas, o contrato é executado automaticamente — eliminando-se a necessidade, por exemplo, de cartórios e até de advogados.

A Ethereum, empresa cofundada por Rubin em 2015, não criou só a moeda digital ether, mas também um ambiente de *blockchain* para negociar esses contratos inteligentes. Quando o encontrei, eu estava conversando, em nome do Original, com várias empresas criadas nesse novo mundo — Ripple,[1] Xapo[2] e uma nova forma de pagamentos de boletos com a Stripe.[3] Também já havia me encontrado pessoalmente com Jed McCaleb, fundador da MtGox, e discutido com ele formas de transferência digital de dinheiro — o que incluía uma possível criptomoeda do Original.

Em outra viagem, no mesmo período, meus caminhos também se cruzaram ao de Sam Rosenblum, quando ele atuava como diretor de negócios da Coinbase.[4] Em 2015, nós avançamos na estruturação de um projeto que traria o banco de moedas digitais ao Brasil e o conectaria, através de APIs, com o Original. Mas era cedo demais para discutir a regulação e a compliance desse negócio no Brasil.

Com Lubin, discuti a criação do primeiro *security token*. Tokens de segurança são títulos financeiros — como se fossem uma ação ou participação em um fundo — que fornecem aos investidores direitos e obrigações nas empresas que estão adquirindo. Essa dinâmica permite que qualquer pessoa possa comprar uma parte de um fundo, mesmo que não seja investidor profissional. Muitos analistas preveem que a maioria dos produtos financeiros será negociada na *blockchain* como tokens de segurança no futuro próximo.

Lubin gostou da ideia de criar em conjunto um *security token* que reuniria várias empresas. Começamos a negociar como seria a participação da Consensys e do Original e montamos um plano. Era apenas mais um de dezenas de projetos ligados a *blockchain* com que Lubin estava envolvido, mas para mim era a chance de ser pioneiro no Brasil, em um momento em que as criptomoedas davam um salto gigantesco no país.

As pessoas estavam comentando, querendo entender, investir e, de fato, comprando essas moedas. Em 2016, todas as empresas que movimentaram bitcoin no Brasil somaram 330 milhões de reais em transações. Em 2017, esse número subiu para 6 bilhões de reais.[5] O bitcoin era a porta de entrada nesse mercado — já que, a partir dele, um usuário seria capaz de comprar outras moedas, como o ether. Para o Original, era uma forma de se posicionar nesse novo mundo e de começar a entender o que estava sendo feito com *blockchain*. Todos esses projetos — com Lubin, McCaleb e Rosenblum — acabaram não indo para a frente. Em termos regulatórios e de compliance era cedo demais para ter essa discussão por aqui.

Na época, sondamos o Banco Central, mas a instituição estava focada em regulamentar fintechs e bancos digitais. Falar de *blockchain* era demais — exigia um novo contexto, mais conhecimento sobre a tecnologia e mais confiança das pessoas. Fiquei frustrado com a negativa, mas feliz por conhecer e negociar inovações que despontavam no mundo financeiro diretamente com pessoas que ganhariam os holofotes — e muito dinheiro — pouco tempo depois.

Lubin, por exemplo, já era um empreendedor que olhava para um mundo descentralizado e atraía jovens e ex-executivos de bancos norte-americanos para a missão de transformar a forma como lidamos com ativos, moedas e *blockchain*. Um ano depois da minha visita àquela casinha aparentemente abandonada, muitos jovens de sua equipe já estavam milionários — quem sabe, até aquele garoto que vi sentado em cima da mesa. Lubin, com certeza. Com a valorização dos tokens e da própria Ethereum, em 2018 sua fortuna foi estimada em até 5 bilhões de dólares. A *Forbes*, que fez o levantamento, apontava que a Consensys já tinha mais de seiscentos funcionários.[6] Em 2019, a empresa era referência no uso de tokens e foi convocada pela União Europeia para dar consultoria sobre o uso dessa nova tecnologia.

Além da revolução financeira que pode proporcionar, a *blockchain* abre caminho para a criação de uma nova internet. Bem diferente daquela que vi nascer, lá nos anos 1990, com URL, protocolos de hiperlinks (HTTP), servidores, conexão discada ou banda larga. A internet desenvolvida nos últimos vinte anos construiu uma infraestrutura na qual a informação é difundida por alguma "central" — seja um servidor físico, seja a nuvem de uma empresa. Em um futuro próximo, o negócio pode ser bem diferente.

Os contatos on-line, em rede, se darão entre "pontas", sem instituições ou empresas concentrando e difundindo informações a partir de uma central. A *blockchain*, por exemplo, cria a estrutura para o surgimento de organizações autônomas e descentralizadas (DAOs, em inglês), "reguladas" pelos contratos inteligentes. E garante um poder ao usuário e pessoas comuns como nunca visto.

Imagine que você trabalhe como motorista da Uber. Você se esforça para chegar rápido a uma corrida, para fazer o caminho que seu passageiro deseja, oferece balas e água, tenta ser cordial na conversa, mas sem ser invasivo, e mantém nos mínimos detalhes uma forma de trabalho que lhe garanta a máxima nota prevista no aplicativo: cinco estrelas. É assim que você é selecionado para mais corridas — e, quem sabe, corridas melhores.

Um belo dia, você deseja encarar novos desafios. Deixa a Uber para trabalhar em outro aplicativo concorrente. Leva a sua experiência e seu aprendizado, mas não carrega com você aquelas cinco estrelas. No outro trabalho, você precisará reconquistar toda a confiança. Do zero. É por essa razão que a Uber foi avaliada em 82,4 bilhões de dólares durante seu IPO.[7] Ela é a intermediária, é a verdadeira dona das estrelas.

Agora, imagine que você construiu sua reputação em uma plataforma descentralizada, como a *blockchain*. Sem intermediários ou centrais, você é o dono exclusivo da reputação que cria: as estrelas pertencem a você. Se deixar a Uber, pode carregá-las para a Lyft e a 99. Ou pode usá-las para criar a "Uber das meninas", a "Uber executivo", a "Uber do entretenimento". Talvez você nem tenha tempo — porque as empresas vão disputá-lo caso carregue uma avaliação positiva. As estrelas passam a constituir um "algoritmo de consenso" em uma plataforma aberta, pública, da qual ninguém tem a chave ou o poder de ser o guardião de sua reputação, da qual ninguém detém o monopólio dos dados e as relações são reguladas por contratos inteligentes.

Fato é que, nesse novo mundo, tudo poderá ser transferido, decidido e construído em tempo real. E mudará a qualquer segundo. A *blockchain* pode tornar obsoleto o que há pouco tempo julgamos disruptivo, como a ascensão da economia compartilhada — empresas como a Uber deixam de ser as donas exclusivas das nossas avaliações (estrelas) e perdem a intermediação que as fez conectar pessoas, empresas e serviços de forma fácil e muito rápida.

A *blockchain* também é, na minha visão, a deflagração da quinta — e descentralizada — onda da revolução bancária. Com as contratações e pagamentos feitos diretamente entre as partes, sem intermediários, e pessoas investindo em criptomoedas e tokens, qual será a razão de existir de uma instituição financeira?

Vejo dois caminhos complementares. O "front" e o "back". No "front", o banco transforma-se em uma plataforma, disponibilizando todos os serviços e produtos em APIS. Permite que outras empresas se conectem a ele. Toda essa movimentação e conexão vão ser processadas no "back", no *distributed ledger*, como é chamado tecnicamente o "livro contábil" da *blockchain*. Unindo ambos, é possível criar um banco global e seguro, porque a informação está guardada de forma transparente e não pertence a uma única autoridade central ou governo. É um dos possíveis caminhos que o futuro descentralizado proporciona.

O que não dará certo é continuar investindo em agência, porta giratória e cartão de crédito. Nenhum deles se encaixava nessa nova estrutura. Foi pensando nesse mundo descentralizado que criei uma empresa em 2017. Mas, antes disso, precisei entender se aquele era o meu momento de empreender.

Demorei seis meses para me convencer de que não precisava de salário. Por incrível que pareça, eu tenho extrema aversão a risco. Desde que empreendi pela primeira vez, em 1998, e não previ o que poderia sair do controle naquele meu negócio que mesclava bar, restaurante e academia, nunca mais fiquei apenas no plano A. Desenvolvi o B, o C e o D e administrei todos ao mesmo tempo — o que é extremamente cansativo.

De forma geral, nunca precisei executar o plano B. A cada experiência que ganhava, uma porta nova se abria. Quando sentia que estava travado, logo criava uma oportunidade. Foi assim que participei da revolução do e-commerce, do início da publicidade on-line, do boom das fintechs, do open banking e até das discussões globais sobre *blockchain*. Em 2017, porém, decidi encerrar minha carreira de executivo e construir o que seria meu novo plano A de vida.

O ponto de virada para essa decisão veio de uma reflexão que eu fazia há anos sobre propósito no trabalho. Lembrei da história de um jovem de 22 anos que, em 2006, tinha uma start-up com 8 milhões de usuários e faturamento de 20 milhões de dólares.[8] O negócio estava indo bem e animava investidores, entre os quais um dos fundadores do PayPal, Peter Thiel.

Naquele ano, o Yahoo! ofereceu 1 bilhão de dólares ao jovem para comprar sua empresa. Parecia uma proposta irrecusável. Ele não teve dúvidas. Entrou na reunião do seu conselho e disse que aquele momento era apenas uma formalidade porque, "obviamente, eu não vou vender a empresa". Saiu andando. O garoto era Mark Zuckerberg e a start-up, o Facebook. Um ano depois, a abertura de capital da empresa tornaria Zuckerberg o bilionário mais jovem de toda a história.

Quando recusou a proposta, ele não tinha como garantir todo esse sucesso tão rápido. O Facebook nem havia lançado seu feed de notícias e mal acabara de sair do ambiente universitário dos Estados Unidos, onde fora criado. Embolsar 1 bilhão de dólares aos 22 anos parecia cena de filme, foi o que pensei à primeira vista. Eu não recusaria a proposta, colocaria o dinheiro no bolso e seria feliz. Mas aí a ficha caiu. O que eu vou fazer com todo esse dinheiro? Eu preciso de tudo isso?

Você faz a empresa dos sonhos, a vende e, depois, se quiser continuar trabalhando, vai se esforçar para criar uma igual? Foi o que Zuckerberg argumentou à época: ele queria ter a chance de construir todos os produtos que sonhava para a rede social. Ele conseguiu e, colocando seus planos em prática, alcançou 2,2 bilhões de usuários. Tornou sua start-up uma empresa global, posicionada no centro da discussão sobre privacidade, internet e o futuro da tecnologia. Em 2019, aliás, a empresa anunciou sua entrada no mercado financeiro com um produto desenvolvido na *blockchain* e que se assemelha ao projeto que discuti com Lubin, da Etherum.

Com a moeda digital libra, o Facebook quer ser capaz de realizar transações instantâneas e quase gratuitas dentro de suas próprias plataformas, como WhatsApp e Messenger. É um movimento capaz de abalar as estruturas de várias empresas, mercados e negócios — principalmente porque o Facebook não está sozinho nessa. A libra foi desenvolvida em parceria com 28 organizações e empresas ao redor do mundo. Incluídos nessa associação estão Mastercard, Visa, PayPal, Stripe, PayU, MercadoPago, Booking e Uber. O futuro é complexo — e Zuckerberg move as peças para ser parte importante de sua construção. Agora imagina só se ele tivesse simplesmente aceitado vender sua empresa.

Em 2017, portanto, eu estava pensando na minha missão como profissional, não só para continuar crescendo e aprendendo, como também para gerar impacto no mundo. O meu novo plano A não tinha "mais ou menos", tinha que ser tudo ou nada. Estaria à frente do tempo, mas, se desse certo, teria potencial de mudar uma indústria inteira e atingir milhões de pessoas.

A missão não é construir uma empresa que vale bilhão para sumir do mapa. Eu não quero ser lembrado como o cara que tem uma mansão com piscina (e eu nem tenho uma). Quero construir um legado que faça sentido, não só para mim ou para quem trabalha comigo, mas para toda a sociedade, e que ajude muitas empresas a entenderem o novo mundo que terão pela frente. A frase de um dos quadros que pendurei na minha empresa e que dá título a este capítulo resume meu pensamento: "Business as usual is dead".

No segundo semestre de 2017, eu dormia e acordava pensando no projeto que seria o embrião da minha empresa. Eu ainda não tinha investimento, não tinha equipe, tampouco ideia do que conseguiria viabilizar na prática, mas já tinha uma apresentação de PowerPoint, que projetava em reuniões que conseguia agendar dentro de empresas, com ex-colegas e possíveis investidores. Explicava o mundo de APIS, falava de open banking e do mundo descentralizado pela *blockchain*. Falava sobre a possibilidade de unir, de uma só vez, "front" e "back" que vejo para o futuro dos bancos.

O projeto envolvia a criação de uma plataforma global, em nuvem, que conectaria bancos e fintechs, com *blockchain* e inteligência artificial. Dentro dessa plataforma, seriam desenvolvidas várias experiências, principalmente relacionadas a novos serviços bancários. Como cada empresa está em um estágio da transformação digital, a plataforma estaria conectada a laboratórios espalhados pelo mundo e forneceria as ferramentas necessárias para o desenvolvimento de projetos e metas específicas. Consegui uma parceria com a Universidade de Nova York (NYU), que entraria com a expertise acadêmica.

Tudo era muito bonito e fazia total sentido no papel. Na prática, porém, a visão mostrou-se completamente adiantada ao estágio do mercado financeiro naquele momento — não só no Brasil como no mundo. Os bancos europeus, por exemplo, começaram a ter seus primeiros cases mais inovadores em open banking entre 2018 e 2019. Falar de *blockchain* ainda era uma incógnita para muitas pessoas, negócios e setores. O uso dessa tecnologia estava distante de tornar-se prioridade de grandes empresas, então eu percebi que precisaria começar mais devagar. Já estava pensando no terceiro round, quando muitas empresas nem haviam entrado no ringue. Além disso, havia outro fator. É difícil encontrar profissionais para executar essa ideia — eles precisam ter visão multidisciplinar, além de técnicas e conhecimentos raramente ensinados nas universidades.

Reduzi o escopo inicial do projeto, tornando-o mais tangível para atrair clientes, sócios e investidores. A MoneyEx começaria como a empresa que fornece as APIS e a metodologia necessária para instituições financeiras se tornarem plataformas. Primeiro passo: monetizar a estrutura já constituída das companhias, integrando softwares e serviços internos. Segundo passo: abrir suas APIS para o mercado, permitindo que desenvolvedores as utilizem, construam novos serviços em cima delas e paguem pelo uso recorrente dessa "conexão". A Amazon, por exemplo, gera 67 por cento de sua receita a partir do uso de sua tecnologia por terceiros. Último passo: conectar seus sistemas a APIS externas para entregar produtos e serviços em nichos inexplorados até então. Não necessariamente nessa ordem.

Minha tese era de que as APIS poderiam ser a porta de entrada de qualquer empresa para novos ecossistemas, conectando-as com peças de um grande jogo de Lego que virou o mundo dos negócios — cada vez mais aberto, mais descentralizado, menos fechado em setores e concorrentes. Com as APIs, as empresas poderiam trocar informações internas e externas, desenvolvendo inovação a custos muito mais baixos. Para uma instituição financeira, seria sua chance de criar um banco digital, de usar novas ferramentas desenvolvidas por fintechs ou por empresas de tecnologia. Seria a chance de trabalhar com um enorme legado de softwares, sistemas e agências, sem precisar reconstruir tudo. Resumindo, então: a MoneyEx forneceria as ferramentas (APIs), o meio (plataforma) e o conhecimento (metodologia) para as empresas inovarem mais rápido.

Em novembro de 2017, eu já tinha atraído alguns profissionais para esse projeto. O meu método de recrutamento era simples. Eu gosto das pessoas que me surpreendem, aquelas que demonstram paixão além do conhecimento técnico. Mas só entusiasmo não vale. Já errei muitas vezes ao contratar pessoas apaixonadas que, nos momentos críticos, não sabiam executar ou trabalhar em grupo. Valorizo a cabeça aberta a novas possibilidades, mas também uma visão prática.

Como essas pessoas existem aos montes, eu acabo trabalhando com muitas delas várias vezes. Naquele momento, convenci gente disposta a largar emprego, cancelar os planos de ir morar na Europa ou animada em me ajudar a captar investimentos. Queria pessoas com vontade de criar não só uma empresa, mas um novo jeito de fazer negócios. Porque, na verdade, poucas entendiam os detalhes técnicos das APIs, mas todas confiavam na minha visão de ecossistemas e do futuro dos produtos financeiros. Elas vieram e, juntos, conseguimos captar 31 milhões de reais para o projeto. Passo seguinte: execução.

A MoneyEx surgiu oficialmente no dia 1º de dezembro de 2017, em uma sala alugada. Montamos nosso Q.G. em um prédio comercial discreto, cinza e sem nenhum glamour, não fosse pelo fato de estar próximo ao Shopping Iguatemi, na avenida Faria Lima, em São Paulo. Nós estávamos lá por acaso — o locatário anterior era um dos meus sócios. É por essa razão que nossa empresa de APIs, moldada para a "nova economia", surgiu, sem querer, dentro de um escritório quadrado de advocacia, com salas de vidro, carpetes e todo o requinte do mundo jurídico. Não demorou muito para quebrarmos aquela rigidez.

Derrubamos divisórias, tiramos as salas e, à medida que desenvolvedores, designers e profissionais diversos eram incorporados à equipe, construíamos o espaço de trabalho. Sem luxo, sem instalações high-tech, sem pufes ou mesas de pingue-pongue — mas com a simplicidade de quem busca criar uma cultura flexível, de liberdade e sem hierarquias. Eu e meus sócios nos sentamos ao lado de cerca de trinta funcionários, em uma arquitetura sem baias, com apenas duas salas de reuniões. O colorido ficava por conta dos posts-its espalhados pela parede e os rabiscos que executivos e eu, principalmente, fazemos em lousas posicionadas nos corredores. Muitas vezes, eu preciso literalmente desenhar para explicar o que se passa na minha cabeça cheia de planos e sonhos.

Os primeiros meses não escaparam da cartilha básica de um empreendedor: dúvidas, incertezas e uma série de decisões a serem tomadas todos os dias. Era a hora de criar nossa cultura, de estruturar o primeiro projeto — a formatação de um banco digital para uma instituição financeira — e de montar nossa plataforma de APIs. Enquanto o time estava focado nesses objetivos, eu saía às ruas com meus sócios para vender a nova empresa.

Essas várias frentes de atuação, ocorrendo de forma simultânea, nos levaram a perceber que não poderíamos — nem deveríamos — ficar inicialmente focados apenas no setor financeiro. Havia poucas empresas do setor dispostas a investir no open banking e a agregar, com uma parceira externa, o uso de APIs. Ao mesmo tempo, executivos de outros setores mostraram estar dispostos a entrar nesse jogo. Um deles, um dia, nos disse que "MoneyEx Serviços Financeiros" não combinava com "saúde", o setor de sua empresa. Nós tínhamos tecnologia e conhecimento para ajudá-lo, mas nosso nome nos afastava de seu negócio. De certa forma, limitava nosso escopo de atuação. Assim, seis meses depois de abrir a empresa, resolvemos mudar o posicionamento e a abrangência da nossa plataforma.

Nascia, assim, a Gr1d. O nome veio por acaso. Durante um processo de branding, um parceiro comentou que havia criado um símbolo para representar nossa identidade. Animado, mostrou o desenho, explicando a conceito que o ajudara na criação. Eram vários pontos alinhados na vertical e na horizontal, formando uma malha uniforme. "Isso aqui é um *grid* [grade, em inglês] e a ideia é ser um espaço onde tudo pode se conectar", explicou. Eu e meus sócios olhamos aquele material por alguns dias, ainda sem saber qual seria nosso novo nome, e, então, tudo ficou claro para mim. "Está resolvido. Nós temos que ser o próprio grid!"

A plataforma Innovation Cloud foi lançada, oficialmente, em junho de 2018. Por meio dela, é possível conectar todas as peças do mercado. É nela que estão as APIs que podem ajudar empresas — de seguros, saúde e finanças — a acelerarem seus processos de inovação, integrarem legados e construírem produtos de rápida escala. Demos aos desenvolvedores acesso à plataforma para que pudessem testar novas funções e nos ajudar a construir uma comunidade que conversa e compartilha entre si. Mas a Gr1d não teria outras vantagens se construísse apenas um marketplace.

O mercado de APIs evoluiu rapidamente, disponibilizando várias opções — pagas ou gratuitas, públicas ou privadas. No início de 2019, o ProgrammableWeb estava fornecendo acesso à pesquisa de mais de 12 mil APIs privadas. Muitas empresas até querem aprender a usá-las, mas estão sem rumo para descobrir quais APIs se casam melhor ao seu negócio. E não há respostas rápidas para esse dilema — porque as organizações só vão aprender testando, implementando e construindo junto. Para ajudá-las a iniciar a jornada, criamos uma metodologia ágil que reúne elementos de design thinking e design de serviços e tem o objetivo primordial de ajudar as companhias a aprender a pensar, agir e existir em um novo formato.

Até meados de 2019, a Gr1d havia entregado projetos de escopos diferentes, fechado negócios em áreas distintas, estudado APIs para dezenas de empresas. Por isso mesmo, criamos três verticais de atuação: a Gr1d Insurance, focada no setor de seguros; a Gr1d Health, para saúde; e a Gr1d Finance, para acoplar nossos projetos do mercado financeiro. Nossa proposta de conectar peças não tem um padrão, uma fórmula a ser replicada ou jeito único de fazer as coisas. Cada potencial cliente, seja uma start-up ou uma multinacional, tem objetivos singulares.

E essa é uma jornada empreendedora que exige paciência, insistência e várias doses de convencimento para engrenar. Muitas vezes, você consegue negociar o projeto para um alto executivo, mas quando chega ao presidente ou ao conselho tudo trava. Certa vez, prestes a fechar um grande acordo com uma empresa de renome, eu ouvi do presidente: "Esse projeto está difícil demais para mim. Onde eu fui me meter? Como vou construir algo que muda todos os dias?". Esse CEO gostaria que entregássemos um projeto com "começo, meio e fim" predefinidos, e não uma plataforma para a empresa descobrir, diariamente, onde precisa mudar, investir ou melhorar. É natural essa mentalidade, que impera ainda em várias multinacionais e em grandes empresas brasileiras.

Os presidentes dessas corporações são geralmente profissionais formados na área de vendas ou de operações. São acostumados a olhar números, resultados tangíveis, a cruzar informações que façam sentido explícito. De tão focados em manter "o supermercado ou o hospital de pé", esquecem às vezes de olhar o produto que suas companhias podem criar. No máximo, pedem para a equipe de TI "inovar" e desenvolver um aplicativo que "tenha tudo". A ideia entra na fila de prioridades e, mesmo que pule algumas posições, demora, porque vai ser construída toda do zero. O resultado? Já chega ao mercado atrasado.

Também é comum ouvir, na hora de apresentar um projeto para monetizar dados, que devemos levar o "modelo pronto na próxima reunião". Acontece que não existe um modelo pronto. É preciso preparar as bases — internas e culturais — para construí-lo, diariamente, em parceria. Temos que começar, antes de tudo, a entender os dados que a empresa possui e que é capaz de gerar. Essa fase inicial exige um investimento cujo valor e tempo de retorno são difíceis de prever. A dificuldade de vender essa nova mentalidade é que o outro lado da mesa raramente deixa de perguntar: "O.k., mas quanto ganho com isso hoje?". "Hoje? Nada", eu costumo dizer. Agora, se a experiência der certo, nascerá uma empresa nova, completamente diferente e altamente competitiva.

Se der errado, ganha-se o aprendizado para construir melhor e mais rápido na segunda tentativa. Um projeto verdadeiramente inovador vai mudar várias vezes ao longo do caminho, se adaptando de acordo com o teste dos protótipos, os feedbacks dos clientes, incorporando as novas tecnologias. O Original me ensinou que é difícil construir uma empresa com essa visão, mas se você ficar incutindo um senso de urgência, uma hora a mudança começa a aparecer — em todos os níveis hierárquicos. Seja porque a ficha caiu, seja porque seu concorrente está te passando, seja porque seu cliente migrou para outra empresa, plataforma ou experiência. O usuário hoje tem infinitas possibilidades de escolhas.

Como empreendedor, fundador e CEO, eu também enfrento desafios da porta para dentro. Captamos 31 milhões de reais em investimentos, o que foi uma grande vitória, mas fizemos isso no PowerPoint, quando a empresa ainda estava no papel, o que se mostrou prejudicial, porque deixamos escapar detalhes importantes de execução. Percebi que, talvez, teria sido melhor inicialmente captar uma quantia menor. Com menos dinheiro, nos concentraríamos em um aspecto do negócio em vez de construir todos os planos de uma só vez. Essa escolha poderia ter me ajudado a gerenciar melhor as pessoas que entraram no começo do projeto.

Muitos profissionais compraram minha ideia e animaram-se para trabalhar comigo na Gr1d, como eu já disse. Mas o mais difícil foi fazer todos colaborarem em harmonia. De forma geral, os profissionais ainda estão acostumados a executar suas tarefas fechados em suas áreas com um único modo de lidar com os desafios. Há o cara mais matemático, o especialista em texto, o que é mais sentimental e aquele que é mais durão. Todos defendem seus pontos de vista e de atuação e, se brigam, dificilmente voltam a trabalhar juntos.

Mais do que conhecimento técnico, a economia do presente e do futuro exige multidisciplinaridade, pessoas que saibam ligar os pontos. E ninguém conecta nada se fizer apenas o que mandam, seguindo instruções, isolado em suas caixinhas e preso a hierarquias. É preciso colaborar e de uma forma criativa e, ao mesmo tempo, responsável. Há muita gente por aí que sabe tudo, mas não entrega quase nada. Uma geração que ainda espera ordens para atuar — embora reclame a todo momento quando recebe uma.

As pessoas que admiro e têm sucesso nunca precisam de ninguém mandando-as cumprir uma tarefa. Elas gostam de ser livres e soltas, porque é assim que entendem ser possível entregar o projeto, o produto ou o serviço. Operam sob a máxima do *freedom and responsability* (liberdade e responsabilidade), que inspirou culturas corporativas como a da Netflix. No final do dia, um cargo para elas é mera formalidade. Elas não ganham por ele — elas ganham pelo que entregam. Responsabilidade não é fazer o que você quer, é fazer o que é necessário para a empresa, ainda mais uma start-up, funcionar.

Talvez o *freedom and responsability* funcione nos Estados Unidos porque o ambiente de negócios de lá é tão competitivo que uma start-up funciona bem com cinco pessoas. Você nem sobrevive ao primeiro dia se não estiver disposto a sair da zona de conforto, a buscar conhecimento, a entender como pode fazer mais e melhor. E também não sobreviverá se for apenas criativo. O maior ensinamento que aprendi com Kevin Johnson, nos tempos de Microsoft, continua atual e ainda mais pertinente: "Ideia sem execução é alucinação".

No primeiro semestre de 2019, precisei fazer uma grande mudança na equipe da Gr1d e várias pessoas deixaram a empresa. O esquema de trabalho interno proposto, inspirado no *freedom and responsability*, não funcionou. Com o aprendizado, eu reorganizei a estrutura com meus sócios para atingir uma melhor performance. Reintroduziremos alguns conceitos daquela cultura que formatei no início, aos poucos, à medida que nivelarmos conhecimento e expectativas. Não é fácil para nenhuma empresa, nem para as mais inovadoras. Estamos no meio da rota de colisão entre o velho e o novo mundo. A jornada é longa — mas, entenda: é urgente.

Com o crescimento da área de seguros dentro da Gr1d, o acionista principal fez uma oferta para adquirir todo o controle. E assim foi feito porque valia a pena vender. Valia também aproveitar novas oportunidades envolvendo projetos em *blockchain* e inteligência artificial. Desde 2020, quando deixei de participar da gestão da Gr1d, é nessas duas áreas que estou me envolvendo e empreendendo. A maior lição que tiro dos últimos anos veio das barreiras enfrentadas para colocar no mercado um produto muito à frente do seu tempo. Começamos quando a discussão sobre open banking caminhava devagar no país. Quando quer construir aquilo para o qual as empresas não estão preparadas, você precisa ter mais capital, mais fôlego, mais resiliência. Você vai errar muito tentando encontrar o caminho. Empreendedorismo é baseado em erros. Quando você erra, significa que você encontrou um caminho diferente — e não o errado.

Se é assim, eu estou me especializando em quê? No enfrentamento da mudança em si. Eu participei da revolução no comércio eletrônico, da construção da publicidade on-line, das mudanças significativas no mercado financeiro e vi nascer e crescer o mundo das criptomoedas e da *blockchain*. O que, talvez, me tenha feito chegar até este momento foi essa capacidade de, aprendendo e sempre sendo curioso, me adaptar a diferentes cenários, contextos e empresas. É o que me faz ser capaz de olhar para o que pouca gente está olhando. E estou de olho em tudo.

Atuando em conselhos de três empresas e tocando meu próprio negócio, também trabalho como investidor. A Koolen & Partners levou os sócios a abrirem uma nova gestora de *venture capital*, a Domo Invest. Como eu nunca fechei aquela porta que abri antes de entrar no Original, continuo participando de decisões de investimentos e mentorias a empreendedores — ao lado de Borges, Gonçalves e de novos sócios, como Gabriel Sidi e Felipe Andrade. Com a Domo, somos responsáveis por três fundos, totalizando mais de 300 milhões de reais sob gestão, e olhamos para empresas no estágio inicial, que chamamos de estágio Anjo e Seed, e que ainda não captaram grandes rodadas de investimentos. Buscamos start-ups que trabalhem em modelos que consideramos inovadores e sustentáveis para o século XXI. Buscamos empreendedores que saibam navegar em um mundo complexo. Porque, como Borges diz, todo mundo é capaz de transformar uma ideia em produto. A questão é se ela criará um negócio horrível. Ou excelente.

Os novos modelos de negócios exigirão, como nunca, estrategistas de guerra. Eles precisarão fazer escolhas muito rapidamente — das mais simples às mais complexas. Terão de escolher suas brigas, suas APIS, qual legado vão destruir, qual cenário precisarão reconstruir para que as pessoas continuem crescendo — e, assim, suas empresas também. A decisão sobre o que sua empresa vai deixar ou não para trás é essencial. Como o mago Dumbledore aconselha Harry Potter no segundo livro da série homônima de J. K. Rowling: "São as nossas escolhas, Harry, que revelam o que realmente somos, muito mais do que as nossas qualidades". Descobrir algumas tendências e como vários cenários, aparentemente diferentes, irão se unir nos próximos anos pode ajudar nessas escolhas. Prepare-se para o mundo novo de 2025.

12
*Unlock the future:**
o que levar em conta para estar preparado em 2025

VOCÊ JÁ PENSOU QUE PROVAVELMENTE lemos mais livros escritos há cem anos do que navegamos em sites criados há apenas duas décadas? Desde que a web surgiu, é difícil acompanhar a velocidade e o tamanho do impacto gerado para as pessoas, empresas e sociedade. Toda a minha carreira, do UOL ao Original, foi construída para se posicionar bem de frente a todas essas transformações. A ascensão de novas tecnologias mudou nosso jeito de fazer negócios, de comprar produtos, consumir informações e nos conectar às pessoas. Mas, por incrível que pareça, ainda estudamos e trabalhamos de uma maneira muito parecida com o tempo dos nossos avós, nascidos no início do século XX. Vivemos com a mentalidade industrial, estática, pouco dinâmica e flexível que marcou o século passado. Como nas antigas fábricas criadas pela Revolução Industrial, a lógica das empresas de sucesso permaneceu focada em otimizar produção e aumentar o lucro. Eficiência significa redução de custos. Inovação é descobrir como produzir mais, as mesmas peças, no menor intervalo de tempo.

---

* "Desbloqueie o futuro", em tradução livre.

A estrutura física das fábricas inspirou a dinâmica dos escritórios. O computador foi posicionado à frente de cada trabalhador, um ao lado do outro, mesa após mesa. Como se toda aquela administração, enfim, fosse o equivalente a uma linha de produção. A organização hierárquica criada para impor ordens e prioridades na fábrica foi mantida. Cada profissional ganhou cargo, um trabalho específico e uma missão. Quanto mais especialista a pessoa for, mais rápida e eficiente será na tarefa que lhe foi atribuída.

Ter a visão do todo do negócio sempre foi visto como um risco. A estratégia não precisa ser explicada. É melhor cada um cuidar da sua tarefa, desenhada para complementar a do colega, da área, e, assim, gerar o produto final. Os profissionais atuais podem não estar envolvidos com etapas de produção como apertos de parafusos, tecelagem ou colagem de sola de sapatos, mas continuam desempenhando as tarefas do dia a dia de modo processual, mecânico e "em série". Um atraso compromete toda a cadeia. Uma ausência é motivo de paralisia total na produção. Faltou a pessoa que fazia aquela tarefa, e agora? Foi essa mentalidade e formato de trabalho que definiram as jornadas. Ou você nunca parou para pensar por que entra às nove e sai às seis da tarde do seu trabalho?

O ritmo da fábrica ditou nossos horários, os da escola dos nossos filhos, o tempo que temos "livre" e as horas em que estamos "ocupados" produzindo, produzindo e produzindo. Talvez não questionemos essa lógica porque a escola, também inspirada na lógica industrial, já nos ensinou a andar na linha. Há séculos, as instituições de ensino nos incentivam a decorar, a obedecer e a repetir exercícios para sermos aprovados. Se sairmos da reta e errarmos, somos punidos. Reprovados. Na fábrica, demissão. Na empresa, bronca do chefe. O padrão é seguido tão à risca que estudamos de uniforme. Quem destoa é rebelde, já reparou? Quem decora, não questiona, veste a camisa, não arrisca e aceita tudo como lhe foi dito é um exemplo de trabalhador. A produção agradece, porque quanto mais controle e previsibilidade, melhor.

O problema é que as novidades trazidas pelas novas tecnologias e pela cabeça criativa dos empreendedores criaram um novo ritmo de mudanças que a mentalidade fabril é incapaz de acompanhar. A era da estabilidade acabou, por mais que alguns tentem se agarrar a ela.

A internet diluiu fronteiras, aumentou o acesso à informação, expôs os desejos das pessoas, deu voz a quem nunca foi ouvido. Referências mudam a toda hora. Tudo parece ficar velho em um piscar de olhos. Empresas precisam considerar variáveis que nunca imaginaram que seriam sequer relevantes. O novo mundo digital é vivo, ágil e extremamente dinâmico. O complicado virou complexo.

Grande parte das dificuldades para inovar que narrei neste livro tem a ver com o fato de que pouquíssimas organizações estão preparadas para lidar com esse novo cenário. Mesmo que o open office tenha destruído as baias dos escritórios, as hierarquias continuam existindo para perpetuar rigidez de processos e legados, como se isso ainda bastasse para fazer a máquina continuar gerando dinheiro. Mas continuar pensando assim é praticamente uma sentença de morte.

Aparece uma tecnologia nova, do dia para a noite, e muitos negócios deixam de fazer sentido. Vocês se lembram do Netscape? Do Orkut? Do Messenger? Não dá mais para fazer plano estratégico a cada três ou cinco anos. As empresas (e seus profissionais) precisam ser capazes de criar produtos novos e de rever sua rota constantemente. A boa notícia é que nós temos ferramentas, tecnologias e oportunidades para inovar neste mundo complexo. Quer uma meta? Olhe para 2025.

Acredito que será um ano de muitas transformações. Haverá uma confluência de tecnologias que expandirão as possibilidades de uma maneira que ainda não conseguimos prever. Promessas atuais, como inteligência artificial no dia a dia, sairão do papel. A estruturação da rede de internet 5G permitirá uma navegação e uma experiência de usuário completamente diferentes. Aos nossos olhos, a realidade virtual. Na saúde, a biomedicina. Nas empresas, o uso inteligente de dados. Dentro de casa, a internet das coisas. Nas ruas, drones e carros autônomos regulados para servir bem e sempre. Talvez nem tenhamos mais celular. Conforme essas tendências se juntam, surgirão novos modelos de negócios.

Enquanto essa nova realidade se desenha e se aproxima, ainda dá tempo de reeducarmos pessoas, mudarmos estruturas, destruirmos legados e corrermos atrás do que é necessário não só para mantê-lo vivo, mas para ter sucesso. Questione tudo — a começar pelo profissional que você quer ser, é ou pensa em se tornar. Você segue trabalhando sob as mesmas premissas de cem anos atrás? Quais as possibilidades de a sua carreira existir no futuro breve?

Quando a Uber chegou ao Brasil em 2014, estreando seu serviço em São Paulo, a empresa já faturava 18 bilhões de dólares e operava em dezoito países.[1] Depois de três anos, a capital paulista já era o maior mercado do mundo do aplicativo. Tal posição foi alcançada em menos tempo do que um aluno de faculdade leva para se formar. Se existisse um curso superior para formar taxistas, seus alunos receberiam o diploma sem perspectiva de emprego. E perderiam a vaga para um familiar, um amigo, talvez até um professor. Porque qualquer pessoa pode dirigir, cadastrar um carro e faturar com caronas dentro da Uber.

O risco de o taxista perder o emprego também pode ser o que você tem na sua profissão, qualquer que seja a área de atuação. Porque as faculdades continuam funcionando sob a mentalidade fabril, formando superespecialistas, aptos a trabalhar como novas peças para a linha de produção. Estudamos e somos convencidos de que adquirimos conhecimento suficiente para chegar ao mercado de trabalho e só voltar a aprender anos depois. A educação executiva, aliás, foi montada seguindo esse raciocínio em série, com cursos de imersão em períodos pré-programados, seguindo a possível evolução do profissional na carreira. As empresas, aliás, por muito tempo promoveram "líderes" e montaram programas de treinamento que seguiam essa jornada de atualização.

O que acontece? Ficamos cada vez mais especialistas na área que escolhemos. Nos fechamos dentro da caixa. Não conseguimos trabalhar conectando conhecimentos e sabemos muito pouco sobre outras áreas. Acontece que o século XXI valoriza o oposto. Ele precisa de generalistas, que saibam trabalhar em times multidisciplinares, profissionais adaptáveis e flexíveis que saibam navegar em diversas ciências, relacionando o que sabem e o que aprendem. Não haverá mais espaço para o contador que só sabe preencher formulário do imposto de renda, para o engenheiro que só sabe construir planta de fábricas e tampouco para o cientista de dados que pensa que a habilidade de programar basta.

Se você não tem uma segunda profissão, precisa, no mínimo, ter bons conhecimentos em duas áreas que se cruzam e que podem gerar uma nova tecnologia.

O contador pode virar um cientista da computação, capaz de criar um algoritmo da contabilidade do futuro. O cientista de dados talvez precise estudar filosofia para criar os parâmetros éticos do algoritmo que moverá os carros autônomos. Se um veículo como esse, sem motorista, atropelar uma criança, de quem é a culpa? Resposta complexa. E o novo mundo estará cheio delas. O problema é que os profissionais tendem a fugir de qualquer responsabilidade que não seja da sua área de formação. "Não quero saber disso", diz o engenheiro ou o filósofo. Dizem isso sem pensar que seu trabalho pode deixar de fazer sentido porque a confluência das tecnologias vai gerar novas profissões, funções e demandas. O caminho para não ficar obsoleto é ser protagonista de seu próprio aprendizado, acumulando novas experiências sem intervalos. A boa notícia é que isso é muito mais fácil e barato do que pagar uma faculdade, um MBA e um curso para executivos. Você nunca mais vai parar de estudar. É o *lifelong learning*.*

Saber inglês, por exemplo, é pré-requisito. Grande parte do conhecimento produzido no mundo atual é e continuará sendo nessa língua.[2] Ser capaz de errar, também. Quando o contexto muda a cada mês, acertar de primeira é impossível. Aquela única carreira de trinta anos dentro da mesma empresa será extinta. No mundo complexo você provavelmente passará por vários lugares ao longo da vida, precisará trabalhar em rede, talvez em vários negócios, aprendendo uma nova função a cada projeto. Engenheiros de softwares, por exemplo, já precisam reconstruir suas habilidades a cada doze a dezoito meses.[3]

Esqueça decorar e replicar o que você estudou. Você precisará ser criativo. A criatividade para mim é como Isaac Asimov a definiu.[4] Segundo o célebre escritor de ficção científica, o mundo precisa não apenas de pessoas com experiência em um campo específico, mas de gente capaz de criar conexão entre vários pontos distintos.[5] Uma vez que alguém é

---

* Prática de cultivar o hábito de estudar continuamente ao longo da vida.

capaz de fazer esse trabalho, o resultado parece óbvio a todos. "Thomas H. Huxley[6] supostamente teria gritado ao ler *A origem das espécies*, de Charles Darwin: quão estúpido eu fui de não pensar nisso antes!"

Minha previsão é a de que os empregos do futuro se dividirão em duas frentes: *deeply scientific* ou *deeply artistic*. A primeira reunirá os trabalhos voltados à ciência que exigirão conhecimentos extremamente técnicos. São pessoas que vão entender a fundo vários problemas e situações e conseguirão transformar suas conclusões em algoritmos para que as máquinas possam trabalhar para eles. A segunda frente reunirá profissionais que sabem ser criativos. E não estou falando da criatividade puramente artística. Falo da habilidade de combinar várias áreas para encontrar a melhor tecnologia para resolver os problemas da humanidade. Até um médico precisará ser criativo.

Eu não imagino um futuro em que existam pessoas muito dispostas a estudar pelo menos dez anos para começar a trabalhar como médicas. Custa caro, e, enquanto esse profissional se forma, computadores potentes que combinam inteligência artificial e softwares de análises sofisticadas vão coletando mais dados, criando algoritmos e cruzando informações de saúde.

Esses computadores reúnem a experiência de vários médicos em uma única máquina — mesmo que isso custe bilhões, só é necessário aprender a fazer uma única vez, e o aparelho processará sozinho o restante. Quando a máquina começar a dar diagnósticos cada vez mais precisos[7] — o que já ocorre em várias áreas da medicina —, não precisaremos mais ter um médico em cada cidade, mas precisaremos, sim, de profissionais capazes de interpretar corretamente esses diagnósticos ou atuando em outras frentes que vêm surgindo, como na área de biotecnologia.[8]

O fato é que todas as profissões que ficam no meio do caminho — que não são criativas, tampouco científicas — serão substituídas pelo computador. Um relatório do Fórum Econômico Mundial apontou que as máquinas realizavam, em 2018, 29 por cento das tarefas nos locais de trabalho.[9] Pelas projeções, em 2022, o índice geral de tarefas realizadas por máquinas chegará a 42 por cento. Adivinhe qual ano está previsto para que os robôs façam mais da metade de todas as tarefas? Pois é, 2025.

* * *

Ficou famosa a frase que o historiador e autor de *Sapiens*, Yuval Noah Harari, escreveu sobre suas previsões envolvendo o futuro do trabalho. "Em 2050, nós teremos uma subclasse de inúteis."[10] Sua visão é a de que nem todo mundo conseguirá se reinventar ou se qualificar para as novas funções e haverá um grupo grande de pessoas que serão, ao mesmo tempo, "desempregadas e não empregáveis". O Vale do Silício já olha para esse possível cenário sugerindo a governos que comecem a estabelecer políticas de renda básica universal.

Vários executivos poderosos, como Mark Zuckerberg, endossam a ideia de o governo fornecer subsídios para sustentar famílias que não terão como se bancar. Pessoalmente, eu não vejo essa saída como solução, e uso a ciência para explicar meu argumento. Testes com macacos já mostraram que, se eles recebem um alimento de que gostam mais, passam a desprezar a comida à qual estavam acostumados.[11] O novo os fascina e eles passam a querer somente o que acabaram de descobrir que gostam. O ser humano — nossa experiência diária prova isso — gosta de pensar o futuro a partir dos padrões conquistados no presente. A renda única poderia acostumar as pessoas a receberem subsídios e elas não vão querer abrir mão desse direito. E aí, eu pergunto: vamos dar renda mínima e universal para sempre?

Penso diferente: sugiro reconsiderar a relação histórica que estabelecemos com o trabalho. A começar pelo papel dos sindicatos, que continuam agindo como se ainda vivêssemos em um contexto industrial. Eles lutam para proteger cargos e empregos, esquecendo que a verdadeira resposta para a complexidade desse mundo está em proteger e priorizar as pessoas. É difícil no Brasil, por exemplo, eliminar o cobrador do quadro de funcionários de uma empresa de ônibus. Mas já faz alguns anos que esse tipo de trabalho tem gerado mais custos do que benefícios para as empresas. Afinal, os passageiros podem usar cartões pré-pagos ou bilhetes para passar pela catraca. Os que pagam em dinheiro podem ser atendidos pelo motorista. Para quem perguntar o melhor ponto para descer? Para o Google Maps. Tirar o cobrador parece fazer sentido, mas implicaria a demissão de milhares de trabalhadores.

A pressão trabalhista os mantém — enquanto a empresa perde eficiência e verba que poderia ser usada para, por exemplo, renovar a frota. Ou para manter seu serviço competitivo. A questão é que, em algum momento, a mudança chegará, e a função do cobrador irá desaparecer por completo. É inevitável. Quando ônibus autônomos — que já rodam em muitos países — chegarem ao Brasil, quem perderá o emprego não será só o cobrador. Mas também o motorista. E aí? Vamos manter tudo como está, esperando os chineses aparecerem com sua tecnologia, motivarem uma mudança na lei e ganharem todo o mercado?

O sindicato do futuro é aquele que olha para essas possibilidades, que não subestima o impacto da automação e que trabalha ao lado das empresas para garantir um futuro no qual os trabalhadores atuais sejam requalificados. Com o dinheiro economizado pela demissão dos cobradores, as companhias poderiam, por exemplo, investir no treinamento desse pessoal para monitoramento de veículos autônomos. Em alguns anos, quando a tecnologia chegasse por aqui, eles teriam emprego. É claro que essa ação precisaria ter a supervisão do governo, para garantir esse investimento. A pressão para isso também pode vir dos sindicatos. O que não dá é ficar só esperando o dia da tragédia.

O cenário que prevejo é otimista porque acredito que muitas profissões surgirão da confluência de novas tecnologias e do avanço da inteligência artificial.[12] Sobretudo porque as pessoas terão mais tempo, com a automação de tarefas, para estudar, ler, ativar a curiosidade e exercitar a criatividade. Na Revolução Industrial, se um jovem falasse que queria ser poeta ou filósofo, é provável que seus pais ficassem bravos e respondessem: "Você vai ter que trabalhar, não dá pra se sustentar com poesia". Só que a literatura, por exemplo, ou a própria filosofia, são muito mais difíceis de ser substituídas. Têm um valor que está acima de vários outros conhecimentos.

Precisamos estar preparados para viver em uma sociedade na qual a nossa expectativa trabalhista será totalmente nova. Em primeiro lugar, porque dispensaremos muitas atividades repetitivas que ocupam grande parte do tempo. Depois porque, se o mundo dos negócios caminhar para um rearranjo em plataformas e ecossistemas, o custo marginal para vivermos será mais baixo. Quanto custa para você fazer uma busca no

Google? Zero. Quanto custa para o Google realizar essa busca para você? 0,000000000000001 centavo. Basta dividir o total de trilhão de buscas realizadas pela empresa e você perceberá que o custo do Google para realizar a sua transação é próximo de zero. A mesma conta aplica-se ao Spotify. À Netflix. Ao próximo avião, que provavelmente também será autônomo e elétrico — quando o custo dessa energia finalmente for viável.

Comeremos carne ou frango de laboratório — mais barata, porque eliminaremos a necessidade de existirem centenas de intermediários que hoje atuam na cadeia alimentar para fazer a comida chegar à nossa mesa. Não precisaremos ser donos de um carro ou de um apartamento ou gastar enormes quantias para se divertir. Um óculos virtual com resolução 12K e um medicamento psicotrópico poderão criar o contexto para isso. Nos últimos cinco anos, os estudos científicos em torno de substâncias que, por décadas, foram vistas como drogas, como o LSD e o próprio THC, evoluíram. Dependendo da composição, do formato e da quantidade da dosagem mínima, já é possível usá-los para tratar doenças — como é o caso do princípio ativo da maconha — ou mesmo para o aumento da cognição. No livro *Stealing Fire*, por exemplo, os autores Steven Kotler e Jamie Wheal narram de que forma certos psicotrópicos podem ser usados para fins lúdicos, medicinais ou mesmo para melhorar a performance profissional. Neste último ponto, o livro mostra que alguns CEOs do Vale do Silício já utilizam tais substâncias para aumentar significativamente sua capacidade de cognição e, assim, a criatividade e a produtividade. Misturar essa experiência com realidade virtual poderia mudar os paradigmas do que até então entendemos por diversão, e a custos acessíveis.

Com o custo de vida reduzido e a eliminação de muitas funções repetitivas, é bem provável que, no futuro, não precisemos trabalhar todos os dias da semana: três horas em três dias bastarão. Teremos tempo para o ócio criativo. E, então, já parou para pensar em qual atividade útil você faria no seu tempo livre? Teremos mais tempo para estudar, para fazer o que gostamos, para criar até foguetes, se assim quisermos. A cultura vai explodir. A arte reinará.

Em várias palestras em que desenho esse cenário, as pessoas parecem entrar em pânico. "É bom demais para ser verdade", alguns diriam.

Ou "apocalíptico demais", diriam outros. "Parece *Black Mirror*", desabafam uns terceiros, referindo-se à série com previsões assustadoras sobre o futuro. Mas é justamente esse o meu ponto. Essa percepção só reafirma que ainda não fizemos a transição do mundo complexo. Estamos olhando para essas novidades com a cabeça do passado, influenciados pelas percepções e pelos paradigmas de família, de sociedade e de religião que moldaram nossa forma de viver e de encarar o trabalho.

Tudo aquilo que não conhecemos parece, à primeira vista, ficção científica. Casos como o da realidade virtual e o das "novas drogas" estão cada vez mais próximos de se concretizar, e nosso papel é influenciar para que, quando isso aconteça, se dê da melhor forma possível. Nós já somos, de certa forma, escravos do celular e de tudo o que a tecnologia nos proporcionou. Precisamos, diariamente, aprender a conviver de maneira saudável com essas novidades e regular aquilo que pode ser prejudicial para a sociedade.

Mas, honestamente, eu prefiro, hoje, viver com o celular e poder me conectar a quinhentas pessoas por dia a ter acesso a apenas três seres humanos próximos a mim. Se você fosse um adulto em 1990 e alguém lhe dissesse que, dali a trinta anos, passaríamos mais de três horas do nosso dia vidrados nas redes sociais,[13] dando likes na vida alheia, provavelmente você acharia este um cenário assombroso para o futuro. Hoje, é só o normal. O que fazemos agora é discutir e lidar com essa realidade para que ela não nos afete negativamente. Isso não significa, porém, que vamos jogar a tecnologia fora.

O que vamos preferir para os próximos anos? Essa é uma pergunta essencial porque o futuro de 2025 ainda será construído. Para não virarmos reféns de novos produtos, empresas ou governos, precisamos começar a treinar as pessoas desde já, entender as mudanças que estão em curso e abraçar as novas tecnologias de maneira consciente. Gosto de dizer que os analfabetos do futuro serão aqueles incapazes de reaprender.

Há alguns anos, eu estava conversando com um professor e perguntei a ele se meu emprego estaria seguro no futuro. A resposta foi cirúrgica: "Depende. Se, quando você sai de férias e deixa um manual descrevendo suas tarefas diárias, seu substituto consegue seguir à risca as instruções e entregar o trabalho, infelizmente o seu emprego não existirá no futuro. Porque a inteligência artificial faz justamente isso: pega todo o trabalho repetitivo e otimiza o processo, mas usando dados de uma forma muito rápida e praticamente infinita". É esse o recado que passo nas minhas palestras. Se você é capaz de colocar todo seu trabalho diário em um guia, com um passo a passo de sua rotina, é melhor começar a repensar. Porque a inteligência artificial já é uma realidade, com impactos em várias áreas, frentes e empresas.

Inteligência artificial — e nossas vidas, saúde e empregos

A inteligência artificial não é novidade. O termo surgiu em 1956, durante a Conferência de Dartmouth.[14] Na ocasião, o cientista da computação John McCarthy convidou os principais pesquisadores a discutir avanços em teoria da complexidade, simulação de linguagens, redes neurais, pensamento criativo e máquinas de aprendizado.[15] Falar sobre esses temas era necessário, na visão de McCarthy, porque havia evidências de que a capacidade das funcionalidades eletrônicas estava crescendo exponencialmente. A conferência inspirou cientistas a realizarem novos estudos em áreas como engenharia, matemática, ciência da computação, psicologia — e, posteriormente, inspirou a descobertas que levariam à criação da internet.[16] Estimulou a imaginação humana a pensar em outros cenários: robôs, máquinas superpoderosas e assistentes virtuais tornaram-se personagens de filmes. Mas a ficção científica deixou de estar muito à frente da realidade por volta de 2010, quando o mundo começou a conhecer, na prática, todo o poder e o alcance das aplicações de inteligência artificial (IA).

O termo é comumente utilizado para descrever um conjunto de tecnologias capazes de realizar tarefas que, por décadas, foram reservadas à cognição humana: reconhecimento de padrões, previsão de resultados em um cenário incerto, execução de ações repetitivas e tomada de decisões complexas. No final das contas, os algoritmos (conjuntos de instruções ou regras matemáticas) que movem essas tecnologias trabalham para interpretar o mundo ao nosso redor.[17] O mais importante de toda essa história, porém, é entender que a inteligência artificial não é inteligente de verdade. Sempre foi — e continua sendo — uma inteligência burra. Depende de uma quantidade significativa de dados para ser capaz de cruzar informações e obter uma conclusão que faça sentido.

A primeira fase de desenvolvimento de uma inteligência artificial concentrou-se, por décadas, em torno desse desafio. Existiam muitas barreiras técnicas para capturar dados em massa. Instituições, laboratórios e empresas colheram o que conseguiam, organizaram minimamente esses dados e utilizaram as estatísticas para otimizar um trabalho, um processo ou toda uma linha produtiva. Daí, surgiu a primeira leva de automação, com indústrias, por exemplo, utilizando máquinas para realizar processos que antes eram manuais.

Aplicações mais inteligentes e refinadas, porém, surgiram quando a coleta de dados realmente ganhou escala. E isso se deve, principalmente, à ascensão da web. A IA da internet aproveita o fato de os usuários rotularem os dados automaticamente à medida que navegam: comprando ou não comprando, clicando ou não clicando. Essa cascata de informações — imagens, vídeos, arquivos — cria um perfil detalhado de nossas personalidades, hábitos, demandas e desejos. É a receita perfeita para um conteúdo personalizado que nos mantém em uma determinada plataforma e pode aumentar a receita ou o lucro das empresas que utilizam essa tecnologia.[18]

Eu aproveitei desse benefício quando estava na TeRespondo e comecei a vender anúncios considerando o que as pessoas procuravam nas buscas dos portais. Com mais dados em mãos, cientistas e especialistas começaram a perceber que era possível aproveitar melhor os avanços da ciência computacional das últimas décadas e criar algoritmos e tecnologias poderosas para fazer previsões. Começamos a falar, fora dos laboratórios, no uso de *big data*,[19] *machine learning*[20] e *deep learning*.[21] É possível usar os dados para antecipar cenários e prever resultados. Entramos, então, na onda da inteligência artificial em que estamos até agora: a preditiva.

Os governos do Canadá e dos Estados Unidos, por exemplo, utilizam IA há anos para prever o acontecimento de crimes em determinados locais e sob certas circunstâncias. Com um conjunto de tecnologias, são capazes de estabelecer políticas públicas direcionadas a combater a ação criminosa antes mesmo que ela ocorra. Na China, onde o governo sempre manteve o controle da internet e dos dados gerados pelas empresas, a IA ganhou uma escala impressionante. A maior aplicação, atualmente, está no reconhecimento facial, criando um sistema poderoso de controle e vigilância em nível nacional.

Existem cerca de 170 milhões de câmeras de vigilância em todo o país e a previsão é que, ao final de 2020, esse número aumente para 626 milhões de câmeras instaladas.[22] Além dessa estrutura, o governo trabalha em parceria com empresas para capturar toda a informação de que for capaz: placas, registros, rostos e idades. O negócio é tão relevante que as empresas chinesas por trás dos softwares que regem esse sistema, Yitu, Megvii, SenseTime e CloudWalk já foram avaliadas em mais de 1 bilhão de dólares cada uma.[23] Com a ajuda delas, o governo é capaz de saber quem dirige um carro, com quais pessoas você se encontra com maior frequência e até recuperar a localização de uma pessoa na semana anterior.

Em 2017, um repórter da BBC foi testar, na prática, a eficácia desse sistema. Saiu às ruas de Guiyang, capital da província de Guizhou, no sudoeste da China, com uma câmera na mão. Sem avisar autoridades, demorou apenas sete minutos para ser encontrado e abordado por policiais questionando o que ele gravava. Eu não duvido nada de que esse tempo tenha diminuído ainda mais agora. Com esse poderoso sistema de vigilância, montado graças à inteligência artificial, o país criou ainda uma pontuação social para avaliar a reputação de cada pessoa, empresa e até funcionários do governo.

Definitivamente, é um país diferente daquele que conheci em 1997, 2006 e 2010. É uma potência em inteligência artificial, com capacidade de definir as próprias regras do jogo, porque vive sob uma ditadura digital. É claro que todo esse controle, alcance e influência sobre bilhões de pessoas tem sido motivo de debate e preocupação. Quais podem ser as consequências de um governo com tanto controle sobre os dados de sua população? Por isso que defendo — e voltarei ao assunto até o final deste capítulo — as tecnologias que permitem a descentralização, impedindo que os dados estejam nas mãos de um só governo ou de uma só empresa.

Não é só a China que está colocando câmeras para captar, ouvir e descobrir o que pensamos e fazemos. Nossos próprios aparelhos celulares são fontes de dados para várias empresas. As fábricas ganharam sensores cada vez mais inteligentes e precisos para antecipar a demanda e adiantar a produção. As casas ganharam eletrodomésticos e lâmpadas inteligentes que registram quando acendemos a luz ou abrimos a geladeira. Milhões de pessoas já vivem com a ajuda de um assistente virtual,[24] e começam o dia dizendo a palavra Alexa. A assistente da Amazon combina IA com a tecnologia de voz e já nasceu com o intuito de predizer tudo de que você precisa durante um dia. É uma das aplicações práticas e cotidianas mais "invasivas" que a IA proporcionou até agora. Esse tipo de assistente pode acabar, inclusive, com o marketing. E eu não estou exagerando: "Alexa, com base no que você me conhece, qual é o melhor carro para eu comprar e em quantas prestações eu posso pagar?".

Se a Alexa responder corretamente, adeus intermediários — e o propósito de suas propagandas. Sem passar por uma concessionária e por um banco, seremos direcionados diretamente para o produto que melhor atende nossa necessidade. A pergunta do carro ainda não é respondida, mas com o uso de algoritmos sofisticados e de dados consideráveis sobre o perfil de um cliente, a Alexa já é capaz de perceber quando falta leite na sua casa e manda entregar antes que você se frustre na manhã seguinte. Debita no cartão de crédito a compra automaticamente. Simples assim.

A Amazon quer mapear a jornada do consumidor do início ao fim para quem sabe, um dia, a controlar por inteiro. Jeff Bezos busca atingir esse objetivo há mais de duas décadas, recolhendo ano após ano dados que o façam concretizar essa missão.[25] No fundo, transformou a Amazon — com a Alexa — em um "agente" de negócios. Controla o ecossistema e reúne, sob seu guarda-chuva, dezenas de marcas, e em breve saberá qual delas é a melhor para cada usuário. É claro que nem tudo está perfeito. Há testes que mostram quando a Alexa erra um pedido ou sugere apenas produtos que estão disponíveis dentro da loja da Amazon.[26] Mas é bem provável que, até 2025, a empresa já tenha ajustado sua dinâmica de IA. E há outras empresas nesse jogo: por acaso, você se lembra de em qual restaurante pediu a última pizza no iFood? Ou você questiona os caminhos do Waze?

    Nos próximos ciclos de inovação, os consumidores vão mudar de marcas confiáveis para agentes confiáveis — capazes de resolver seu problema. Eles farão a curadoria de centenas de marcas (ou restaurantes, no caso do iFood, ou opções de trajeto, no caso do Waze) e decidirão pelo consumidor. A captação de clientes será uma ciência. O marqueteiro do futuro provavelmente será aquele preparado para estudar a psicologia profunda que move o comportamento das pessoas ou um cientista de dados capaz de calcular o retorno sobre o investimento e o resultado desses agentes. Além disso, haverá uma discussão sobre a manipulação desses algoritmos. Os agentes mostrarão o que é melhor para o consumidor ou para sua própria rentabilidade.

    As tecnologias de voz têm chances de diminuir o poder e o espaço do celular na vida das pessoas e causar uma revolução em tudo aquilo que falamos sobre mobile e estratégia digital. Se a Alexa — ou a Siri, da Apple; ou ainda o Google Home, assistente do Google — for capaz de pagar uma conta, pedir sua comida, seu Uber, ditar o extrato da sua conta-corrente, ler as principais notícias do dia, dizer quem curtiu seus posts nas redes sociais, marcar um evento no seu calendário, ler seus e-mails, para que você vai precisar de um celular com múltiplas funções e armazenamento?

    Ao acumular grande quantidade de dados e usar algoritmos para estabelecer padrões, já é possível mudar a nossa relação com médicos, hospitais e planos de saúde. Uma das novas empresas na área de biomedicina, a norte-americana Onogen, foi criada com a missão de usar IA para criar uma "experiência centrada no paciente" prevenindo-o de doenças crônicas como Alzheimer, demência, diabetes e doença de Parkinson. A equipe de médicos e cientistas oferece terapias personalizadas prometendo "empoderar células" e "reprogramar os genes" das pessoas. Como isso funciona na prática? Fui descobrir em 2019, sendo a própria cobaia de minha pesquisa sobre a área. Aproveitei uma viagem de negócios a Miami, em 2019, para conhecer Ivel de Freitas, CEO da empresa e médica formada na Universidade Yale.

Comentei que gostaria de testar as terapias da Onogen e que estava curioso para saber o que meus genes diriam sobre meu estado de saúde de então. Fiz exames de sangue para analisar meu quadro clínico geral e realizar o mapeamento genético. Algumas semanas depois, já no Brasil, eu estava no meu carro, parado no trânsito de São Paulo, quando Ivel me ligou. "O que os exames apontam?", perguntei, ansioso. Ivel disse que os resultados mostraram que o tamanho dos meus telômeros — estruturas do DNA que protegem a informação genética no cromossomo — coincidia com a minha idade biológica. O que não era ruim, segundo ela. À medida que as células se dividem para se multiplicar e regenerar tecidos e órgãos do nosso corpo, o comprimento dos telômeros vai sendo reduzido. Com o passar dos anos, vão ficando mais curtos até o momento em que já não conseguem mais proteger o DNA. As células param de se reproduzir e chegamos à velhice. Quando as pessoas, portanto, têm telômeros mais longos, quer dizer que elas possuem mecanismos metabólicos que as protegem.[27]

No fim das contas, meus resultados indicavam que meu envelhecimento não estava acelerado. Mas eu também poderia estar em uma situação melhor. "O ideal seria que seus telômeros tivessem uma idade dez anos mais jovem que a sua biológica", disse Ivel. Ao analisar meus dados clínicos, ela descobriu que sou portador de uma mutação genética que dificulta o processamento de ácido fólico. Essa vitamina, pertencente ao complexo B, ajuda na formação de proteínas estruturais e da hemoglobina. Explicou que a mutação não é fatal, mas acelera meu envelhecimento. Recomendou-me o uso de um complexo de vitaminas capazes de levar nutrientes que não estavam chegando aos telômeros. Se tomá-lo de forma constante, ela me disse, posso aumentar o tamanho deles e, com isso, ganhar vários anos de vida. Só saberemos a eficácia desse tratamento — e de outros que estão sendo desenvolvidos — ao longo dos anos. Mas, veja bem, esse é o nível que a medicina está atingindo fora dos hospitais.

O mapeamento genético combinado à IA já permite cruzamentos de dados e informações capazes de criar uma medicina muito mais preditiva do que reativa. Até o século XX, a medicina atuou, prioritariamente, para curar doenças. Pense bem: quando você usou seu plano de saúde para prevenir a chance de sofrer algum mal? Provavelmente poucas vezes, ou nenhuma vez. Os planos de saúde funcionam, na prática, como planos de doença. Custam caro[28] porque são reativos — você paga pelo problema que pode ter no futuro. Porém, se os médicos têm tecnologia e conhecimento para antecipar diagnósticos e as pessoas monitoram sua saúde constantemente, esse cenário pode mudar. Será possível saber qual aspecto pode melhorar ou qual doença pode ser prevenida. E prevenir não só é melhor do que remediar — custa muito menos.

Os cientistas também desenvolverão ainda mais o mapeamento genético. A base de dados que vem sendo montada está mais detalhada a cada dia, aumentando a eficiência dos algoritmos e a precisão dos resultados que são exibidos. Em breve, começaremos a descobrir como manipular genes para, possivelmente, eliminar aqueles responsáveis por doenças como câncer ou Alzheimer. Adicione novas tecnologias a esse cenário e, daqui a pouco, começamos a pensar em um mundo em que poderemos codificar nossas emoções.

Todos os casos que narrei sobre usos da inteligência artificial ainda estão muito longe do potencial que podemos atingir. Há uma nova forma de computação que pode permitir, por exemplo, colocar a nossa própria consciência — e emoções — na nuvem. Estou falando da computação quântica, que utiliza uma tecnologia capaz de fazer cálculos e resolver problemas impossíveis de serem solucionados com os computadores atuais.

O número de artigos científicos pesquisando essa tecnologia cresce exponencialmente desde 2013 e só a China prevê investir 10 bilhões de dólares de um período de cinco a dez anos nessa área.[29] O Alibaba criou um laboratório de computação quântica e estuda como utilizá-la no e-commerce e em *data centers*. Nos Estados Unidos, que têm a estimativa de investir mais de 1 bilhão de dólares no mesmo período em que China, IBM, Microsoft e Google já lançaram soluções e protótipos. A empresa de consultoria Gartner prevê que essa tecnologia já esteja disponível, com aplicações práticas, nos próximos dez anos. Prioritariamente, a computação quântica pode ser utilizada para melhorar os algoritmos de classificação de dados. O que gerará resultados complexos e questões probabilísticas muito mais rápidos e inesperados dentro da IA.

Com a computação quântica seremos capazes de descobrir como criar uma tecnologia muito próxima ao que conhecemos hoje por "consciência". A pergunta que o mercado de tecnologia vem se fazendo há anos, desde que surgiram os livros de ficção científica, é a seguinte: quando a inteligência artificial ganhará consciência própria? Ainda estamos bem longe desse cenário — não temos conhecimento técnico suficiente, tampouco visão sobre para onde todas as tecnologias que estão sendo desenvolvidas irão confluir no futuro próximo. No entanto, os impactos desse desenvolvimento já atingem várias áreas, e, por mais exageradas que algumas previsões pareçam, elas não podem ser completamente ignoradas.

Se sua empresa nem sequer está coletando informações, ela não será um agente em 2025. Não saberá usar IA, não entenderá computação quântica, não se conectará aos novos modelos de negócios criados puramente por uma assistente virtual. As chances de essa empresa sobreviver até lá, aliás, são baixíssimas. Se o governo de seu país está atuando para cercear o acesso a dados, a situação também pode ganhar contornos dramáticos. O equilíbrio entre privacidade e inovação nesta nova era é importantíssimo.

Inovação e regulação dos (nossos) dados

O ato de regular uma empresa ou setor não é necessariamente negativo. Precisamos de regras mínimas para viver em sociedade ou para fazer negócios de forma justa, competitiva e transparente. O que é ruim é se valer de regulações elaboradas no século XX para controlar a atuação de negócios pensados e construídos no século XXI. Assim como não somos capazes de criar o complexo novo mundo com ferramentas antigas, é impossível fazê-lo sob a jurisprudência passada.

Considerando o mundo digital, a regulação é uma faca de dois gumes. Muitas leis foram importantes para garantir direitos mínimos às pessoas na internet, enquanto outras, por excesso de zelo ou de burocracia, podem travar o desenvolvimento de vários negócios. Principalmente o de start-ups e pequenas empresas. Quando falamos de uso de dados — "a gasolina do futuro" — não há uma resposta unânime para nortear quais serão as regras. Os governos das principais economias do mundo sabem que é preciso criar uma legislação para regular como as informações de seus cidadãos fluem entre instituições, servidores, nuvens, negócios e diversos bancos de dados. Mas qual deve ser o balanço entre privacidade e segurança?

A Europa escolheu seguir uma legislação exigente e rígida. Em 1995, foi aprovada uma diretriz que serviu como um instrumento jurídico base para tratar do assunto. A discussão evoluiu para a criação da Regulação Geral de Proteção de Dados (GDPR, na sigla em inglês). Em vigor desde maio de 2018, colocou as pessoas — cidadãos, usuários e clientes — como donas de seus próprios dados. Mas precisamos de uma lei para falar que os dados pessoais são propriedades, veja bem, das pessoas? Parece elementar, mas não é, meu caro Watson. As instituições financeiras sempre agiram como donas das informações que recolheram de seus clientes. Empresas de tecnologia também.

Mas, diferentemente de um banco, por exemplo, onde o cliente tem noção das informações que forneceu, o usuário da internet dificilmente imagina a quantidade de dados que gera somente ao acessar um portal ou uma rede social ou fazer uma compra simples. Google, Facebook e Amazon construíram um império de informações detalhadas e precisas e, até pouco tempo atrás, não eram obrigados a avisar os usuários, tampouco a compartilhar, com governos, empresas ou cidadãos, as informações armazenadas.

O GDPR exige que as empresas informem toda vez que coletarem informações e para qual finalidade o fazem. Também prevê o direito de os cidadãos solicitarem seus dados a qualquer momento, bem como a obrigação de as companhias eliminarem informações se esse for o desejo do usuário. Google, Facebook, Amazon e até empresas brasileiras com operações europeias entram nesse escopo porque a legislação considera companhias que têm cidadãos europeus como clientes — independentemente de eles morarem no Velho Continente. Em caso de descumprimento de regras, a multa pode chegar a dois por cento do faturamento internacional da companhia.

A GDPR inspirou a primeira legislação brasileira que regulamenta, de forma ampla, o uso de dados no Brasil. A Lei Geral de Proteção de Dados (LGPD), aprovada e sancionada, deve entrar em vigor a partir de agosto de 2020. Em linhas gerais, segue as diretrizes da europeia, indicando os cidadãos como proprietários de seus próprios dados. Ele pode pedir acesso ou que seus dados pessoais sejam migrados para outro controlador. Para fiscalizar se empresas e poder público estão coletando dados seguindo a nova regulamentação, a LGPD criou uma Autoridade Nacional de Proteção de Dados (ANPD).

O que me preocupa com a nova lei não é sua existência, mas a eficácia e as consequências de sua implementação. Grandes empresas já estão se movimentando para entender qual estrutura física precisam criar para lidar com as novas demandas e obrigações do uso de dados. Já imaginou se cada usuário solicita seus dados via redes sociais? O Brasil, diferentemente da Europa, não tem tradição em lidar com esse tipo de demanda jurídica e a LGDP, por ser vaga em alguns aspectos ou abrangente demais em outros, é uma lei complexa de ser implementada. Não basta conhecê-la em termos teóricos — há uma série de procedimentos a serem observados pelas empresas no que se refere à segurança desses dados e aos riscos envolvidos.

Se já é difícil para uma pequena ou média empresa lidar com a contabilidade — e a profusão de regras, impostos e regras da Receita Federal —, imagina com o medo de uma multa milionária pairando sobre suas cabeças. O meu maior receio envolve todas as barreiras criadas na hora de coletar os dados. Como uma start-up vai conseguir criar um bom produto sem acesso a informações personalizadas de usuários? Mesmo que consiga, seguindo a lei, o Brasil não possui especialistas em quantidade suficiente que possam garantir o uso de inteligência artificial de um modo rápido, inovador e seguro.

Enquanto descobrimos como implementar todas essas exigências e criamos mais estruturas jurídicas, Google, Facebook e Amazon olharão para os brasileiros e perguntarão: você aceita que eu colete seus dados para esses fins? E eles aceitarão. Porque nenhum deles irá deixar de usar o Gmail, o Waze, o WhatsApp, o Instagram e o marketplace de Jeff Bezos. Essas empresas aproveitaram o vácuo na legislação para construir fidelidade e uma enorme base de dados — e usam há anos inteligência artificial, *machine learning* e *deep learning* para traduzir tudo o que capturam em produtos fantásticos. Como uma start-up vai competir com elas?

Assim como é imprescindível que a legislação proteja a privacidade das pessoas, também é urgente que crie exceções para start-ups e empreendedores poderem usar dados e, assim, conseguirem inovar. A saída para isso é criar um ambiente jurídico especial chamado de *regulatory sandbox*, que é uma espécie de campo de testes, em que a operação funciona paralela à da empresa e utiliza dados fictícios para testar novos produtos e soluções que podem, mais tarde, chegar ao mercado. O regulador acompanha, por exemplo, o processo de desenvolvimento de uma fintech, e a cada passo determinará novas regulações para controlar riscos e impactos negativos que podem ser resultado daquela empresa ou produto. Trata-se, portanto, de uma regulamentação que pode mudar conforme as informações dos clientes e do setor. A vantagem para o regulador é poder determinar diretrizes para as novas tecnologias que estão por vir, proteger os interesses dos consumidores e estar sempre atualizado com os recentes desenvolvimentos da área. Para as empresas, a vantagem é inovar e lançar seus produtos com regras que não são estáticas e que acompanham as mudanças do mercado.

A nova versão da LGPD, publicada em maio de 2019, até prevê a possibilidade de a Autoridade Nacional editar normas e procedimentos simplificados para empresas de pequeno porte. Mas não deixou claro quando e como isso será feito. Minha sugestão? Quando: o mais rápido possível. Como: separando, claramente, a identidade do dono dos dados dos dados em si. Empresas poderão dizer quem são seus clientes sem identificá-los individualmente: homem, 44 anos, branco, residente em São Paulo. Eis as minhas características. Se quiserem me identificar, dizendo que eu sou o Guga, aí sim, elas precisam pedir minha autorização. Condicionar todo e qualquer uso de dados à autorização prévia dos clientes é um erro. É game over na competição, por exemplo, com o Google.

Não podemos implementar uma lei sob o prisma do século passado, colocando as empresas nacionais sob as mesmas exigências mas em condições desvantajosas em relação ao restante do mundo. Antigamente, competíamos com concorrentes locais, no mundo off-line. Um produto digital, porém, é global por natureza. A Uber é a mesma no mundo inteiro. Google, Facebook e WeWork também. A *regulatory sandbox* é uma necessidade urgente. Precisamos permitir que a inovação aconteça e proteger quem está engajado nesse trabalho.

Criar um ambiente regulatório vivo é uma vantagem competitiva para um governo e para uma empresa que queiram inovar. E um ambiente vivo não é aquele que prevê uma multa de 50 milhões de reais se você utilizar um dado de forma "não prevista". Vamos construir a nossa *sandbox* e entender como podemos coletar dados e armazená-los. Se funcionar de forma segura, partimos para a separação da identidade do dado. É assim que permitiremos que todas as empresas brasileiras os utilizem e estejam aptas a competir com as gigantes de tecnologia e com o império que a China está criando para dominar o mundo da inteligência artificial.

A IA não tem barreiras geográficas, e tomar a frente de seu desenvolvimento é garantir uma boa posição de negociação nesse novo mundo cada vez mais complexo. Uma questão, portanto, maior que o alcance da tecnologia é a questão da soberania. Pense bem: você acha que vai ter um carro autônomo chinês nos Estados Unidos? Ou um carro autônomo norte-americano na China? Um carro autônomo puxa dados de tudo o que existe ao redor. Se você tem um carro chinês nos Estados Unidos, o país perde a soberania nacional, porque todos os dados vão ser captados por um outro governo. E vice-versa.

Mas, se demorarmos para criar políticas eficazes que garantam segurança, mas também pesquisa científica e inovação, é bem capaz que utilizemos carros autônomos da China ou dos Estados Unidos e todos os dados de nossos cidadãos e municípios sejam concedidos para outro país. Como vamos poder construir um carro autônomo, que só funciona à base de bilhões de dados, se precisaremos pedir autorização de tudo a todo momento?

Penso que a opção para o uso de dados adotada pelos Estados Unidos ou pela China não seja a resposta para encontrar esse equilíbrio entre privacidade e inovação. Os recentes escândalos do Facebook mostram que há muita liberdade e pouca responsabilidade no uso dos dados de seus usuários. O Google já foi multado em milhões de euros por violar as diretrizes da GRPD ou por práticas consideradas anticompetitivas na Europa.[30] Não à toa, são as empresas de tecnologia que estão à frente das discussões de regulação nos Estados Unidos. Elas querem garantir o melhor ambiente para atuarem — e fazendo o mínimo de concessões. Do outro lado do mundo, a China caminha para eliminar completamente a privacidade de seus cidadãos.

*In descentralization we trust**

Não há respostas simples nesse mundo complexo. Dois mil e vinte e cinco será o ano em que diversas tecnologias hoje desenvolvidas por máquinas, algoritmos, computação em nuvem e quântica estarão mais acessíveis. A orquestração para garantir novas leis, regras, propósitos e prioridades precisará ser global.

Eu não visualizo esse futuro dependendo de países-âncora. Não quero viver em uma ditadura digital, tampouco em países que impõem leis aparentemente de proteção, mas que, na prática, construirão novas barreiras à inovação. Não podemos também deixar que apenas uma empresa tome a frente da IA porque isso pode tornar todo o mundo refém de sua tirania. Não me agrada um futuro em que poucas e gigantescas plataformas controlem os dados e, portanto, a oferta de serviços. Tampouco me agrada a perspectiva de um governo ditatorial e digital, capaz de influenciar as decisões éticas e sociais que pautarão o futuro

---

*   "Em descentralização nós acreditamos", em tradução livre.

dos negócios. E que, para completar, cria uma pontuação para definir quem merece ou não estar nesse novo sistema.

Por essa razão, o futuro que eu visualizo e que estou trabalhando para construir baseia-se na *blockchain*. Para mim, é essa a tecnologia que permitirá construir a primeira grande história do século XXI. Uma história com uma base completamente nova, porque já nasce totalmente descentralizada. Um ambiente que garante maior poder aos indivíduos, e não permite que empresas ou governos detenham a chave para todas as informações, que regula o mercado por meio de "algoritmos de consenso" e distribui o poder. As estrelas de avaliação, que representam nossa reputação e valor diante de um produto ou serviço, estarão conosco. Nós as carregaremos independentemente da empresa para a qual trabalharmos ou do serviço que utilizarmos. Nossa reputação passará a ser disputada. As empresas verão que não fará mais o menor sentido ter hierarquia, porque, na descentralização, a política é, de fato, democrática. Os dados e cenários serão construídos juntos.

Já estão em desenvolvimento algumas tecnologias[31] que, aliadas à *blockchain*, permitem que utilizemos computadores e servidores de todo o mundo para guardar e compartilhar informações. Puxamos os dados que desejamos — e, operando nesse sistema, uma start-up, o Google ou um país têm acesso isonômico ao mesmo banco de informações. A identidade dos nossos dados nesse novo tipo de sistema é aberta ou fechada, a depender de nossas escolhas individuais. Nossa busca por informações também pode ser apagada se assim o desejarmos — e não ser usada por terceiros, como governos específicos.

A internet já mostrou que somos capazes de nos adaptar sem precisar esperar novas gerações, catástrofes climáticas ou imposições divinas. Conectou tudo em rede e abriu um mundo de possibilidades, mas não aprendemos a lidar ainda com sua rapidez e seus efeitos. Continuamos treinando profissionais para um futuro que não existirá, insistindo em uma educação e modo de trabalho industrial, pagando plano de saúde para curar doenças, desconfiando que a Alexa pode destruir nossa empresa, acreditando que o carro autônomo nunca vai chegar, pensando no lucro do trimestre e vendo a inteligência artificial acontecer apenas nos filmes mais malucos da ficção científica. As tecnologias mais avançadas e a *blockchain* podem nos ajudar a construir uma nova internet. Mais segura, que zela pela privacidade e beneficia a todos porque não retém dados em um servidor ou sistema de hospedagem únicos de uma empresa ou governo. As pessoas poderão, elas próprias, monetizar seus dados. Começaremos a ser capazes de criar uma série de modelos de negócios que darão muito mais poder aos indivíduos.

 No final das contas, este é um livro que fala sobre transformação — a minha, a das pessoas ao meu redor, a de várias pequenas e grandes empresas, a da tecnologia e a das próprias demandas da sociedade. Eu ainda preciso vender o potencial da internet, assim como vendia lá atrás, nos tempos de UOL. Nós ainda criamos empresas incapazes de concorrer com o Google, seja pela regulação, seja por falta de agilidade. Ainda montamos ecossistemas inovadores e deixamos tudo escapar por uma visão de curto prazo. O brasileiro é fanático por ferramentas de comunicação instantânea e adota com facilidade as redes sociais em seu dia a dia, mas ainda não criamos um MSN, um WhatsApp, um TikTok. Talvez por todas essas razões, participar da construção do primeiro banco digital do país tenha sido o grande momento da minha carreira. Parece um ponto fora da curva em um país que só produz exceções. Mas não é, felizmente.

 A partir de 2015, o Brasil começou a gerar uma leva de empreendedores unicórnios, a atrair dinheiro de fundos de investimento globais e a valorizar o que o brasileiro tem de melhor: a criatividade. Talvez a característica número um para garantir a presença humana diante da inteligência artificial. O que nos falta é senso de urgência. Precisamos discutir regulações de dados mais eficientes para sermos competitivos globalmente, precisamos criar nosso sindicato 2.0, montar empresas-plataformas — do API à *blockchain* — tirar os mestrandos e doutorandos do call center e deixá-los livres para praticar *deep learning*. O Brasil sempre foi muito paternalista e os cidadãos tendem a esperar que o governo conceda tudo: aposentadoria, benefícios trabalhistas e fiscais, além de políticas ideais de pesquisa e de desenvolvimento. Esperam que o governo garanta boas condições para viver e trabalhar.

 Mas não podemos esperar pelo ambiente ideal. Precisamos nos reunir, juntar as forças de empreendedores e empresas, criar pequenas tribos ou grandes comunidades. Vamos colocar os dados na *blockchain*, criar protocolos de compartilhamento de informações descentralizados por meio dos quais todos se beneficiem, fazer um modelo de financiamento de pesquisa que seja acessível para toda a rede. Há tecnologia para dar esse novo passo, mais colaborativo e independente. Há novos caminhos que já estão sendo trilhados. As possibilidades são infinitas. É preciso vontade. Vontade de pensar, de trabalhar e de viver diferente. De querer ser protagonista nesse novo mundo complexo. É esse tipo de espírito que definirá quem triunfará em 2025. Não diga que o céu é o limite quando há pegadas na lua.* As pegadas, aliás, foram feitas no século xx. Qual marca você quer deixar neste século?

---

* Frase usualmente atribuída ao cantor canadense Paul Brandt.

AGRADECIMENTOS

Seria impossível citar todas as pessoas que fizeram parte desta história e que foram importantes ao longo da minha vida. Gostaria que aqueles com quem cruzei soubessem que eu carrego um pouco de cada um. E agradeço a oportunidade de ter convivido com tanta gente legal.

Agradeço a minha família, que sempre me deu suporte e nunca colocou rédeas, nem nas minhas ideias mais malucas nem nas minhas vontades de criar, o que me permitiu ser uma pessoa que acredita que pode construir qualquer projeto em qualquer lugar, sem limites.

Algumas pessoas me marcaram especialmente por estarem presentes em momentos de transformação. Não vou esquecer o dia em que Alejandro Dicovsky, então gerente de comércio eletrônico do UOL, me chamou para trabalhar lá, dando início à minha carreira no mundo digital. Foi no UOL também que conheci Alexandre de Freitas, que transformou os meninos de sua equipe (eu entre eles) em soldados de verdade.

Agradeço também a Kieron James, o inglês desbravador que veio para a América Latina para abrir a operação da Domain Names e apostou em mim como o seu braço direito e country manager. Com ele aprendi muito sobre negócios internacionais, criação de empresas e a importância do design.

Uma nova era começou quando conheci outros dois garotos, Juan Calle e Daniel Echavarria, que para mim são as pessoas com o perfil mais próximo do de empreendedores icônicos como Mark Zuckerberg. Inteligentes e focados, criamos juntos a TeRespondo, que foi um sucesso absoluto.

Também não poderia deixar de citar Romero Rodrigues e Rodrigo Borges, com quem vivi a experiência mais parecida com a revolução do Vale do Silício em uma empresa brasileira. Fizemos investimentos, aquisições e ousamos muito.

Mais tarde, tive a oportunidade de trabalhar com os melhores do Brasil no Banco Original, o que só foi possível porque o Marcelo Santos acreditou em minhas ideias e lutou para que elas acontecessem.

E que venham muitos outros parceiros, porque a história está apenas começando.

NOTAS

1. SE FIZER ISSO, VOCÊ VAI PRESO [pp. 9-21]

1. Lei antiga. Disponível em: <https://www.bcb.gov.br/pre/normativos/res/1993/pdf/res_2025_v5_L.pdf>.
2. Um adquirente é a empresa responsável pelo credenciamento dos estabelecimentos comerciais para aceitação de cartões como meios eletrônicos de pagamento na aquisição de bens e ou de serviços. É responsável por capturar, transmitir às bandeiras (como Visa e Mastercard), processar e liquidar as transações financeiras junto aos estabelecimentos comerciais.
3. De origem norte-americana, o BankBoston chegou ao Brasil em 1947 e, por décadas, foi o banco queridinho da elite brasileira, no qual Henrique Meirelles iniciou sua carreira e permaneceu por 28 anos, até assumir a presidência internacional. Com 140 agências e 4,8 mil funcionários, foi vendido para o Itaú por 2,2 bilhões de dólares em ações em 2006.
4. "Clientes agora podem abrir e fechar conta em banco pela internet." Disponível em: <https://economia.uol.com.br/noticias/redacao/2016/04/25/clientes-agora-podem-abrir-e-fechar-conta-em-banco-pela-internet.htm?cmpid=copiaecola>.
5. "CMN permite abertura de conta corrente e poupança pela internet." Disponível em: <https://oglobo.globo.com/economia/cmn-permite-abertura-de-conta-corrente-poupanca-pela-internet-19158112>.
6. O banco foi fundado com o nome de Intermedium em 1994 em Belo Horizonte por

integrantes da família dona da MRV Engenharia. Em 2017, em uma renovação de marca, o nome foi simplificado para Inter. Um ano depois, abriu capital e captou 722 milhões de reais.
7. Entrevista do presidente do Itaú, Candido Bracher, ao LinkedIn em vídeo: "Top Companies 2019". Disponível em: <https://www.linkedin.com/feed/update/urn:li:activity:6519156567550631936>.
8. "Daily active users for WeChat exceeds 1 billion". Disponível em: <https://www.zdnet.com/article/daily-active-user-of-messaging-app-wechat-exceeds-1-billion/>.
9. Disponível em: <https://tech.sina.com.cn/i/2019-01-09/doc-ihqhqcis4468637.shtml>.
10. Número conquistado em janeiro de 2019. Disponível em: <https://tech.sina.com.cn/i/09-01-2019/doc-ihqhqcis4468637.shtml>.
11. Estrutura regulatória com diretrizes relativas a índices de alavancagem, exigências de capital e liquidez. Na prática, a existência da Basileia visa fornecer segurança aos investidores em relação às decisões que um banco toma (e que podem quebrá-lo) ou em segurança à própria instituição em períodos de turbulências financeiras. No Brasil, o Comitê de Basileia foi criado em 1974. As regras foram aprimoradas em 2010 para fortalecer a capacidade de as instituições absorverem choques econômicos, reduzindo o risco de propagação de crises financeiras para a economia real.
12. Uma pesquisa conduzida pela *Harvard Business Review* em parceria com o Instituto de Pesquisa Genpact, publicada em 2017, analisou o impacto da digitalização nas finanças. As empresas financeiras entrevistadas afirmaram que as principais barreiras para inovar no digital são a incapacidade de experimentar rápido (56 por cento), o legado de antigos sistemas e processos (55 por cento) e o gerenciamento de mudanças (41 por cento). Disponível em: <https://thefinanser.com/2017/08/banks-failing-digital-due-legacy-leadership-harvard-research.html>.
13. Análise de pagamento de imposto divulgada por Scott Galloway, conhecido como "guru do marketing". Disponível em: <https://www.bloomberg.com/opinion/articles/2017-09-19/why-wal-mart-pays-á-lot-more-in-taxes-than-amazon>.
14. Disponível em: <https://www.efma.com/article/detail/26154>.

2. É A CURIOSIDADE QUE TE FAZ TER SUCESSO [pp. 22-30]

1. "Jeff Bezos Shares his Best Advices for Entrepreneurs." Entrevista de Jeff Bezos a Peter Diamandis. Disponível em: <https://www.businessinsider.com/jeff-bezos-best-advice-to-entrepreneurs-2015-2>.
2. A ideia é defendida por vários especialistas em educação, como o britânico Ken Robinson, ph.D. e professor emérito da Universidade Warwick, apresentador do TED "Será que as escolas matam a criatividade?" e autor do livro *Escolas criativas: A revolução que está transformando a educação*, junto com Lou Aronica. Porto Alegre: Penso, 2019.

NOTAS

3. Criado em 1925 pelo professor Savério Cristófaro, o Colégio Rio Branco é uma das instituições de ensino mais tradicionais da cidade de São Paulo. Atualmente, é considerada escola referência do Google.
4. Em 1961, Mazzilli era o presidente da Câmara dos Deputados quando João Goulart, vice-presidente da República, assumiu a presidência após a renúncia de Jânio Quadros. Mazzilli era o próximo na linha de sucessão. Disponível em: <https://www12.senado.leg.br/noticias/materias/2014/03/27/ranieri-mazzilli-ocupou-a-presidencia-a-espera-do-primeiro-general>.
5. Uma propaganda do Mappin publicada no dia 7 de outubro de 1984 em *O Estado de S. Paulo* mostra que o TK85 era vendido por 499850 cruzeiros.
6. A conjuntura econômica e a proibição da importação dificultavam a difusão de microcomputadores por aqui. Naquele momento, treze modelos de microcomputadores cobriam noventa por cento da demanda do mercado.
7. Especial sobre microcomputadores publicado em *O Estado de S. Paulo*, 3 jul. 1983.

3. UM ERRO AQUI CUSTA CEM ANOS DO SEU SALÁRIO [pp. 31-45]

1. O toque de um sino costumava ser o marco da abertura de um pregão diário. A hora e as condições de abertura diferiam de uma bolsa de valores para outra. Desde 1985, a Bolsa de Nova York (NYSE) usa o sino de abertura para iniciar seu pregão às 9h30 da manhã. Atualmente, ele é mais usado como símbolo de abertura de capital das empresas. O Facebook, em 2012, tocou o sino da Nasdaq para celebrar o IPO.
2. Na época, o nome oficial ainda era Bovespa. Depois, em 2008, tornou-se BM&FBovespa e em março de 2017, após a fusão com a Cetip, passou a ser B3.
3. "Bancos Fonte e Cindam anunciam fusão no RJ." Disponível em: <https://www1.folha.uol.com.br/fsp/1996/7/18/dinheiro/18.html>.
4. Um *dealer* é uma instituição financeira compradora e negociadora de títulos públicos credenciada a operar com o governo. Atualmente, há doze instituições credenciadas para operar diretamente com o Departamento de Operações de Mercado Aberto do BC (Demab). Disponível em: <https://www4.bcb.gov.br/Pom/demab/dealers/rel_dealers_100219_310719.pdf>.
5. Derivativos são instrumentos financeiros cujo valor final deriva do valor de outro ativo, como ações, moeda (dólar), juros ou commodities. É utilizado principalmente para alavancagem, especulação de preços futuros e proteção de riscos contra oscilações de preços. Fonte: *Mercado de derivativos no Brasil: Conceitos, produtos e operações,* ebook da CVM e da BMF&Bovespa.
6. No mercado futuro, uma das finalidades dos derivativos, você se compromete a comprar ou vender certa quantidade de um bem (mercadoria ou ativo financeiro) por um preço estipulado para a liquidação em data futura.

7. Jeff Bezos fundou a Amazon em julho de 1994. Inicialmente uma livraria, a empresa se transformou no maior marketplace do mundo, criou o leitor de livro digital (Kindle), o assistente de voz (Alexa) e hoje é o maior provedor de serviços na nuvem (Amazon Web Services). Faturou 239 bilhões de dólares em 2018.
8. O primeiro computador pessoal só seria inventado em 1976, por Steve Wozniak. Falamos do Apple I, que chegaria ao mercado por meio de uma parceria de Wozniak com Steve Jobs.
9. "The Computer History Museum, SRI International, and BBN Celebrate the 40th Anniversary of First Arpanet Transmission." Disponível em: <https://www.computerhistory.org/press/museum-celebrates-arpanet-anniversary.html>.
10. Ao se conectar ao Fermilab, a Fapesp na verdade se conectou à BitNet, uma das redes surgidas nos anos 1980 baseadas na Arpanet. Apareceram outras, como NFSNet, que permitia o uso interativo de computadores remotos e trocas de e-mail, e a UseNet, que transportava boletins eletrônicos.
11. Eduardo Vieira, *Os bastidores da internet: A história de quem criou os primeiros negócios digitais no Brasil*. Amazon:Kindle, 2018.
12. A imagem do link mostra o navegador rodando em um computador NeXT em 1993. Disponível em: <http://info.cern.ch/NextBrowser1.html>.
13. "Estudo mostra Claro com 4G mais rápido do Brasil; velocidade fica estagnada." Disponível em: <https://www.techtudo.com.br/noticias/2018/06/4g-empaca-no--brasil-velocidade-fica-estagnada-diz-opensignal.ghtml>.
14. "Velocidade do 5G no Brasil deve alcançar 94 Mbps em 2022, aponta Cisco." Disponível em: <https://canaltech.com.br/telecom/velocidade-do-5g-no-brasil-deve--alcancar-94-mbps-em-2022-aponta-cisco-133149/>.
15. BBS: a internet antes da internet. Disponível em: <http://www.techtudo.com.br/platb/internet/2011/07/08/bbs-a-internet-antes-da-internet/>.
16. Muitas empresas utilizavam BBS para gerar relatórios, como estrutura de suporte (disponibilidade de números para que seus clientes acessassem sistemas específicos) e forma de contato com funcionários externos.
17. "Há trinta anos, nascia o BBS, sistema que foi o antecessor da internet." Disponível em: <https://www1.folha.uol.com.br/fsp/informat/fr1302200819.htm>.
18. Um CD-ROM tem o mesmo tamanho que um CD musical comum mas, enquanto este armazena sinais que serão transformados em sons, o primeiro pode conter textos, imagens, fotos e, inclusive, áudios. É o precursor do pen-drive, que por sua vez perdeu sentido com o advento da tecnologia e armazenamento em nuvem.
19. "Como fazíamos sem... internet." Disponível em: <https://aventurasnahistoria.uol.com.br/noticias/almanaque/como-faziamos-sem-internet.phtml>.
20. No início da década de 1990, AOL foi uma das primeiras empresas provedoras de serviços a dar aos seus clientes acesso à internet fora das universidades e da área militar. Manteve uma estratégia de marketing maciça, enviando disquetes e CD-ROMS

para mais de 100 milhões de casas, o que permitiu um grande crescimento e a ajudou a dominar esse segmento.
21. *Os bastidores da internet.* Op. cit.
22. Nasceu como STI BBS. Foi vendida em 1999 para PSINET.
23. Entrevista de Mandic para o *Canal Tech.* Disponível em: <https://www.youtube.com/watch?v=njlVTgDw0oU>.
24. "Embratel ficará sem internet." *Jornal do Brasil* (Negócios/Política), 10 maio 1995. Disponível em: <https://bv.fapesp.br/namidia/noticia/18750/embratel-ficara-internet/>.
25. TechMundo 2018.
26. Em 1999, Mandic vendeu a empresa, mas sua história virou case de negócios em Harvard. Em 2000, o empreendedor ajudaria a fundar o IG, participando de um novo capítulo da web brasileira. *Os bastidores da internet.* Op. cit.
27. Josh Quittner, Michelle Slatalla, *Speeding the Net: The Inside Story of Netscape and How It Challenged Microsoft.* Nova York: Atlantic Monthly Press, 1998.
28. "We Are the Web." Disponível em: <https://www.wired.com/2005/08/tech/>.
29. Números do balanço (prejuízo) no primeiro ano após a abertura de capital dessas empresas.
30. Os cookies são arquivos de internet que armazenam temporariamente o que uma pessoa está visitando na rede. São capazes de registrar um endereço de e-mail, as preferências de pesquisa no Google, a cidade onde ela está conectada e muitos outros dados. Quando você entra em um site e seu login e senha estão salvos, há um cookie ativado.
31. "Aug. 9, 1995: When the Future Looked Bright for Netscape." Disponível em: <https://www.wired.com/2011/08/0809netscape-bright-future/>. *Speeding the Net: The Inside Story of Netscape and How It Challenged Microsoft* . Op. cit.
32. "Funny Netscape, Sun Microsystems Recruitment Video." Disponível em: <https://www.youtube.com/watch?v=vcfaKCWflL4>.
33. Ben Horowitz, *O lado difícil das situações difíceis.* São Paulo: WMF/Martins Fontes, 2015.
34. "New Rules for the New Economy." Disponível em: <https://www.wired.com/1997/09/newrules/>.

4. EU TOPO SER ESTAGIÁRIO E EM QUALQUER ÁREA [pp. 46-56]

1. Acervo da revista *Época Negócios*. Reportagem: "Jorge Lemann, o número um.", 2013.
2. Em dezembro de 1998, um esquema envolvendo cobrança de propinas por parte de fiscais, e encabeçada por vereadores, atingiu a gestão do então prefeito de São Paulo

Celso Pitta (1997-2000). O esquema teria movimentado cerca de 436 milhões de reais. Na época, foram indiciadas mais de cem pessoas. Acabaram presos os ex-vereadores Vicente Viscome, Hanna Garib e Maria Helena. Fonte: <https://www1.folha.uol.com.br/fsp/cotidian/ff1207200804.html>.
3. "Livro ensina a fazer negócios pela internet." Disponível em: <https://www1.folha.uol.com.br/fsp/dinheiro/fi16059814.htm>.
4. Levantamento do *Almanaque da indústria da internet*, 13 jan. 1998.
5. "Bancos acirram disputa por cliente na internet." *O Estado de S. Paulo*, 19 out. 1998.
6. "Dez histórias da Internet." *Folha de S.Paulo*, 24 dez. 1997. Disponível em: <https://www1.folha.uol.com.br/fsp/1997/12/24/ilustrada/16.html>.
7. "Microsoft e governo brigam por um palmo de tela." Disponível em: <https://www1.folha.uol.com.br/fsp/ilustrad/fq20059818.htm>.
8. O Google colocou tudo em aplicativos da web, enfraquecendo a importância do sistema operacional da Microsoft. E, em seguida, a Apple acabou por ultrapassar completamente o Windows, com o iPhone.
9. "What the Microsoft Antitrust Case Taught Us." Disponível em: <https://www.nytimes.com/2018/05/18/opinion/microsoft-antitrust-case.html>.
10. Análise do *New York Times* sobre as lições do caso "Estados Unidos versus Microsoft", vinte anos depois. Disponível em: <https://www.nytimes.com/2018/05/18/opinion/microsoft-antitrust-case.html>.
11. "Viciado em internet busca fuga na rede." Disponível em: <https://www1.folha.uol.com.br/fsp/informat/fr11029801.htm>.
12. *Os bastidores da internet*. Op. cit.
13. *Os bastidores da internet*. Op. cit.

5. ANTES DE VENDER ANÚNCIO ON-LINE, PRECISÁVAMOS VENDER A INTERNET [pp. 57-76]

1. *Os bastidores da internet*. Op. cit.
2. "UOL tem 350 mil assinantes e 3,2 milhões de visitas ao mês." Disponível em: <https://www1.folha.uol.com.br/fsp/dinheiro/fi28049919.htm>.
3. Idem.
4. "Morgan Stanley adquire 12,5 por cento das ações do UOL." Disponível em: <https://www.folhadelondrina.com.br/geral/morgan-stanley-adquite-125-das-acoes-do-uol-199491.html>.
5. "UOL obtém 100 milhões de dólares para expansão." Disponível em: <https://www1.folha.uol.com.br/fsp/dinheiro/fi1509199928.htm>.
6. Fabricados pela Sun Microsystems, empresa que nasceu no Vale do Silício, criadora do Java e pioneira de várias tecnologias da computação.

7. Havia uma preocupação grande do portal em não contaminar o conteúdo editorial com a publicidade. O time de conteúdo vivia brigando com o time do comercial, que queria aumentar o número de banners e angariar maior espaço na home para vender anúncios.
8. Referência da chegada do AOL no Brasil.
9. Exemplos que foram ao ar na home do UOL em 2 de março de 2000. Fonte: *WayBack-Machine*.
10. O e-bit surgiu em 1999 com a missão de avaliar, certificar e atuar como consultora das empresas de e-commerce no Brasil. Foi comprado pelo Buscapé, e em 2008, pela Nielsen. No total, já avaliou mais de 25 milhões de lojas virtuais. Já o Reclame Aqui foi fundado em 2001 e se tornou referência para usuários avaliarem o serviço e atendimento das lojas.
11. "Anúncio quadruplica na internet." Disponível em: <https://www1.folha.uol.com.br/fsp/dinheiro/fi2512199903.htm>.
12. Idem.
13. "Oito milhões estão ligados à internet." Disponível em: <https://www1.folha.uol.com.br/fsp/brasil/fc30089908.htm>.
14. Criado em 2005, o Google Analytics é atualmente uma das ferramentas de monitoramento e análise de sites e aplicativos mais utilizadas no mundo. Gera relatórios personalizados e auxilia a traçar estratégia de crescimento digital.
15. Basicamente, os logs são os registros de atividades realizadas por programas de computador. São utilizados para armazenar não só dados do servidor em um passado recente como também acessados pelo administrador do sistema para verificar problemas e segurança do processo.
16. "PagSeguro anuncia pagamento imediato a lojista que faz venda em cartão." Disponível em: <https://economia.uol.com.br/empreendedorismo/noticias/redacao/2019/04/22/pagseguro-venda-cartao-debito-credito.htm?cmpid=copiaecola>.
17. Dados de domínio do Brasil.
18. O valor de cinquenta reais foi feito porque o dólar estava 1 real para 1 dólar. Mas passou a variar com os anos. Em 2019, esse valor é de 40 reais por ano. Disponível em: <https://registro.br/ajuda/pagamento-de-dominio/>.
19. Precisou habilitar a Domain Names no ICANN.
20. Whitney Johnson, analista de mídia on-line, Solomon Smith Barney. Fonte: Apresentação Domain Names.
21. Dados retirados do contrato do acordo.
22. B2C (Business to Consumer) é um produto ou serviço vendido direto para o consumidor; B2B abrange uma revenda (de empresa para empresa, de indústria para uma empresa, de indústria para indústria).
23. Essa é uma prática que transbordou também nas redes sociais e que muita empresa demorou para perceber, perdendo @ importantes para atrair seguidores. No Twitter,

por exemplo, o @johnlewis não pertence à maior varejista de moda masculina do Reino Unido, e sim a um cara canadense que ganhou muito seguidor e popularidade ao ser mais rápido que a empresa a abrir conta com esse nome.
24. Fonte: Documento interno da Verisign distribuído aos funcionários.
25. "Verisign Buy Domain Firm". CNN, 7 mar. 2000. Disponível em: <https://money.cnn.com/2000/03/07/deals/verisign/>.
26. Matérias publicadas entre 2000 e 2001 na imprensa internacional mostram preocupações de outras empresas com o crescimento agressivo da empresa em vários novos segmentos da web. Em matéria da edição em português do WSJ publicada em *O Estado de S. Paulo*, 1 dez. 2000. Disponível no acervo de O *Estado de S. Paulo*.
27. "Google pays $25 million for '.app' domain." Disponível em: <https://www.marketwatch.com/story/google-pays-25-million-for-app-domain-2015-02-27>.
28. "Executive sumary." Disponível em: <https://www.verisign.com/en_US/domain-names/dnib/index.xhtml?section=executive-summary>.
29. Nos anos seguintes, a Verisign perderia relevância e sofreria concorrência direta em várias frentes nas quais havia mapeado construir um monopólio. A história mostra que nenhuma empresa é invencível.
30. "The World Is Not Enough" é a música-tema do filme homônimo de James Bond de 1999, feita pela banda norte-americana de rock alternativo Garbage. Na tradução livre: "O mundo não é tudo isso, mas já é um bom começo... e se formos fortes o suficiente, podemos conquistá-lo juntos".

6. OU GANHA 1 BILHÃO OU NÃO GANHA NADA [pp. 77-98]

1. "What Inspires You." Disponível em: <www.ted.com/talks/bill_gross_the_single_biggest_reason_why_startups_succeed>.
2. Disponível em: <www.nytimes.com/1998/03/16/business/with-gotocom-s-search-engine-the-highest-bidder-shall-be-ranked-first.html>.
3. Em 2019, a receita de publicidade do Google foi de cerca de 134,81 bilhões de dólares, por meio do Google Ads e de ofertas de serviços em toda a extensa rede de anúncios do Google (propriedades, sites de parceiros e aplicativos) para usuários da web. Advertising Revenue of Google from 2001 to 2019. *Statista*, fev. 2020. Disponível em: <https://www.statista.com/statistics/266249/advertising-revenue-of-google/>.
4. "GoTo: The Forgotten Search Engine." Disponível em: <https://thehistoryoftheweb.com/goto-forgotten-search-engine/>.
5. "With Goto.com's Search Engine, the Highest Bidder Shall Be Ranked First." Disponível em: <https://www.nytimes.com/1998/03/16/business/with-gotocom-s-search-engine-the-highest-bidder-shall-be-ranked-first.html>.
6. "GoTo values IPO at $55 million." Disponível em: <https://www.forbes.com/1999/05/24/mu8.html#23eef4683814>.

NOTAS

7. "GoTo: The Forgotten Search Engine.", Op. cit.
8. "Yahoo to Buy Overture for $1.63 Billion." Disponível em: <https://www.cnet.com/news/yahoo-to-buy-overture-for-1-63-billion/>.
9. A Borrell Associates previu em 2016 que até o ano de 2018 as empresas nos Estados Unidos gastariam cerca de 72 bilhões de dólares somente em serviços de otimização de mecanismos de busca, o chamado SEO, que estão dentro das estratégias de SEM.
10. Randel S. Carlock, John L. Ward, *When Family Businesses are Best: The Parallel Planning Process for Family*. Londres: Palgrave MacMillan, 2010.
11. Descrição da TeRespondo nos "Quem Somos".
12. "The Juan Diego Calle Story: How the .CO CEO is Turning a Seldom Used CCTLD Into a Booming Global Brand." Disponível em: <https://www.dnjournal.com/cover/2010/november-december.htm>.
13. Apresentação da TeRespondo a investidores, jul. 2003. Os sites afiliados são: UBBI (Cidade Internet), Aonde.com, Aonde.com.br, Vírgula, Todobr, HPG, BuscaAqui, Click Grátis, Click Sites, GigaBusca, List, GuiaWeb, RadarWeb, TerminalSIM, Sisbi.net e Farejador.
14. A empresa também passou a indicar a busca patrocinada com a expressão "Sites Recomendados por TeRespondo" imediatamente acima dos resultados de busca na página de resultados.
15. "O que pode mudar para os usuários da rede". *O Estado de S. Paulo*, 28 abr. 2002.
16. "Google limita-se aos links patrocinados." *Sescom Blumenau*, out. 2005. Disponível em: <http://sesconblumenau.org.br/google-limita-se-aos-links-patrocinados/>.

7. IDEIA SEM EXECUÇÃO É ALUCINAÇÃO [pp. 99-121]

1. Diferentemente de outros países, em que o MSN era o portal e o Messenger a ferramenta, no Brasil os usuários utilizavam MSN para falar do serviço completo. Os brasileiros se "comunicavam no MSN".
2. Números da Microsoft à época. Fonte: Apresentação do Brasil a Kevin Johnson.
3. Números da apresentação da Microsoft. Fonte: slides Berkowitz Brasil.
4. O Brasil é um dos principais mercados, em número de usuários, para essas três empresas.
5. *Os bastidores da internet.* Op. cit.; Nizan Guanaes, *Enquanto eles choram, eu vendo lenços.* São Paulo: Casa dos Livros, 2014.
6. "Pioneiro na internet, iG completa quinze anos." Disponível em: <https://ultimosegundo.ig.com.br/2015-01-09/pioneiro-na-internet-ig-completa-15-anos.html>.
7. "Microsoft entra na briga dos sites de busca." *O Estado de S. Paulo*, fev. 2005.
8. "Google vs. Naver: Why Can't Google Dominate Search in Korea?" Disponível em: <https://www.link-assistant.com/blog/google-vs-naver-why-cant-google-dominate-search-in-korea/>.

9. "Your Guide to Naver." Disponível em: <https://www.infocubic.co.jp/en/blog/south-korea/your-guide-to-naver/>.
10. "Photosynth returns as a feature in Microsoft's Pix camera app." Disponível em: <https://techcrunch.com/2017/12/20/photosynth-returns-as-a-feature-in-microsofts-pix-camera-app/>.
11. Dados do Ibope/NetRatings publicados na revista *Info* em 2009.
12. Empresa brasileira de editoras de listas telefônicas impressas e eletrônicas que foi líder de mercado.
13. Apresentação que estruturei, considerando dados geográficos e de mobilidade urbana do Brasil à época.
14. "A Microsoft e a GeoWeb". Mundo Geo, ago. 2008. Disponível em: <https://mundogeo.com/2008/10/17/guilherme-stocco-filho-a-microsoft-e-a-geoweb/>.
15. Método de análise de dados: ramo da inteligência artificial baseado na ideia de que sistemas podem aprender com dados, identificar padrões e tomar decisões com o mínimo de intervenção humana.
16. No troféu que recebi e que guardo até hoje veio a inscrição: "G2fy08 Osg Excellence Awards Field Operations Guga Stocco", indicando a premiação por "excelência operacional" no ano fiscal de julho de 2007 a junho de 2008.
17. "Android just achieved something it will take Apple years to do." Disponível em: <https://www.businessinsider.com/android-1-billion-shipments-2014-strategy-analytics-2015-2>.
18. "Microsoft to acquire Nokia's devices & services business, license Nokia's patents and mapping services." Disponível em: <https://news.microsoft.com/2013/09/03/microsoft-to-acquire-nokias-devices-services-business-license-nokias-patents-and-mapping-services/>.
19. Plataforma usada por desenvolvedores para hospedar códigos. Em junho de 2018, a Microsoft a adquiriu por 7,5 bilhões de dólares.
20. Dado levantado pela Canalys. Disponível em: <https://www.bloomberg.com/news/features/2019-05-02/satya-nadella-remade-microsoft-as-world-s-most-valuable-company>.

8. OU ACELERA OU MORRE [pp. 122-50]

1. A Naspers, que começou a vida como editora de jornais, diversificou-se para a TV paga em meados dos anos 1980. Começou a adquirir empresas de internet na década de 1990 e comprou participação na Tencent, dona do WeChat, em 2001.
2. Em entrevista à *Folha de S.Paulo*. Disponível em: <https://www1.folha.uol.com.br/fsp/dinheiro/fi0410200916.htm>.
3. A expectativa era de que o Buscapé estivesse presente em 27 países na América,

incluindo os Estados Unidos, e em países da África e da Ásia, que têm o português ou o espanhol como idioma, até o final de 2010.
4. O executivo se afastou da gestão do Buscapé em 2006 e, anos depois, após a venda para a Naspers, desfez-se das ações. "Ex-sócio do Buscapé viajou o mundo e montou duas empresas." Disponível em: <https://economia.ig.com.br/empresas/comercio-servicos/exsocio-do-buscape-viajou-o-mundo-e-montou-duas-novas-empresas/n1237810566600.html>.
5. No início, o Buscapé apostou no modelo de clique por mil ou CPM, patrocínio de banners e espaços publicitários no site. Depois, investiu no modelo CPC, com o anunciante pagando uma quantidade fixa pelos cliques de internautas que visitam seu site, buscando produtos ou serviços. Nesse caso, interessa a taxa de conversão desses cliques em compras.
6. "Case da Fundação Dom Cabral." Disponível em: <http://acervo.ci.fdc.org.br/acervodigital/casos/casos%202010/cf1005.pdf>.
7. "Buscapé: Uma empresa brasileira que faz sucesso na Internet." Disponível em: <http://www.empreende.com.br/wp-content/uploads/2018/05/Caso-Buscape.pdf>.
8. "Buscapé: Uma empresa brasileira que faz sucesso na Internet.", Op. cit.
9. Na época, o banco ainda não havia se fundido com o Itaú.
10. "Negroponte leva laptop popular a Lula." Disponível em: <https://www1.folha.uol.com.br/fsp/dinheiro/fi2206200501.htm>.
11. Fundado em 1998, o Great Hill Partners surgiu com a missão de ajudar empresas médias a crescer e ganhar escala. Em 2019, segundo o CrunchBase, tinha 2,7 bilhões de dólares em ativos.
12. Empresa de pesquisa de mercado que fornece dados de marketing a negócios da internet.
13. "Buscapé: do empreendedorismo à inovação aberta." Disponível em: <http://acervo.ci.fdc.org.br/acervodigital/casos/casos%202010/cf1005.pdf>.
14. "Romero Rodrigues deixa a presidência do Buscapé." Disponível em: <https://www.valor.com.br/empresas/4229994/romero-rodrigues-deixa-presidencia-do-buscape>.
15. "Bancos Fonte e Cindam anunciam fusão no RJ." Disponível em: <https://www1.folha.uol.com.br/fsp/1996/7/18/dinheiro/18.html>.
16. Um dia, o Michael disse que precisávamos entender quais áreas seriam interessantes para uma empresa do setor alimentício investir. Fiz uma busca na internet, mas naquela época de internet discada e poucos buscadores não encontrei informações. Sumi da Deloitte por três dias. Fui até a associação de que essa empresa de alimentos fazia parte, bati na porta e disse que gostaria de entender como o setor funcionava. Eles me atenderam como um aluno de faculdade e, ao explicar os desafios, me mostraram tudo o que seria lançado nos próximos meses. Quando voltei e mostrei a Michael o que havia descoberto, ele sorriu, parou de me xingar por ter sumido e disse: "Agora você entendeu". Entendi mesmo. Mas sem vinho, golfe ou charuto. O

trabalho que construímos rendeu uma indicação dele para um estágio na área de M&A da Deloitte nos Estados Unidos. Passei a dar expediente lá durante o período em que estudei em Berkeley, em 1997. Não tinha cadeira nem mesa, mas isso era o que menos importava.
17. História contada por Guilherme.
18. "Como ele vendeu sua ideia ao Buscapé em apenas quatro meses." Disponível em: <https://exame.abril.com.br/pme/como-ele-vendeu-sua-ideia-ao-buscape-em-apenas-quatro-meses/>.
19. "Cinquenta por cento dos sites de compras coletivas fecharam." Disponível em: <https://www.estadao.com.br/blogs/jt-seu-bolso/2011/12/10/50-dos-sites-de-compras-coletivas-fechou/>.
20. "Nasper expande presença no Brasil e AL." Disponível em: <http://www.meioemensagem.com.br/home/midia/2012/02/14/naspers-expande-presenca-no-brasil-e-al.html>.
21. "Buscapé diversifica estratégias para se expandir." Disponível em: <https://www.valor.com.br/empresas/1094606/buscape-diversifica-estrategias-para-se-expandir>.
22. "Aplicativos são nova frente para o Buscapé." Disponível em: <https://www.valor.com.br/empresas/2925514/aplicativos-sao-nova-frente-para-o-buscape>.
23. "E-commerce fatura 8,4 bilhões de reais no primeiro semestre de 2011." Disponível em: <http://portalapas.org.br/e-commerce-fatura-r-84-bi-no-primeiro-semestre-de-2011/>.
24. "E-commerce em alta." Disponível em: <https://link.estadao.com.br/noticias/geral,e-commerce-em-alta,10000037587>.
25. Dado anexado pelo Buscapé nos autos do processo de 2011 no Cade.
26. Scott Cleland, *Busque e destrua: Por que você não pode confiar no Google Inc*. São Paulo: Matrix, 2012.
27. Processo de 2011 no Cade.
28. "Buscapé enfrenta Google por mais concorrência nas buscas." Disponível em: <https://olhardigital.com.br/pro/noticia/buscape-enfrenta-google-por-mais-competicao-nas-buscas/37995>.
29. Despacho do Cade em abril de 2019.
30. "Report: Google Captures Nearly 80% Of All Retail Search Ad Spend." Disponível em: <https://www.forbes.com/sites/johnkoetsier/2018/03/09/report-google-captures-nearly-80-of-all-retail-search-ad-spend/#84556ec6c384>.

9. SE NÃO FIZERMOS, O CHINÊS VAI VIR E LEVAR TUDO [pp. 151-69]

1. "Tencent Becomes First Asian Tech Firm to be Valued Over $500 Billion and is Now Closing in on Facebook." Disponível em: <https://www.cnbc.com/2017/11/20/tencent-first-asian-company-to-be-valued-over-500-billion.html>.
2. "China's Richest 2018: Fortunes Fade Amid Trade Friction." Disponível em: <https://

www.forbes.com/sites/russellflannery/2018/10/24/chinas-richest-2018-fortunes-fade-amid-trade-friction/#6203a7297779>.
3. Fundada em 1999 pelo empresário Jack Ma como um site para conectar fornecedores chineses a estrangeiros, a Alibaba se tornou uma das maiores empresas de tecnologia da China e referência mundial em e-commerce. É dona dos negócios AliPay e AliExpress.
4. Mecanismo de busca fundado em 2000 na China, apelidado de "Google chinês" pelos ocidentais. Lançou uma versão de seu site no Brasil em 2014.
5. Fabricante chinesa de celulares fundada em 2010.
6. A empresa de transportes chinesa adquiriu a start-up brasileira em 2018, quando a 99 era o segundo app de transporte mais usado do país. O processo de compra avaliou a start-up em 1 bilhão de dólares.
7. "Guaraná vira um negócio da China." *Folha de S.Paulo*, 1995. Disponível em: <https://www1.folha.uol.com.br/fsp/1995/6/12/dinheiro/2.html?aff_source=-56d95533a8284936a374e3a6da3d7996>.
8. Análise publicada em nosso TCC, em 1997.
9. "Mulheres de empresários formam a maioria dos brasileiros em Hong Kong." *Folha de S.Paulo*, jul. 2007. Disponível em: <https://www1.folha.uol.com.br/fsp/mundo/ft280612.htm?>.
10. "Why internet users chose Baidu over Google when it was in China." Disponível em: <https://qz.com/1352137/why-internet-users-chose-baidu-over-google-when-it-was-in-china/>.
11. "Baidu shares skyrocket in market debut." Disponível em: <https://www.ft.com/content/2fc3c1f0-05c9-11da-883e-00000e2511c8>.
12. "League of Legends' ratings top NBA Finals, World Series Clinchers." Disponível em: <http://www.espn.com/espn/story/_/page/instantawesome-leagueoflegends-141201/league-legends-championships-watched-more-people-nba-finals-world-series-clinchers>.
13. "Shenzen is a Hothouse of Innovation." Disponível em: <https://www.economist.com/special-report/2017/04/06/shenzhen-is-a-hothouse-of-innovation>.
14. "Shenzhen surpasses HK in GDP". *China Daily*, 2019. Disponível em: <https://www.chinadaily.com.cn/a/201902/28/WS5c7720fda3106c65c34ebd70.html>.
15. "See inside Tencent's new gigantic headquarters in China." Disponível em: <https://www.cnbc.com/2018/06/07/inside-new-tencent-headquarters-in-shenzhen-china.html>.

10. BANKING IS NECESSARY, BANKS ARE NOT [pp. 170-90]

1. "O empreendedor desconhecido mais famoso do mundo." *O Estado de S. Paulo*, 2015. Disponível em: <https://link.estadao.com.br/blogs/start/o-empreendedor-desconhecido-mais-famoso-do-mundo/>.

2. "Sobre a Booking." Disponível em: <https://www.booking.com/content/about.pt-br.html>.
3. Posteriormente, o Koolen & Partners adquiriu cem por cento da Hotmart. Em 2019, seu *valuation* alcançou 2 bilhões de reais.
4. "Start-up atrai interesse de fundo de *venture capital*." Disponível em: <https://www.valor.com.br/empresas/3632754/startup-atrai-interesse-de-fundo-de-venture-capital>.
5. Não é certo que foi Bill Gates quem disse essa frase, mas a ideia resume exatamente o que penso sobre o futuro do mercado financeiro.
6. O fundo investiu na Hotmart, Gympass, Loggi, boaconsulta.com, entre outras start-ups.
7. Fernando Telles, para a Visa; Flavio Dias, para a Cnova Brasil; Claudia Woods, para a Uber; Wanderley Baccala, para a Globo.com; e eu, para a Gr1d.
8. Em abril de 2019, o PayPal divulgou pela primeira vez o número de usuários da start-up: 40 milhões de pessoas no primeiro trimestre utilizam a Venmo. "Venmo Has 40 million Users, PayPal Reveals for First Time." Disponível em: <https://www.cnbc.com/2019/04/24/venmo-has-40-million-users-paypal-reveals-for-first-time.html>.
9. Disponível em: <http://old.seattletimes.com/html/businesstechnology/2022616275_starbuckscardsxml.html>.
10. O sistema "agile", ou ágil, em inglês, é adotado por empresas de tecnologia para lançar produtos e tirar rapidamente do mercado aqueles que não dão certo. Nele, os times em geral trabalham em "squads", ou seja, pequenos grupos interdisciplinares montados para desenvolver um projeto específico.
11. Em 2020, esse número é de 248 milhões de usuários, sendo 113 milhões de assinantes. Disponível em: <https://newsroom.spotify.com/company-info/>.
12. O Spotify, segundo um vídeo interno, já previa que, à medida que os times fossem crescendo, algumas regras seriam criadas. Mas eram opcionais: "Regras são um bom começo. Então, quebre-as quando necessário" era o primeiro (e talvez um dos poucos) lema dessa cultura.
13. Conjunto de processos usados por empreendedores para desenvolver produtos e mercados, combinando desenvolvimento ágil de software.
14. Metodologia usada para a gestão dinâmica de projetos, sendo muitas vezes aplicada para o desenvolvimento ágil de um software.
15. Conjunto de métodos e processos para abordar problemas e que coloca as pessoas no centro.
16. O Nubank lançou seu cartão de crédito em setembro de 2014 com o gerenciamento dos gastos sendo feito por um aplicativo. Em junho de 2015, a empresa já acumulava 200 mil pedidos para o cartão e em 2018 lançou sua conta digital. Foi também nesse ano que a start-up atingiu 1 bilhão de dólares de valor de mercado.
17. O Guiabolso surgiu oficialmente em 2013, como um site para as pessoas organiza-

rem ganhos e gastos, a partir da sincronização com a conta bancária. O lançamento do app fez a start-up se destacar e atrair muitos usuários. Terminou 2016 com 3,1 milhões de clientes.
18. Fundo de *venture capital* com sede em São Paulo e com foco em investir e apoiar empreendedores digitais brasileiros a construir empresas de rápido crescimento. Gympass, ClickSign, Rappi e Pipefy são algumas de seu portfólio.
19. O Itaú havia comprado a MáxiPago, de soluções de pagamentos de e-commerce, e o Santander, a SuperContas, do segmento de cartões pré-pagos.
20. A Europa ainda não tinha definido as regras para compartilhamento de informações bancárias de clientes. A regulação entrou em vigor em 2016 na forma da diretriz PSD2 (Payment Services Revised Directive) e definiu que, a partir de 2018, as instituições reguladas pelo Banco Central Europeu são obrigadas a disponibilizar APIS abertas. Ou seja: adotar a plataforma de open banking aberta e permitir que terceiros tenham acesso a informações de clientes (se os clientes assim autorizarem). Disponível em: <https://ec.europa.eu/info/law/payment-services-psd-2-directive-eu-2015-2366/law-details_en.>.
21. "Pensando em chatbots? Veja quem já usa." Disponível em: <https://www.meioemensagem.com.br/home/marketing/2017/07/13/pensando-em-chatbots-veja-quem-ja-usa.html>.
22. O prêmio foi concedido no ano de 2016 pelo trabalho realizado durante o processo de abertura de conta digital.
23. Em maio de 2020, o Banco Central aprovou a regulamentação do open banking no país. A previsão é que comece a valer em novembro desse ano e seja implementada, por completo, até outubro de 2021.

11. BUSINESS AS USUAL IS DEAD [pp. 191-207]

1. Empresa de serviços financeiros fundada em 2012 na Califórnia (EUA) que oferece soluções inspiradas em *blockchain*. Criadora do token XRP, possui grandes bancos entre seus clientes.
2. Criada em 2013 em Hong Kong, a empresa oferece uma carteira de bitcoins e soluções baseadas no uso dessa moeda digital.
3. Empresa de pagamentos digitais com foco no usuário final criada na Califórnia em 2010.
4. Banco de moedas digitais criado em 2012, que realiza trocas de moedas fiduciárias por criptomoedas como bitcoin, ether e litecoin.
5. "'Corretoras' de bitcoin crescem até 1400 por cento no faturamento em 2017." Disponível em: <https://exame.abril.com.br/pme/corretoras-de-bitcoin-crescem-ate-1-400-no-faturamento-em-2017/>.

6. "The Richest in Cryptocurrency." Disponível em: <https://www.forbes.com/richest-in-cryptocurrency/#54429431d496>.
7. A abertura de capital da empresa foi realizada em maio de 2019 na Bolsa de Nova York.
8. Mike Hoefflinger, Nicholas Techosky, *Becoming Facebook: The 10 Challenges That Defined the Company That's Disrupting the World*. Nova York: Amacom Press, 2017.

12. UNLOCK THE FUTURE: O QUE LEVAR EM CONTA PARA ESTAR PREPARADO EM 2025 [pp. 208-33]

1. "App de caronas sensação nos Estados Unidos chega a São Paulo." Disponível em: <http://g1.globo.com/tecnologia/tem-um-aplicativo/noticia/2014/06/app-de-caronas-sensacao-nos-eua-uber-chega-sao-paulo.html>.
2. O mercado global de aprendizado de inglês foi avaliado em 3247,4 milhões de dólares em 2018 e o Global Digital English Language Learning Market Research Report 2019 prevê um crescimento anual de 15,2 por cento para 11445,6 milhões de dólares até 2027. Grande parte desse aumento se deve às novas soluções de educação que estão sendo criadas com inteligência artificial.
3. John Donovan and Cathy Benko, "AT&T's talent overhaul". *Harvard Business Review*. Disponível em: <https://hbr.org/2016/10/atts-talent-overhaul>.
4. Artigo escrito em 1959 com o título: "Como as pessoas têm novas ideias?" e que só veio a público em 2014. Disponível em: <https://www.technologyreview.com/s/531911/isaac-asimov-asks-how-do-people-get-new-ideas/>.
5. A história do pensamento humano faria parecer que há dificuldade em pensar em uma ideia mesmo quando todos os fatos estão na mesa. Fazer a conexão requer certa ousadia, porque qualquer cruzamento que não exija audácia é realizado rapidamente por muitas pessoas e se desenvolve, não como uma "nova ideia", mas como um mero "corolário de velhas ideias". Só depois disso é que surge um novo pensamento razoável e, para começar, parece irracional. Consequentemente, a pessoa com maior probabilidade de obter novas ideias é alguém de boa formação no campo de interesse e que não é convencional em seus hábitos (ser um maluco não é por si só suficiente).
6. Biólogo britânico e um dos principais cientistas do século XIX.
7. Estudo do Instituto de Medicina da National Academies of Science aponta que "os erros de diagnósticos contribuem para aproximadamente dez por cento das mortes de pacientes" e respondem por 6 a 17 por cento das complicações hospitalares.
8. Em maio de 2019, o MIT divulgou que sistemas de inteligência artificial são capazes de prever, com cinco anos de antecedência, se uma mulher terá ou não câncer de mama; pesquisadores do Google desenvolveram um algoritmo de *deep learning* que pode detectar com precisão acima de oitenta por cento uma retinopatia diabética;

médicos na China costumam usar AI para diagnosticar pólipos no cólon durante uma colonoscopia com precisão de 29 por cento versus vinte por cento de um médico.
9. Disponível em: <http://www3.weforum.org/docs/WEF_Future_of_Jobs_2018.pdf>.
10. Disponível em: <https://www.theguardian.com/technology/2017/may/08/virtual-reality-religion-robots-sapiens-book>.
11. Estudo citado em Gregory J. Privitera, *The Psychological Dieter: It's Not All about the Calories*. Washington, D. C.: University Press of America, 2007.
12. O relatório de 2018 do Fórum Econômico Mundial sobre o "Futuro do Trabalho" prevê que 75 milhões de cargos atuais podem ser substituídos pela mudança na divisão do trabalho entre humanos, máquinas e algoritmos, mas, ao mesmo tempo, 133 milhões de novos cargos podem emergir.
13. "Brasil é o 2º em ranking de países que passam mais tempo em redes sociais." Disponível em: <https://epocanegocios.globo.com/Tecnologia/noticia/2019/09/brasil-e-2-em-ranking-de-paises-que-passam-mais-tempo-em-redes-sociais.html>.
14. A conferência foi realizada no Dartmouth College, em New Hampshire (EUA) e surgiu com uma proposta escrita por John McCarthy (Dartmouth), Marvin Minsky (Hardward), Nathaniel Rochester (IBM) e Claude Shannon (Bell Laboratories). A proposta continha diretrizes para a organização de estudos em torno de um novo campo chamado de "inteligência artificial". A ideia era reunir pesquisadores para entender como as máquinas podem usar conceitos, fórmulas e linguagem para realizar atividades que até então eram reservadas apenas aos seres humanos.
15. "A Proposal for the Dartmouth Summer Research Project on Artificial Intelligence". Disponível em: <http://www-formal.stanford.edu/jmc/history/dartmouth/dartmouth.html>.
16. "Artificial Intelligente: A Modern Approach." Disponível em: <http://aima.cs.berkeley.edu/>.
17. Descrição de um especial da *Fortune*.
18. Argumento do especial da *Fortune*.
19. *Big data*, na definição da Gartner, é um grande e variado volume de dados, que exige formas inovadoras de processamentos para gerar informações úteis à automação e à tomada de decisões.
20. Ciência que faz com que computadores aprendam e trabalhem como seres humanos e melhorem seu aprendizado ao longo do tempo de maneira autônoma, alimentando-os com uma enorme quantidade de dados, observações, números, interações e informações.
21. Tipo de inteligência artificial que usa algoritmos na maneira como o cérebro humano opera, através da conexão de redes neurais.
22. Essa é a estimativa pública — o número pode ser maior. "Welcome to the Surveillan-

ce State: China's AI Camera See All." Disponível em: <https://www.huffpostbrasil.com/entry/china-surveillance-camera-big-brother_n_5a2ff4dfe4b01598ac484acc>.
23. "One Month, 500,000 Face Scans: How China is Using AI to Profile a Minority." Disponível em: <https://www.nytimes.com/2019/04/14/technology/china-surveillance-artificial-intelligence-racial-profiling.html>.
24. No início de 2019, a Amazon já havia vendido mais de 100 milhões de "Alexa".
25. Vídeo da CNBC: "Jeff Bezos In 1999 On Amazon's Plans Before the Dotcom Crash". Disponível em: <https://www.youtube.com/watch?v=GltlJO56S1g>.
26. "Alexa Is More Likely to Recommend Amazon Prime Products, According to New Research". Disponível em: <https://www.5thnews.com/2017/07/alexa-is-more--likely-to-recommend.htm>.
27. "O que são telômeros, a chave do envelhecimento estudada pelos cientistas." Disponível em: <https://www.bbc.com/portuguese/geral-43601735>.
28. Estudo do Ipea aponta que os planos de saúde individuais no Brasil foram reajustados em 382 por cento entre 2000 e 2018. O percentual é mais do que o dobro da inflação do setor de saúde, 180 por cento, excluindo os planos da taxa.
29. "Computação quântica: entenda como ela funciona." Disponível em: <https://epocanegocios.globo.com/Tecnologia/noticia/2019/02/computacao-quantica-entenda-como-ela-funciona.html>.
30. No início de 2019, o governo francês multou o Google em 50 milhões de euros por "falta de transparência, informação incorreta e ausência de consentimento válido na publicidade personalizada". No mesmo ano, a Comissão Europeia impôs mais uma multa milionária por violação de leis antitruste no mercado de publicidade on-line.
31. O InterPlanetary File System (IPFS) é um protocolo que cria um método peer-to-peer para armazenar e compartilhar conteúdo em um sistema de arquivos distribuído (*blockchain*, por exemplo). O IPFS é como se fosse uma "evolução" do torrent, permitindo que os usuários recebam o conteúdo que desejam de várias redes, servidores e computadores diferentes. Ninguém é dono dele todo.

TIPOLOGIA Miller e Akzidenz
DIAGRAMAÇÃO acomte
PAPEL Pólen Soft, Suzano S.A.
IMPRESSÃO GRÁFICA PAYM, em novembro de 2020

A marca FSC® é a garantia de que a madeira utilizada na fabricação do papel deste livro provém de florestas que foram gerenciadas de maneira ambientalmente correta, socialmente justa e economicamente viável, além de outras fontes de origem controlada.